众筹大趋势

THE TREND OF CROWDFUNDING

全景解读众筹的过去、现在和未来

邱道勇◎著

机械工业出版社
CHINA MACHINE PRESS

本书站在全球互联网经济发展的高度，全景解读了众筹这一经济活动的过去、现在和未来，对“众筹+产业”做出全球性和战略性的展望；以翔实的数据和引人入胜的阐述，通过分析千年的世界经济史，告诉读者，未来的经济为什么会选择众筹。本书首次提出了众筹经济的发展模型，提出众筹经济必将成为社会经济的主导模式：对私权的尊重、完备的经济架构和全球供应网络、互联网自媒体、同愿者聚集社区及众筹理性管理模式等。

图书在版编目（CIP）数据

众筹大趋势／邱道勇著．—北京：机械工业出版社，2016.3

ISBN 978-7-111-53040-4

Ⅰ．①众…　Ⅱ．①邱…　Ⅲ．①中小企业—融资模式—研究—中国　Ⅳ．①F279.243

中国版本图书馆CIP数据核字（2016）第036363号

机械工业出版社（北京市百万庄大街22号　邮政编码100037）

策划编辑：刘文蕾　陈　伟　　责任编辑：何　洋

版式设计：张文贵　　封面设计：异一设计　吕凤英

责任印制：李　洋　　责任校对：张　薇

北京圣夫亚美印刷有限公司印刷

2016年5月第1版·第1次印刷

170mm×240mm·16.5印张·222千字

标准书号：ISBN 978-7-111-53040-4

定价：88.00元

凡购本书，如有缺页、倒页、脱页，由本社发行部调换

电话服务	网络服务
服务咨询热线：（010）88361066	机 工 官 网：www.cmpbook.com
读者购书热线：（010）68326294	机 工 官 博：weibo.com/cmp1952
（010）88379203	教育服务网：www.cmpedu.com
封面无防伪标均为盗版	金 书 网：www.golden-book.com

推荐序一

众筹，重构世界经济新格局

我们这代人正站在人类历史的转折点，尽管绝大部分人对此浑然不觉。这个时代可以用一个词来表述：重构。

一切都会重构，这是时代给予这代人的发展环境，无论是主动的人还是被动的人，都需要面对这场基于移动互联网技术的大变革，从美国、欧洲到中国都是这样。今天的移动互联网代表了全新的产业方向，它是一场改变一切、连接一切的技术革命，移动互联网正在构建一个新的大陆。

移动互联网正在带来全球性的启蒙运动，正在推动全球几十亿人的自我觉醒。按照邱道勇先生的说法，移动互联网革命才刚刚开始，未来必将波及所有产业。这是一次个体创造力的解放运动，所有人都必须为这个新社会的到来做好变革和适应的准备。

如今，世界经济已经走到一个十字路口。信息革命使得处于社会基层的大众也有了共享信息的机会，这是一种“全球性的‘文艺复兴’”。互联网作为革命者，正在让工业经济“福利化”。未来的几十年必将是人类的个体解放史，是一个个体高于群体的新纪元。人类几百年来的近现代经济史，以其很明确的价值曲线告诉人们：越尊重个体，越尊重个体的差异性，这个社会就会越繁荣。

这是一轮新的经济变革，作为社会经济核心要素的资本和工业将让位于知识和创造这个新大陆中的规则和旧经济体的规则正在产生巨大的差异。如何突破这样的时代局限，这就需要全球经济的参与者拿出变革的勇气面对未来的挑战。

众筹的解放，究其根源是人的解放。提起人的解放，就不得不从几百年前的欧洲“文艺复兴”与“启蒙运动”谈起。不谈及历史，我们就无法预知未来。

现代欧洲是发达、文明、富裕的代名词，可几百年前的欧洲则完全是一个“人间地狱”。公元476年，外族入侵导致西罗马帝国的崩溃，以古希腊和古罗马为代表的欧洲古典文明几乎完全被毁灭，欧洲大陆从此进入长达千年的“黑暗中世纪”时期。在这一时期，宗教主宰了一切，甚至置于王权之上。欧洲文明的方方面面沦为宗教的婢女。

在同时期的大明王朝，跟皇上唱反调会被打板子；而在欧洲，与教皇观点不一致，甚至会被处以极刑。意大利科学家布鲁诺（Giordano Bruno）就是因为力挺哥白尼（Nicolaus Copernicus）的“日心说”而被宗教裁判所判为“异端”（Strange Omen），烧死在罗马鲜花广场。暗无天日的中世纪，与现代文明自然是格格不入的。这种人与人之间的关系、人与社会的关系，不可能孕育社会经济的繁荣体系。因为封闭的一元宗教意识形态需要更多的信息来打破，只有多元才是繁荣的基础条件。

同时，欧洲的近代化在很大程度上还得益于一本奇书。1298年，马可·波罗（Marco Polo）在狱中创作了《马可·波罗游记》（*The Travels of Marco Polo*），书中以大量的篇章、热情洋溢的语言，描述了中国无穷无尽的财富、巨大的商业城市、极好的交通设施以及华丽的宫殿建筑。这本书中将中国描绘成了人间天堂，这种夸张的文字描述震撼了欧洲。《马可·波罗游记》吸引了大量“粉丝”，其中就包括作为后来者的意大利的哥伦布（Christopher Columbus）、葡萄牙的达·伽马（Vasco da Gama）等众多的航海家。可以说，马可·波罗和他的《马可·波罗游记》给中世纪的欧洲带来了新的曙光，带领欧洲迈进了大航海时代。

随着视野的开阔，人们的思想也变得开放起来。人们渐渐知道了地球是圆的；人们也逐渐认识到，人是生而自由平等的，宗教原有的禁欲主义已不能再“忽悠”人民了。在新型商品经济中成长起来的新生代要求变革，追求新生活，那些饱含对人类现实生活强烈关怀的古希腊、古罗马文化深深吸引着这些新兴的资产阶级，他们乐于从古典文化的思想宝库中寻找自我解放的旗帜。于是，一场以复兴古典文化为形式、意在鼓吹资产阶级新文化的文艺复兴运动轰轰烈烈地开始了。

文艺复兴是人类历史上第一次思想解放，是对人文精神的回归和对人性的解放。文艺复兴时期人文主义的表现形式是从肯定人的欲望和歌颂自然的人性开始的。意大利文艺复兴初期出现的“三杰”——但丁（Dante Alighieri）、彼特拉克（Francesco Petrarca）、薄伽丘（Giovanni Boccaccio）都用自己的文学作品谱写和奏响了人性的赞歌。英国伟大的戏剧作家莎士比亚（William Shakespeare）是文艺复兴高潮时期的杰出代表人物，他的作品以优雅流畅的语言、丰富细腻的情感、隽永深刻的哲理刻画了复杂的人类内心世界，歌颂了人间的仁爱和友谊，提升了人性的高尚与尊严。

其实，这些看似与今天的互联网众筹模式无关，其实却有着紧密的联系，因为众筹的底层文化就是个体文化的复兴，经济自由主义被尊重是释放创造力的根本价值观保障。个体被尊重，也就是经济解放的开始，而且这一次，经济发展是在全透明的条件下进行的价值创造，人在经济发展中第一次真正地占据了核心地位。

2013 年，众筹模式闪亮登场；2014 年，众筹模式席卷全球。众筹集消费、投资、体验、社交等众多功能于一身，将人们的生产、消费、投资等行为从产业化工厂大生产中解放出来，是个体参与经济的一次重要实践，它将促使人们重新思考个人与社会经济之间的关系。

现在还不敢断言，众筹模式是否会颠覆传统的金融体制，甚至是否会对世界政治经济格局产生重要的影响，但它至少是一次勇敢的挑战和大胆的尝试。但邱道勇先生已经将众筹模式放到了与股份制公司架构的产生一样高的历史地位，接下来就让我们在未来的社会发展进程中拭目以待。

看完邱道勇先生的书稿，我一直在想：如今很多人也许对众筹模式还存有犹豫和怀疑，但多年以后谁又能想到，我们今天正在亲身开创一段历史、缔造一个传奇呢？

中国证券业协会原副会长

马庆泉

推荐序二

众筹经济发展的新模型，未来社会形态的新组合

《众筹大趋势》是网络新经济研究者邱道勇先生的最新力作。在本书中，邱道勇先生站在全球互联网经济发展的高度，全景解读众筹经济活动的过去、现在和未来，以翔实的数据和引人入胜的阐述，通过分析千年的世界经济史，告诉读者，未来的经济为什么会选择众筹。

所谓众筹，即向大众筹资，是某个项目、某个人或者某个公司通过互联网向大众募资，以资助自身正当的生产经营、创作和创新活动。与此类似的概念就是众包，众包所获得的是工作项目的完成途径，而众筹所达到的目标是资金的筹集。虽然两者所得到的事物不一样，但其方法和结果是一样的，都是通过大众完成了自己所需的目标。

众筹不仅消除了传统的融资环节，而且使无法参与投资项目的个人与小资金找到投资途径，提高了资金的使用率。同时，众筹也解决了个人或小微企业的融资难问题，以此改善生产经营，解决燃眉之急。

在本书中，邱道勇先生首次提出了众筹经济的发展模型，提出众筹经济将成为社会经济的主导模式：对私权的尊重、完备的经济架构和全球供应网络、互联网自媒体、同愿者聚集社区及众筹理性管理模式等。他说："我们总是觉得今天的科技和经济发展已经达到极致，实际上再过 15～20 年，后人一定会觉得我们今天的生活有些原始。在未来，很多改变人类生活的新需求和新元素正在创造中，我希望自己是下一个时代的推销者和贩卖者。众筹会成为下一个时代最伟大的经济工具。"

邱道勇先生是具有远见和乐观主义的观察家，也是知名互联网企业云海汇的领军者，这是一本站在未来回望现在和过去的著作。本书观念独特权威，

在众筹如何影响中国的问题上，他谈及众筹和中国传统文化的契合，这也是国内独一无二的思考点——中国文化和众筹文化之间有着天然的默契关系，中国文化具有很强大的组织协调能力。

众筹是一个工具，需要工具思维，它不能够替代企业核心领导力和企业家。管理模式如何变革，企业家的角色在移动互联网时代如何进行转变，这也是本书重点说明的一个问题，即企业家如何从一个企业的领导者和管理者变成一个新部落的酋长的角色。新的众筹圈酋长需要有出色的媒体运作能力，能够持续不断地与自己的部落群成员进行有效的沟通和互动，并且驱动新媒体，让新媒体与社交圈成为未来管理的战略工具。

邱道勇先生说："中国人的协同文化将在新一轮的众筹业态的发展中充分体现出来。"对众筹模型的深入理解能够帮助中国众筹业拨云见日，摈弃当下观念飘忽的浮华，以精准化的理性精神让企业家在新的时代获得新的发展动力。只有建立起健康的众筹组织，众筹模式才能够真正发挥为大众配置资源的功能。文中除了谈及互联网金融法律，还谈及众筹社群带来新的信用机制的设定，这些也是前人没有深入涉足的领域。本书从互联网改变商业运作模式的角度，从企业运营组织结构方面，提出众筹模式对企业运营组织结构的新想法：未来的企业形态和传统的企业管理结构之间形成很大的反差，组织结构中人的角色会有很大变化。

从邱道勇先生的书中可以看出，本书的很多观点都是建立在与全球先锋企业和企业家充分对话的基础上的，所以很多观点像锥子一样，能够刺破表象，让阅读者洞悉现在和未来，并在新的时代选择与这个时代相适应的组织模式。并且，本书还为世界众筹业态的发展建立了顶级的模型架构，深度分析了社群经济与诚信之间的关系，对"众筹＋产业"做出了全球性和战略性的展望——未来的商业中，电子商务、产品制造、消费者市场、用户需求这些基本的商业元素都会与众筹进行无缝式的贴合。

众筹是中国企业的战略机会，也是整个国家的机遇。众筹将带动中国未来新一轮的经济繁荣，将对中国中小企业的资源要素进行一次根本性的重构。

众筹会重构社会经济，让中国经济体更加健康，经济结构更加精巧，从而破解经济的千年难题，使供需之间达到新的平衡点。可以说，读这本书就是对思维进行一次系统性的梳理，可谓受益颇多。

协同创新基金管理有限公司董事长

李万寿

自序

用乐观颠覆悲观

曾经读过这样一则故事：

在一个小山村里，有一对残疾夫妇，女人双腿瘫痪，男人双目失明。春、夏、秋、冬，播种、耕耘、收获……一年四季，女人用眼睛观察世界，男人用双腿丈量生活。时光如水，却始终未冲刷掉洋溢在他们脸上的幸福。

有一天，有人问他们："为什么你们的境况如此悲惨，却还能如此幸福？"

这对夫妇异口同声地反问："我们为什么不幸福呢？"

男人说："我虽然双目失明，但她的眼睛看得见啊！"

女人说："我虽然双腿瘫痪，但他的双腿能走路啊！"

在常人看来，这对夫妇的境遇如此不堪，但这对夫妇并没有这样想，而是用另一种态度对待当前的境遇，随之便得到另一种心境——幸福。这就是世人以不同心态看待事物所得到的不同结果。

生活是多姿多彩的，世间万事万物也是存在两面性的，一面是正向的、积极的，另一面是负向的、消极的，就像钱币，一正一反，其结果的不同就如观者的心。

在人类的发展史上，经济危机一直被看作社会发展的顽疾。人们一提起经济危机，所想到的往往就是企业破产、工厂关闭、工人失业、民不聊生，因而从政府到群众无不惧怕经济危机，所以面对经济危机或是束手无策，或是有策却不得法，经济危机依然到来。经济结构严重失衡、消费凸显疲弱，这就使一些人提出了崩溃论，由此悲观的论调也弥漫在整个经济的基本面。

产生经济危机的根源是什么？简单来说，就是由于社会产能过剩而导致产品销售不出去，进而便产生了经济危机。而众筹的基本原则是什么？就是盘活社会闲置资源，使社会经济发展运行更健康。因此，可把经济危机称作“社会代价最小的经济调节形式”，而众筹就是社会经济运行中的那只“看得见的手”。

如今，中国已经站在了这个时代的前沿，正在创造一个具有纵深结构的市场经济体。但未来的道路是曲折的，特别是一些人仍然禁锢于工业时代的思维方式，一看到世界其他国家出现经济危机，就对中国未来的经济发展趋势充满悲观。因此，在这里，同时也在这本书里，我想要告诉大家的就是：不必再悲观地看待经济危机，经济危机只不过是一种社会经济发展的调节形式，有了“互联网+”思维，有了众筹思维，我们完全可以不必那么害怕经济危机。

人和动物的不同之处就在于，人是自己命运的主人，而不仅仅是危机的旁观者。不可否认，如果我们正在经历一场经济危机，有的企业将会面临生死存亡的考验，有的企业则会获得了巨大的发展机遇和发展空间。看当下的经济，关键是一个立足点。站在新经济一边的人干得热火朝天，站在过剩产业一边的人度日如年。中国经济的局面恰似一半是海水，一半是火焰。所以，我们现在正处于一种历史性的转型期，这个转型期的升级是根本性的和结构性的。很多粗放式增长的产业和企业都面临着挑战，基于互联网的新产业却正在旧经济的废墟上生长出来。

借助互联网带来的机遇，我们正在加速建立起一种全新的、面向未来的信息型市场经济。互联网带来的社会变革是人类历史的转折点，而不仅仅是一场技术革命。按照知名学者和媒体人牛文文的说法，现在的社会革命是互联网催生下的三大革命的叠加：技术革命、产业革命和金融革命同时发生。而众筹模式正是连接技术革命、产业革命和金融革命的管理工具。这是一种与股份制公司并立的经济治理模式，而且正在闪耀着艳阳初升的光芒。所以，面对当前的经济形势，在我的内心涌现的不是悲观，而是无限的乐观。

众筹模式关乎每一个人的未来，而不再是财富阶层的独角戏，这是众筹的魅力所在。这种模式将贯穿于整个产业革命和金融革命。然而，很多人却不重视众筹模式，认为它不过是旧事物的翻版。在这里我要告诉他们的是，这次真的不是，而是一种普惠的创业模式和事业模式的彻底变革。当前在中国备受推崇的金融革命——“众筹+新三板”，就是最好的例证：投资者的资金通过众筹模式进入早期创业领域，而新三板则让创业公司可以直接挂牌交易。这种金融革命在中国历史上是前所未有的，是具有开创性的。

每当我展望众筹未来的前景时，我的眼前所展现出的都是一幅世界地图，并将人类两千年的经济史进行展开分布，互联网则联结其中。互联网众筹将改变人与人、人与资源的组合关系，众筹模式的未来不可限量。放眼微观市场的发展，在互联网金融快速发展的浪潮下，无论是在中国还是在很多比较发达的国家，众筹模式都得到了越来越多的认可；与此同时，其自身的平台价值和其发展潜力也不断地受到资本市场的关注。

在这之前，对于众筹，很多人只是将其定义为互联网上的创业融资活动，甚至悲观地认为它不过是“非法集资”的变种，或将之等同于“网络乞讨”行为。事实上，当众筹项目具备了人类创造的阐释能力和直接面对更多用户和消费者的机会，它带来的将不仅仅是更便捷实用的新产品和新服务，而是更新奇的灵感与新型生活理念，而这也正是“互联网+”的真正奥义。

最后，我想对大家说的是：其实，众筹就是一种人类社会组织形式，而互联网则把众筹模式的根本扎入了民间，接下来的经济行为也将因此而发生改变！

作者　邱道勇

目录 Contents

第一章 中国众筹三千年

一个意外发现

人类社会组织中女性的角色和地位，是笔者在研究众筹过程中发现的一个很有意思的问题。随着互联网时代的到来，人类社会似乎正在迅速变得“女性化”，这到底是好事，还是坏事呢？

十几年来，韩剧在中国和东亚经济圈中大行其道，琐碎的、家长里短的细节，长相俊美、皮肤光溜的“温柔小生”代替了膀大腰圆的“纯爷们”审美。韩剧中的男性角色带有较强的女性化特征，这一切发生在互联网迅速普及的时代，是巧合吗？

自近代化以来，技术革命一次又一次解放了人的体力和脑力，男人身上长着的几块小肌肉在工业大机器面前就是几块软豆腐，女性只要按动一个按钮，也能够驱动机器。靠体力征战的时代已经过去，男女体力的强弱差距被机器取代了。

其实，在笔者看来，男性在人类社会短期内取得的男权主义的霸权时代已经开始终结，在人类进化的几百万年中，母系社会特征一直伴随着人类社会组织，而且能够受到尊重。事实上，在人类历史中，女性在社会生产和事务中的主导地位是长期的，几乎伴随了人类社会的整个历史进程，而男权主义只是昙花一现的短期历史性翻转。

互联网改变了人类社会的组织结构，人类在互联网基础上重新实现了部落化，部落中人们基于情感、愿望和梦想重新进行组合和社交活动。共享而不是零和竞争成为网络最底层的价值观。众筹模式正是共享精神的主要实践和运行模式。

互联网内在的运作机制具有极强的女性主义特征，所以，互联网时代就是女性回归历史正位的时代。在十几年前，国内第一代互联网思想家姜奇平先生就说了一句话："如果互联网有性别的话，那么互联网就是一名女性。"

在大约史前1万年，女性主导社会组织的历史被农耕文明终结了，其实，这是技术进步造成的后果。女性在采摘、交流和创造的过程中，为农业文明的发展找到了作物种子，饲养了男人狩猎留下的活的猎物，形成了家畜的祖先，提升了男性的生产能力。由于不再进行或者很少进行高风险的狩猎行为，大量男性免于过早死亡，这改变了母系社会的人口结构。农耕男性的内部竞争机制建立，使得部落内部和部落之间的战争成为常态，男性主导社会的暴力特征开始伴随人类古代进程。

母系社会是生存驱动的纽带型协作体系，照顾孩子和老者这些弱者成为常态化的事务，基于情感连接和血缘连接的母系社会要更加和谐。

其后，社会男性化组织占据了主导地位，男性开始奴役女性，甚至将女性作为商品来买卖。女性被排斥在主流生产之外，私有财权的丧失，使得女性成为波伏娃（Beauvoir）笔下自我确定角色的"第二性"。女性自我解放运动时运不济，在总体上处于一种弱者的地位。失去女性组织的联合和连接，人类进入了少讲感性的理性主义时代。

中国社会科学院信息化研究中心秘书长、《互联网周刊》主编姜奇平先生说："工业化那些父权制的特征，集中表现在笛卡儿理性之中，派生出同质性、一元性、中心化、集中化等思想特质。女权主义最初把与笛卡儿理性相反的那些感性特性，例如异质性、多元性、去中心化等，当作女性独有的。与其说是反抗男人，不如说是在反抗笛卡儿，也就是工业化本身。不仅女性出于生理原因自然地摆脱笛卡儿理性，男人出于社会的原因也要摆脱笛卡儿理性。因此，女性的解放实际是人类的解放。”

笔者在研究众筹模式的过程中，深读了很多国家史、民族史、经济史和社会组织机构的发展史。关于女性地位和社会繁荣的关系，过去几千年的历史证明，有一个基本规律：越是尊重女性的民族，越能够领导文明的发展；越是保留明显女性主义特征的民族，越能够引领未来。

而今，人类已经进入互联网时代，连接和互动分享这样的特性使女性发挥了更大的推动作用。马云在阿里巴巴上市的一次演讲中说：“我今天想告诉你们阿里巴巴的商业机密。阿里巴巴 70% 的买家是女性，55% 的卖家是女性，这就是我们主要的资源。所以，我要感谢女性，没有你们，阿里巴巴不可能到纽约来上市。”

而发生这种改变的驱动力量，就是互联网。如果说蒸汽机是现代化的推动力量，那么互联网就是第二次现代化的推动力量。

凯尔纳（Kellner）和贝斯特（Best）在《后现代理论》一书中分析道：“后现代对多元性、差异性、他异性、边缘性以及异质性的强调，深深吸引了那些发现他们自己被边缘化、被排斥到理性、真理和客观性声音之外的人。因此，从这一点上讲，后现代理论作为对现代性和现代话语的一种批判，对女性主义以及别的社会运动非常有利……”其实，仔细观察，后现代理论和当下很火的互联网思维之间，说的是同样一件事。

“按键”就可以改变经济，由此，人们可以理解互联网与女性主义的内在关联，它关系到现代化思想特质的转变。研究报告《女性在上网：女性如何影响互联网》认为，女性喜欢猜谜游戏、搜索、使用移动网络、视频、社交网络、在线购物等琐碎的事情。女性对互联网的最大影响，在于通过她们的行为，正在改变我们这个时代男人和女人共同的思想特质。

互联网给予了女性之间更加广阔的交流机会。在互联网上，连接和分享不仅是社交秘密，也是商业机密。“微信之父”张小龙向大家竭力推荐一本名为《女人的起源》的书。在读这本书的过程中，就能够把握互联网创业的有效规则：懂女人就是懂未来。

女性的觉醒不仅在于意识层面，也在于经济层面。从中国家庭主妇的经济实力来看，35～65岁的中国女性约有4亿人，手握超过40万亿元可直接或间接支配的家庭资金。随着她们中出现一群高学历、高智商、自学能力强、投资视野广、有金融和经济知识的投资型女性，投资的观念发生改变，势必影响中国投资界的格局。

回到前文，韩剧正在让东方文化圈变得女性化，而这背后的深层逻辑却是女性的感性审美正在改变社会，因为她们喜欢就可以改变男性的生活观和审美观。在这个不经意的转变背后，恰恰反映了社会大趋势的变迁。既然互联网具有女性主义的特征，那么互联网众筹也具有女性主义特征。女性主义特征将永久改变商业的运营逻辑。学会与女性对话，对于很多企业来说，需要作为一堂必修课。

公共的中华世界

众筹模式需要与一个国家的民族性相融合，才能够成为国家发展的加速器。众筹不是一种放之四海而皆能够使用的模式，其背后隐藏着一套独特的价值观体系，如果没有国家的、基础的文化价值支撑，是无法落地成为国家主导经济治理模式的。

众筹基于人的聚集。在全世界的文化中，中华文化是具有凝聚力的，这里面涉及独特的人文组织结构。中华文化是一种独特的文化体系。美国大战略家布热津斯基（Brzezinski）说过一句话：“从某种程度上来说，中国就是一个世界。”巨大的国家幅员、巨量的人口之所以能够组合在一起，是因为这里面就包含了最大的众筹意义。中华文化具有拆散再凝聚的能力，海外形成的唐人街，其实就是一种再聚集的文化体系在起作用。这种文化，在网络时代，刚好是符合社群经济的本质性需要的。而社群经济是一种支撑众筹模式扩展的基础，可以这样认为，没有社群就没有众筹。

众筹模式考验一个国家中民众的组织能力和对新事物的接纳能力。一些国家的民众拥有创立现代企业的能力、能够创立并维系具有现代意义的股权平衡的公司制度并不是没有原因的。也就是说，真正意义的公司制度能够根植于一个国家，并不是一件水到渠成的事情，而是这个国家的文化体系和价值体系需要留下这种制度的接口，拥有与先进文化对接的能力。

众筹模式要在中国落地，成为新一轮经济发展模式，成为基础的经济制度和模式设计，这当然也是需要前提条件的。不具备创立现代企业制度的民族和国家，也无力建立全面适用的众筹制度。众筹作为一种资源共享的体系，考验一个民族的公共资源管理能力。

众筹之所以叫众筹，最主要的特征就是面向公众，而众筹领袖的作用就是向大众沟通商业价值和社会价值的可行性。在有限责任公司的体制中，处于优势地位的人需要自律，如此才能够建立一种平衡的机制。人类组织是需要谋略的，但是谋略一定是要有底线的，基于人性最底层的价值需要尊重，即使对于战争这样的疯狂行为，也需要建立战争法。对规则的尊重，是判断一个民族和国家是文明还是野蛮的显著标志。

比如，“共和”其实就是一种深层的文化理念。从大企业和国际性的巨型企业，到现代国家，都是一种共和协作的结果。如果一个国家的传统文化对现代共和制度有着很强的对抗排斥的自然反应，那么现代化对于这个国家来说就是漫漫征途，现代化之路会走得艰辛曲折、三步一弯。

儒家的“大同社会”是一种和谐完美的理想社会。它大概有四个要点：第一，和谐社会应该是一个天下为公的社会，也就是说这个社会是为大众的，而不是为个人的；第二，和谐社会应该能把有道德、有才能的人选出来，让他们来为社会服务，使得这个社会很讲信用，人们都能和睦相处；第三，各种人都能够有自己的适当位置来为社会贡献力量；第四，和谐社会是诚信的社会，是没有欺诈也没有偷盗的美好社会。孔子将这种社会称为“大同”。

中国传统社会中，主流文化都是强调强者要自律的，即一种修己达人的处世模式。强者必须知道自己的利益边界在哪里，不能够在帮助协调公共事务的过程中过界捞取自己的一份利益；社群的利益大于他自己的利益，只有管理好社群的利益，才能够拿回自己的一份利益，所谓“君子爱财，取之有道”。

“大同”其实就是一种“各得其所”的共和体制，其实也是公司制度的底层价值观。

众筹具有儒家一贯倡导的和谐的精神。

在众筹概念提出之前，中国人很早就可以集结大家一起，合力完成一些事。众筹让大家抱团合作。以股权众筹形式抱团求发展的中小微企业及个人创业者，就是一个很好的例证。在所有众筹组织中，有一群包括各行各业的默默付出的人，他们只是为了心中的创业之梦、理想之梦。

众筹具有儒家一贯倡导的悲悯博爱的公益精神。

儒家认为人具有“善端”，具有为善的潜能。孟子曰：“恻隐之心，仁之端也；羞恶之心，义之端也；辞让之心，礼之端也；是非之心，智之端也。”此“四端”即“仁、义、礼、智”四种“善”的萌芽状态，是人“不学而能”“不虑而知”的“良能”“良知”。人性中包含兽性，人之为人不在于人也有兽性，而在于人超越了兽性，彰显了人性，即所谓“四端”。这“四端”是从事公益事业的文化基础。

公益众筹是儒家“四端”的体现形式之一，它通过互联网方式发布筹款项目并募集资金，只要网友喜欢的项目，包括助学、助老、助残、关爱留守儿童等，都可以通过公益众筹方式获得项目资金，无论基金会、注册机构、民间组织，只要是公益项目就可以发起项目。支持者可以是普通的草根民众，也可以是企业。公益众筹为更多公益机构提供了无限的可能。

中国这样的东方大国如果能够实现国家复兴，那么首先应该回到自己的“故纸堆”，去寻找值得复兴的文化。文化复兴是一个国家经济复兴的前提。

我们需要在民族文化中找到一条通向现代化和未来的路径。

中国的先秦文化也曾经百花齐放，也曾经有过数位影响世界的思想家。追溯这些思想的源头，这里面有着很多普世的思想。中国需要一次类似的中华文化的全面复兴。

西方世界的文艺复兴正是建立在对黑暗中世纪的文艺反省之上的，在对自己的两千年历史进行梳理之后，重新发现古希腊文化，发现那才是引领他们走出去的文化之魂和价值之魂。

中国人是有梦想的，就经济层面上来说，中国经济体系若想达到全球领先，就要有先进、科学的思想体系，在面对未来的时候，是在进行一种文化互动众筹模式可以与中国传统文化中正统的儒家思想相结合，因而众筹概念来到中国之后很快就被发扬光大，这是一个可以期望的未来。

西方文化的复兴之源为古希腊文化，这是西方的文化之根；而中华先秦文化若全面复兴，也能够成为中华文化之根，在全球范围内，上升为主流文化之一，成为与古希腊文化相互并立影响的双螺旋互动结构（未来世界强势文化 DNA，弱势文化可能也是这两条结构的基因片段）。两种文明相互交融，将在互动中推动中国乃至世界发展，这是一种社会趋势。基于文化认同，然后实现经济认同，这是一种市场规律。只有具有优势的文化才能够支撑经济跨文化和跨地域发展。

中国人的互助和分享精神

互联网正在改变社会和经济基本面，一种众创共享的体系正在建立起来。互联网思维基于人与人、人与一切的连接，本质就是在重新构建人与人之间的关系。如果在一个社会体系中，本来人与人的关系就比较紧密，拥有很多互助体系，并且拥有互助的传统，那么互联网形态的经济模式就很容易建立起来。

互联网正在网络上建立一种新的“乡村社会”，它类似于传统农业社会的部落体系，社群成为新的社会组织。这种社会组织在经过多年的发展后，能够成为社会自治的重要力量。一种去中心化的、扁平化的社会治理模式能够在自组织中逐步建立起来，并且影响社会中的每一个人。

具有狭隘道德感的组织往往具有很强大的社会破坏力量，而基于普世道德感的组织往往是有生命力的组织。中华文化内在的普世精神是足以引领东方的，不然，这些核心文化思想也不可能影响人类进程如此深远。

笔者在谈论众筹大趋势的时候，不得不把自己的眼光聚焦于更深的层面之上。在这里，有一个价值思考：众筹这个模式到底是舶来品，还是中国原来就有的东西？在中国社会组织体系发展史上，众筹模式到底处于一个怎样的位置？笔者的研究结论是，众筹模式在中国古代是贯穿始终的东西，中国乡村的自治体系比西方社会借助宗教的自治体系更加完善。而且，众筹模式在中国古代乡村是普遍存在的。

“众筹”，仅仅这个词汇是从美国漂洋过海过来的，但是里子却全是中国本土文化的固有因子。在500年前甚至更早的时间，西方创立了股份制公司和信托制度，这成就了世界社会经济几百年的高速发展；而在当下，众筹模式及其衍生的新的社会经济模式在东方社会遇到互联网，东方社会的潜力被发掘出来，能够带动新一轮的持久繁荣。

在展开中国历史的时候，和平时期的乡村治理体系一直是笔者研究的对象，尽管在历史上这样的时间不占据主体地位，中国的历史有很多内部征战史。其实，在笔者看来，中国古代农民和民间小知识分子领导的暴力改朝换代的进程，不是中国社会的主流形态。斗争不是主流形态，而人们的日常生活组织和生产协作模式才是主导形态。尽管中国人的分享和互助模式是在历史和平时期静悄悄地发生着，但是史学界很少注重这一类的研究。

中国是传统的农业大国，乡村社会的治理问题一直备受关注。中国历史上的乡村治理实际上走的是一条“二元化”的路线，公权力和自治权长期共存。中国的基层一直是自治的，即使在社会动乱期间，只要不是全面的社会动乱，社会都能够通过自组织形态进行自我救助，这在很大程度上维护了中国传统社会架构的稳定性。两千年来的“大乱”多数都是农民和顶层统治者带来的，但是当他们走上王座的时候，天下大治，并不是因为他们能够治理天下，而是人民想要休养生息，不折腾就好了。大治是民间自组织形态的大治，而不是皇帝的大治。解释中国的古代发展，笔者觉得需要注重这些民间自组织的力量。

从法律的严密程度、基层政府官吏数量以及乡里科层制对基层社会的掌控模式来看，秦汉以来，王朝统治者曾试图对乡村社会进行直接管理，结果是失败了。当将乡村精英阶层排除在社会治理之外的时候，乡村自组织形态就被破坏了。乡官无力进行复杂细腻的自组织互助活动，只可能带来底层暴力和乡勇治乡，乡村公共服务的破败，只会造成社会的整体破败。

在秦汉乡村治理过程中吸取了教训之后，其后的历史其实一直有着自己的运行逻辑，皇权之外，其实还一直存在一个自治的非暴力的民间自组织结构。皇权允许社会自治，他们的妥协保存了这种自治结构，这种结构很可能就是中国古代的社会稳定之本。

以上几段文字的阐述是笔者的一家之言，仅就社会底层的自组织形态进行一些思考。一个社会的可持续的运作体系总需要一个组织架构做支撑，因而目的在于探讨发挥导向作用的主要动力来自哪里。

国家对乡村社会的治理主要依靠乡官及律令与儒家纲常，国家对乡村的组织原则是地缘优于血缘。基层社会已经存在早期自治组织，在正史的记载中，虽然很少关注这些针头线脑的杂事，但还是有不少有据可查的资料。例如，隋唐五代的互助性民间结社——敦煌社邑的历史，一直可以追溯到先秦，互助是广泛而深入的可见中国民间自组织的昌盛。

随着自治组织的进一步发展和时代的变化，至明清时期，其自治功能被勃兴的各种社会组织分担。它们不仅进行自我管理，到近代还提供了本应由国家提供的公共产品和服务。华侨大学华侨华人研究院研究员蒋楠在其《历史视野下的中国乡村治理》这篇论文中，提到了民国时期福建乡村举办教育事业的事情。文中提到："例如教育，民国时期乡村学校仅占全国学校总数的10%，平均约40个村落才有一所学校；而在福建，有侨汇支持的侨乡，宗族出面建立了许多乡村小学。晋江侨办学校在20世纪初的30年就统计达到300多所，基本上达到村村有小学。"传统中国的乡村社会一直存在一定的自主性，中国很早就存在类似于西方"公共领域"的国家与民间同时发挥作用的公共空间。中国人从来就能够组织起精细的社会自组织机构，这使得我们在研究互联网组织形态的时候，能够回溯中华文化的本源，来寻找未来的组织发展路径和社会建设路径。

从秦汉时期就已存在的自治组织一直伴随着中国社会，这个过程培养和强化了中国人的世界观和功德观，从而具有互助和分享精神，这是中华民族传统思想的具体体现。在现实中，这种互助和分享是日常化的、经常性的，从而使社会有机体内部存在的各种形式的社会关联更加紧密，也使人际交往的结构方式更加合理。这种互助和分享精神使得中国人的人格表现出极大的张力，从而丰富了民族传统文化的精神内涵。

众筹组织具有代代相传的文化基因。中国人讲究"助人为乐"，助人和为乐可以分步进行，可能分次实现。你帮别人，别人再帮别人，指不定哪天就有某个"别人"来帮你，"得道多助"说的就是这个道理。作为社群的自治组织的基因在中国传递，中国成功延续了数千年，作为社群的众筹组织要成功，必须让社群的基因在社群传递，横向人人传递，纵向代代相传。而社群内成员基本都具有连接、分享与互助的精神，这就是众筹组织蓬勃发展的基础。随着参与众筹组织的人越来越多，分享与互助的人群将呈几何级数传递。事实上，在众筹组织中，有人找到了客户，有人找到了合作伙伴，更让人动情的是，有人在这里找到了真爱。

《管子·形势解》中说："海不辞水，故能成其大；山不辞土石，故能成其高。"滴水存在于海，才能成为浩渺的海水，若在陆地，则一滴水是无法长久存在的；同样的，土石生于山上，才能形成高山，若孤立于旷野，则绝成不了"山"的巍峨。正是分享与互助的世界观和功德观，才形成了众筹组织。

如果要总结一下，这就是中国人的互助和分享精神的一种文字表达。

中国人互助与分享精神是普遍性的文化特质，能够与互联网文化价值进行快速相融。中国人内在文化精神能够与互联网内核精神水乳交融，而不是类似于水油关系。

众筹将成为中国社会治理和自治结构中主要运作模式，无论是社会活动还是经济活动，都将普遍采用众筹模式作为组织的治理方式。政府权力从细节领域逐步退出，中国互联网社会的建设进程将会加快，社会组织在中国将获得长足的发展空间，建立一个互助和分享的社会，让人在其中生活更加安全，更加美好的愿望将会实现。这不是中国人接纳了舶来的众筹模式，而是一种历史文化的复位。

中国人的社会共同体

其实，就乡村自治和城镇自治的模式而言，笔者有一个主观判断：中国古代历史在很长的时间内并不是皇家大一统的结构，而是一个超级皇权和无数个自治组织结构，类似于古代欧洲小盟邦的角色。这些古代的自治组织，就是东方史学泰斗谷川道雄笔下的“中世共同体”。笔者想从这里找到一种古代社会的组织文化，能够解释今天中国人是如何拥抱互联网，并且在互联网基础上组织起来的，这里面是不是有一种历史的映射关系。一方水土的文化传承，即使有较大的历史变迁，也是“打断骨头连着筋”的。

谷川道雄是日本史学界京都学派的传人，是日本中国史研究领域的领袖学者，特别是在六朝隋唐史方面，更称得上是核心人物。20 世纪 70 年代，他提出并倡导运用“共同体”理论研究和把握中国的中世纪，对推动日本学界的有关研究发挥了领导作用。在他的著作《中国中世社会与共同体》中，最主要的部分是对六朝具体历史的分析，分析中国古代精英阶层是如何团结基层民众，实现局部社会治理的。在这部著作中，读者能够发现中国古代贵族其实是愿意和民众互动的，并且他们以此为荣。在撰写这部通俗的经济类书稿的时候，笔者很欣喜于发现这样的历史性陈述。

笔者不是一个史学研究者，或许谷川在描述一个理想主义的古代中国，关于他观点的正确与否，笔者认为不是非黑即白的，可能史实既不像谷川描述的那样美好，也不像悲观论者认为的那么灰暗。但是，笔者认为，这是一个能够自洽的体系。毕竟，真正的民众组织结构体系是历史的主体部分，他们协作和进行生产活动才是一辈又一辈人生活的常态，这能够解释乡村社会是如何长期稳定运转的。

研究中国古代个体和个体的联合方式，以及他们的治理结构，对于中华文化的全球性意义可以说是一次重要的梳理。英国著名历史学家汤因比（Toynbee）对中国人的社会治理结构有着极大的兴趣。他在和日本作家池田大作对话的时候，一度认为中华文化将成为全球性的主流文化，因为足够强的包容性和稳定性使之能够成为世界走向统一的唯一的世俗文化体系。

当下，谈及复兴中华文化，让中国在互联网时代能够引领未来发展，这些是不能够依靠全盘引进文化来实现的，而要在中国自己的历史文化体系中找到有价值的、引领未来的思想。互联网在中国的应用几乎没有碰到文化障碍，先进的互联网思想也在不断涌现，这正说明了中国文化和互联网精神的契合。

随着互联网时代的部落化，部落社群的领袖成为一种新的社会角色，这能够带来新的社会发展模式和社会发展动力。社群领袖需要很强的自律能力，其角色是一个社会治理者，而不再是一个单纯的商人角色。互联网时代的社群领袖多少都会具备贵族精神，这种贵族精神不是单一维度带来的对物的崇拜，而是通过有价值的自律来充分发挥自己的影响力，并且能够引领社群发展。

至少在一定的时期内，中国人是不缺贵族精神的。在古代，一部分贵族是社会治理的中坚者，愿意为天下大众贡献心力，这在儒家文化中恰是一个主旨，而且，中国古代的贵族也愿意和大众一起来治理社会。换句话说，中国的乡村自治组织的领导者愿意为社群中的人的福祉而努力。在一些特定的时期，这成为社群领袖加官晋爵的名望功德方面的依据。

中国知名历史学家侯旭东先生在评述谷川道雄思想体系的时候，认为谷川引证的史料其实不一定能够完全支持他自己的论点，但是也没有做否定。三国之后的几百年，是天灾、战乱频繁的时代，人们为了生存而在自然的血缘关系之外结成新的共同体，由此形成与古代社会不同的基层社会结构。共同体结成的契机是对自身私欲的抑制，这主要体现在士大夫身上。他们的自我抑制精神使得他们在危难中救济乡党，共渡难关，实现了家族、宗族、乡党与士大夫的共同体的结合。这种结合就是“豪族共同体”，后又被概括为“名望家统治”。中世共同体治理模式结构如图 1－1 所示。

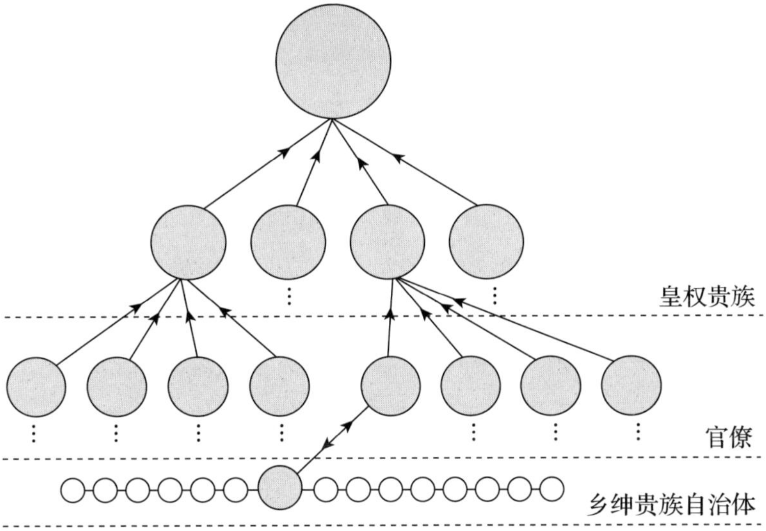

图 1－1 中世共同体治理模式结构图

侯旭东在《评谷川道雄〈中世社会共同体〉》这篇文章中说：这种自我抑制精神从士大夫应遵循的伦理原则，扩展到包括学问、思想、文学等各个文化领域的精神特点，成为“贵族之所以为贵族的必要资格”。“从这种精神的对象世界反馈的人格评价即乡论，又赋予士大夫社会指导者的资格。六朝贵族的阶级地位正是以这种乡论为基础而形成的，而正是这种乡论才是他们能够超越王朝权力而获得自立的社会地位的根基”。在乡论基础上，通过“九品官人法”，六朝的贵族进入官界，实现了与政治世界的结合，成为王朝的支配阶级。

这种新型共同体关系不仅存在于六朝，而且延续到隋唐。北朝实行的均田制的理念与贵族道德的土地观念是有共通精神的。汉人贵族与其乡兵的关系是贵族与乡党日常关系的军事机能化，以乡兵集团为基础形成的西魏府兵制后成为周、隋、唐各国的军事骨干。笔者认为，既然地方自治组织已经有了军队，那么在本质上，这样的民间社会群体更加接近欧洲的城邦国家，只不过乡土社群拥有军事组织，对于社会稳定其实不是什么好事，基层军事组织训练有素，极可能造成局部暴乱。但是，从国家治理的角度来讲，这些社群组织起到连接民众和国家机器的作用，作为功能化的组织，促进了国家安全。

科举制也是被谷川称为“贤才主义”的新型贵族制的体制化。这一阶段的特点是“共同体世界作为国家体制而制度化”。隋唐帝国是一个由胡汉两族组成的共同体社会，经相互渗透、合成，共同建设的新贵族主义国家。

谷川所关心的并不是贵族如何控制朝廷，而是研究涉及贵族赈济宗族乡里、支撑赈济的观念，以及赈济产生的影响等，以贵族赈济活动为核心勾画了“共同体”的形成机制。谷川对贵族的精神世界高度重视。过去受到经济决定论的束缚，忽略了中国人对规则的尊重和自我实现的精神需求，研究贵族多从经济的角度加以界定，强调贵族就是大土地所有者，其实就在掌控社会的一切。实际上，中国六朝的贵族认识到他们自己其实和底层乡党是共生的一种生态，是共同体；拥有不代表就可以随心所欲的支配财富，而要做好分配，自律实现共生。谷川强调“贵族之所以为贵族的必要资格，在于其人格所具有的精神性”，旗帜鲜明地反对仅从大土地所有的侧面认识贵族，从而开辟出分析贵族精神世界的新领域。

谷川不是一个历史的臆想者，他的研究来自古代日本对中国史的研究资料的保存，也有的来自中国古代的乡记。他的研究侧重于结构、数据和伦理规则（一种社会行为规则）的记述。在侯东旭的书评中，谈及一个笔者比较认同的案例：谷川以北魏末年杨椿对子孙的训诫为例，详细探讨了北朝贵族的伦理观念，认为这是“超越对权势、财富的欲望，选择生存于士人之道义的世界的立场”，是一种“公共的世界”，也是“当时身为士大夫者所应该遵守的伦理准则”，因这种态度而生的生活方式是“一种使人与人的相互结合成为可能之社会伦理的实践”，并具体研究了实践中这种伦理如何促使贵族成为乡党的指导者。谷川认为当时大多数贵族拥有广大田产，但贵族存在的基础还包括大土地经营所无法涵盖的内容。具体说来，是围绕大土地经营而生的物质契机，如救济用的“余粟”产生的精神作用，即贵族对名利的超脱，使其与乡党的结合成为可能。在谷川看来，赋予贵族人格特质的精神性不仅限于伦理意识，还扩展到学问、思想、文学等各个文化领域，而其根底在于古代以来形成的礼制观念。谷川还进一步提出，这种精神的培养来自学问。学问是旨在人的教育的知识体系，“学问是贵族得以存在的依据”，是支配民众所不可缺少的机能。

侯旭东评论谷川道雄说：贵族的精神世界可以说是谷川道雄把握六朝时代特性的关键。正是这种超脱名利的自我抑制的观念及由此而生的实践，使得贵族成为乡党的指导者，确立了在乡里的地位与威望，形成自立于朝廷的存在，并通过“九品官人法”进入官界，将其理念引入朝廷的政策中，实现贵族对朝廷的支配。

南开大学历史学院教授胡宝华说：“谷川几十年执着的追求，几十年一直在寻求的是想解明中国历史社会得以连绵不断持续五千年之久的原因何在。”事实上，谷川道雄的精神因素解答，无形中契合了当下众筹组织中的经济因素和文化因素。在我们的文化中能找到互联网时代人们团结组织起来的内在的文化基因。

在引述史料的时候，笔者只能站在历史学家的肩膀之上，而不可能自创体系来说明中国古人的协作组织架构。谷川研究想要得到的东西是：中国人是如何保证自己的文化连绵不断的？中国人是如何组织起来的？其实提出问题已经很重要了，虽然对于这样的问题恐怕没有标准答案。

民间自组织这是中国社会长期稳定的根源。乡土社会如果两千年来在内部一直斗争尖锐、你死我活的话，中国就不可能作为一个巨型国家，在其他古代文明消亡的时候，还能够存在至今，而且具有极强的再发芽生长的能力。这种神奇的自我修复能力，恰恰来自乡村贵族的自律共同体。

中国人的社会共同体之所以能够长期存在，原因在于中国古代社会的治理结构中，皇权专制也是有限体系，而不是无限体系，这给民间自治组织留下了空间。18 世纪西方的中国观发生变化，如法国启蒙思想家孟德斯鸠（1689—1755）认为中国古代是彻底的专制治理结构，这代表了西方对中国的一些看法，并且这样的观点流传深远。

同样是西方人，利玛窦（1552—1610）则深入了解了中国社会。他在中国生活了 30 多年，在北京就生活居住了 10 年，他对中国的描述还是值得采信的。在他的著作《利玛窦中国札记》（中华书局 1983 年版，第 48 页）中，有这样一段记述："虽然我们已经说过中国的政府形式是君主制，但从前面所述应该已很明显，而且下面还要说得更清楚，它还在一定程度上是贵族政体。虽然所有由大臣制定的法规必须经皇帝在呈交给他的奏折上加以书面批准，但是如没有与大臣磋商或考虑他们的意见，皇帝本人对国家大事就不能做出最后的决定……我已做过彻底的调查研究，可以肯定下述情况是确凿无疑的，那就是皇帝无权封任何人的官或增加对任何人的赐钱，或增大其权力，除非根据某个大臣提出的要求而这样做。"

利玛窦的记述可以从一定程度上说明君主统治的名义性和有限性。这使得社会拥有一定的自治权，至少在一定时期内，这种平衡体系是能够容纳共同体存在的。对于当下来说，人们对自身历史的认识，不至于落入"中国人没有自主和自治精神"的误解中去。笔者认为，不仅仅在六朝时期民间自治组织和贵族政体是并存的，在很多朝代这些共同体都是存在并且延续的，中国历史中有这样组织形式沿革的脉络。

互联网影响之下的中国，正在进行着一场史无前例的自我修复进程，中国理应回到历史的正位。互联网众筹模式中的领筹人正是这种连接社会的新角色，其创立新的社会共同体，让经济发展的成果惠及所有人。这种“新的共同体”反映在众筹上的意义在于，当下的众筹组织就是一种典型的共同体，组织中的关于“公”的规范是无形的。这是管理学上“企业家精神”在互联网众筹领袖身上的新的发展。虽然一切看起来都是新的，但其实与一千年前甚至两千年前的某个勇担社会责任的贵族在精神内核上是完全一致的。

中国人的互助和公益行为

对于只具有短暂历史的国家，历史很容易翻页，变成“下一个社会”。但是，对于中国这样充满历史感的国家，太阳之下，了无新事。当代发生的每一件事情，总能够在历史中去找到相似的例子，新事物不过是旧事物换个“马甲”的翻版。

中国古代慈善事业的深度和广度是令人震撼的，这让很多不研究乡村民间史的人感到意外。这种传统其实与众筹文化是最接近的，在全世界的众筹组织中，包括近现代慈善组织，基本都会使用众筹的方式来募集资源。说句寻常的话，这正是从慈善组织的治理模式中移植过来的一种管理模式。只不过，互联网能够将同愿者在全国甚至全球范围内组织起来，才有了普遍性的生命力。

可能有人觉得奇怪，为什么在谈及中国古代和近现代社会公益的时候，往往资料都是来自一般的乡记或无名氏历史研究者的资料。其实这一点都不奇怪，中国的历史文献更加细腻的记述可能不是来自《史记》，而是来自《天工开物》这样的著述。大历史学家对历史的视角和本书想要表达的视角是不同的，笔者想表达的观点是：在和平时期，中国古人具有建设美好社会的愿望，并且一直将公益互助行为贯穿于日常生活中。

众筹模式是一种社会建设行为，往往成为历史中“沉默的大多数”。我们看历史的时候，总是喜欢看权谋家是如何破坏既有的良性社会结构的，因为那就和看剧本一样，有激烈的冲突和搏杀。其实在社会治理中，一切都是按程序走的、静悄悄的建设过程。被称为“现代管理学之父”的彼得·德鲁克（Peter F. Drucker）关于企业管理说过一句话：“治理得好的工厂总是单调乏味的。”如果要展开中国两千年的发展史，80%的建设性活动可能都会被忽略了，因为无论哪个时代，集资挖一个排水系统、建立一个养老机构都不可能引起大众的兴趣。

在本书中，我们不将众筹看成是一个需要普及的概念，而是作为一个社会自治的基本组织形态去看待。当然，只有在一个良序的社会之中，众筹模式才能够发挥作用。对于众筹模式，本来就已经存在，并且很普遍，只不过在当下，互联网对这样的一个模式起到放大器的作用，让一切社会组织都可能使用众筹模式。这是众筹模式的未来趋势。

中国古人的互助和公益行为，是在公益组织的架构下完成运作过程的。中国古代的慈善组织与当下的众筹在思想上更为贴近，准确地说，应该是“一脉相承”。它具备现代众筹所具有的操作模式和内核。

关于本书所引述的内容，很多观点来自西南大学教授张文的著作《宋朝民间慈善活动研究》、日本史学者内藤湖南的“唐宋变革论”观点以及中国史学者虞云国等人的研究。在几位史学研究者的学术论著中，唐宋两朝官府深度参与公益和慈善活动，但是“富人”在体系中起到连接器的作用，整个社会公益活动是普遍的，是社会管理的一部分，而不是善心支撑的临时行动。

古代官府鼓励民间参与慈善活动。比如，唐宋时期的慈善活动主要是由官方主导的，当时已经陆续出现悲田养病坊及福田院等慈善机构。福田院是北宋成立最早的慈善机构，是冬春收养难民、饥民及老幼残疾人士的专门机构，承唐时悲田养病坊之例。福田院一直延续到北宋末年，其在北宋官办救济机构中影响最大。宋朝还有居养院，为收置鳏寡孤独贫民的机构，安济坊收容病患给予医疗救助，养济院兼有居养与安济功能。宋朝的助葬机构主要指漏泽园，是专事收埋贫穷已故之人的机构。

宋朝的地方很多社会服务资源的筹集与当地的财富家族有紧密关系。这些资源很多都是赈灾官员游说而来的，财富越多，贡献越多，财富有余，也积极参与筹集物资，以备不时之需。

宋朝可谓多灾多难的时代，气候多变，周边战争、天灾人祸频现，对灾害人群进行救济也就成为政府的经常且必要之举。为此，宋政府设有从中央到地方的一套“仓储预防体系”，也就是学界多有论述的常平仓、社仓、惠民仓等，为防灾备荒发挥急效而用，作用颇不一般。在流民出现之时，宋政府则要求地方具体按“灾伤流移法”行政府救助之责。内容可大略概括为：流民所过州县，地方官负责措置宿泊，就地赈济；然后发给券历，遣返还乡。

大城市是复杂的经济系统，也是皇权集中之地，所以古代官办慈善多数都在城市。就宋朝城市与乡村的救助来说，政府性救济主要在城市，而广大乡村的救济则多由民间完成，或者至少是由民间慈善作为重要补充。从此点上看，民间性慈善在宋朝乡村中作用较为彰显。在当时，有钱绅士地主对穷人或灾民进行施舍，出现了不少由私人主持的有一定规模的慈善机构。例如，著名理学家朱熹曾在建宁府崇安县开耀乡创设“社仓”，备荒救灾，地方政府拨给一定的平价粮，由乡间人士负责经营管理；“先天下之忧而忧”的范仲淹则在苏州创设“义庄”，置良田十余顷，将每年“所得租米，自远祖而下，诸房宗族，计其口数，供给衣食及婚嫁丧葬之用”；此外，刘宰、黄震、真德秀等中国古代著名的慈善家都是宋代人。

宋朝的慈善救济在中国慈善救济史上占有不可置疑的重要地位，其诸多开后世先河的政府性救济机构及民间性慈善的多样化频现史册。其实，宋史中的官方慈善正是借助了民间众筹慈善的有效性，才建立了独立的官方机构的。

《宋史》载：“宋之为治，一本于仁厚。凡赈贫恤患之意，视前代尤为切至。”对宋朝慈善救济史研究颇有心得的张文先生指出：“宋朝社会救济处于中国古代社会救济史上一个承前启后的重要阶段……因为宋朝在社会救济方面所取得的成就，无论是数量上还是质量上，都是超迈前代的……”可以说，宋朝是中国古代慈善救济史上的一个高峰。

这种普遍的社会互助，使得宋朝创造了世界古代史上繁荣的顶峰，社会中人的协作关系的改变推动了经济繁荣，社会公共服务的完善能够推动社会事业的发展，人的精气神也会因为协作关系的和谐而变得不同。难怪知名历史学者陈寅恪将宋朝形容为“天水一朝”，宋朝恰恰是中国文明史上一个有特殊记忆的朝代。

面对互联网在中国应用的普及，我们已经能够感受到互联网对中国慈善事业的巨大影响，其实这完全可以写另外一本书，专门谈论互联网对慈善组织的影响。互联网可能会带来去中心化和去中介化的新的体系。这是一种人与人之间协作关系重构的过程，也是众筹的一个大趋势。

我们不局限于唐宋时期的慈善组织，而将古代慈善救济的受益者群体延展到现在的众筹组织中，就会发现中国古代慈善救济活动的公益性与众筹的公益性实为一脉相承。

众筹模式更加适合公益互助组织这样的事业组织，而不仅仅在经济领域发挥作用。在古代这种模式发挥作用的例子已经证明了这一点。在当下，即使在互联网体系之下，笔者认为众筹模式主要适用于一些事业组织，而不仅仅是企业行为。在未来，那些企图用众筹模式实现可持续盈利的人和机构可能会遇到一些障碍。但是，众筹模式本身并没有改变，改变的只是人们对其应用领域，以及在新领域应用中的一些争议性。

瑞森德（Recende）与众筹网联合发布的《2014 中国公益众筹研究报告》（以下称《报告》）指出，2014 年众筹成功的公益项目总计 299 个，众筹网占比最高，达 53.18%。综合类公益众筹平台是推动整个公益众筹市场发展的主力，综合类公益众筹平台上的项目数占 96.7%；公益众筹行业全年筹资额超过 1272 万元，其中综合类公益众筹平台就占 94.1%。《报告》以众筹网为例，分析了发起项目的主体以及领域。70% 以上的项目发起人为“80 后”“90 后”；在发起项目领域方面，助学类项目占 26.96%，爱心帮扶类项目占比最高，达 43.48%，环保、动保类占 10.43%，创新/跨界类占 13.48%，扶贫、救助类占 5.65%。与传统公益的不同之处在于，公益众筹项目多具有创新、快乐、正能量等特点。《报告》还总结了公益众筹的六大价值：变“捐赠”为“投资”；降低公益筹资门槛；筹的不仅是钱更是人；跨界众筹让公益更具魅力；企业公益众筹联结更多利益相关方参与；公益众筹成为筹资枢纽，可对接更多高附加值的渠道资源等。

以上引用的例文即是想说明，在中国，众筹模式的主要应用领域为社会事业，而不单单是企业行为。如果觉得众筹就是一种经济行为，显然低估了这种模式的普适性。众筹是一种普适性的社会治理模式。

就众筹而言，可能它在与企业经营的结合过程中还需要做长期的磨合，因为众筹模式和企业经营之间还是有一些区别，企业家需要更换一种互联网时代的众筹价值观；而对于公益慈善而言，它将是众筹应用最先获得突破的领域，人类所有的非营利组织机构都能够直接使用互联网众筹模式，这是促进社会繁荣的新的发动机。

敦煌供养人

中国的宗教场所一直都是众筹建设的结果。中国基本上是一个世俗的社会，人与人之间的关系是通过伦理而不是宗教教义来构建的。但是在中国古代，也曾有过长期的宗教繁荣，对于古代众筹模式而言，除了公益慈善这一最大、最普遍的应用，处于次要应用的方式就是宗教建设了。

在一千多年前的甘肃，公卿、夫人以及大众都热衷于塑立佛像，并且按照家族或者信众领筹的方式来建立佛教设施。其实在佛教传入中国的初期，大乘佛经都对佛像供养予以宣扬。敦煌地区的造像活动从 4 世纪至 14 世纪延续了一千余年，由此形成了悠久灿烂的敦煌佛教艺术。根据造像场所和使用材料的不同，古代敦煌的造像主要有石窟造像，寺院、佛堂造像，绢、麻、纸造像等。2008 年，“敦煌石窟供养人研究”课题组首次确认莫高窟中供养人画像的具体数字。莫高窟中现在保存有供养人画像的洞窟 281 个，供养人画像 9010 身，其中唐代数量最多，达到 2115 身。这些画像涉及北凉至清各朝代，形成了一个绵延千年、传承演变的供养人画像长廊。

出于信仰的众筹体系在全世界的各个国家和地区都是很普遍的现象，这个体系是不是已经存在了 1 万年也未可知，但是敦煌莫高窟建设前后延续了一千余年，却也算是一个奇迹。这些捐助者经过一代又一代的持续努力，将一项具体的事业连续推进一千年，这在当下的企业界，全世界只有一家企业能够做到，这是一家做日本佛教建筑的企业。如何让一项社会事业存留得更久，也许这里面需要一种超越功利的价值存在。对于当下的众筹模式研究，我们认为企业可以是一个单纯的营利性组织，但是众筹组织这样具有事业组织性质的组织，就需要一种更高的事业理论来支撑。

在讨论敦煌的时候，实际上笔者讨论的是中国古代的事业组织形态，而不是在谈宗教本身。在企业界，彼得·德鲁克对企业组织和非营利的事业组织进行了深入研究和讨论。我们希望能够在敦煌建设这种典型的社会事业中，找到中国古代事业组织发展的内在脉络，这样对于中国当下的一些事业组织可以做一些比较研究。

现在敦煌已经是旅游胜地，人们去莫高窟参观，看到的大部分都是供养人画像。供养人是敦煌壁画的重要内容之一。“敦煌学”中的所谓供养人，就是指信仰佛教、出资出力、开窟造像的施主和捐助者，包括当时社会上各阶层、各民族的佛教信仰者。这些开窟造像的施主和捐助者，为了虔诚奉佛，时时供养，功德不绝，同时也为了留名后世，显示自己和家族的名望，开窟造像时，在洞窟里画上自己和家族亲眷、部下属僚以及侍从奴仆的肖像，这些肖像就被称作供养人画像。

显然，基于事业理论的价值认同，其实在全世界，无论是古代还是现代，事业组织也是有功利的，只不过有些是直接功利，有些是间接功利。当社会中的大众感受到间接功利也能够带来好处的时候，才能够实际上带来社会事业的真正繁荣。公共事业正在做一些间接功利的事情，自觉维护公共事业秩序，这样的公共价值事业才能够存留下来，建设成为一个和谐的社会协作系统。

无论在企业组织，还是在非营利的事业组织中，人们都是有功利心的，那些没有间接价值认同的社会，往往无法组织起一个比较完整的生态型社会。笔者在这里提出“公益事业功利链”这个名词，这种功利链的长短反映了国家和民族对公共事业的认知能力。

人们做任何事情总是需要一种价值的支撑，要么有物质价值，要么有精神价值。这种价值诉求不管是直接的还是间接的，都存在一些功利因素。即使做的事情不在当下有回报，也可能有惠及子孙后代的诉求。公共事业的目标性决定了公益事业也需要回报，不过这种回报可能是跨越时空的，需要过很多年才能够看到这些公益行为对体系中的人是有利的。这样的事业步骤可能很多。比如，经济学中有一个简单的道理：远方的贫穷经济体对于发达经济体来说，进行援助是花钱的事情，耗费的是当下的财源和人力资源。但是，当远方贫穷的经济体开始具备购买力的时候，也就被成功地被纳入到市场体系中。市场扩大了，发达经济体就具有更大的市场回旋空间，这对所有人都是有利的。如果将这些间接的价值连接起来，则就很容易找到笔者所说的“公益事业功利链”。从私利的角度来说，通过一步就可以实现是很好理解的，如掠夺就可以，价值直接交换也可以，但是，从“利他到利己”的转化中，则一定有一条很长的道路要走，是一条长长的链条。

公共事业的目标性也是众筹组织能够长期存活的主要原因。从单一的众筹体系过渡到持续性的众筹体系，这是众筹自身的发展逻辑。参与众筹的人在做一项事业的时候，必须能够做到事业价值的自洽，即众筹人觉得这种持续性对于他们有价值，否则，众筹组织就不可能长期存活下来。

古代敦煌供养人在造像时一般都要画上他们的供养像并题名，以表达虔诚礼佛供养之意。此外，他们还往往在造像时撰写愿文，表达他们造像供养的动机、愿望，反映其信仰观念。这为我们了解古代敦煌僧俗信徒的信仰观念提供了丰富的资料。

第一，逐渐突出了造像的“功德”意义。唐宋时期敦煌的民众相信，要想现世获得福报，来世获得善因，就必须努力奉行佛教所倡导的种种善行，广种福田，积累功德。这正如天福八年（943 年）节度押衙马千进所造绢画《千手千眼观音菩萨像》题记所说：“求珍宝者，需投沧海，要来世之胜因者，需种福田。”因而多做善行、广积功德成为当时敦煌各阶层人们普遍的自觉追求，他们积极投身于诸如写经、转经、造窟、造佛堂、造寺庙、造像（塑像、画像）、浴佛、行像、造幡、造塔、安伞、燃灯、舍施、设斋等种种佛教功德活动。其中开窟、造像是当时敦煌最大的功德活动。因此，每当完成一项开窟造像的工程，人们往往要“庆赞营斋”，举行庆祝法事，撰写“功德记”。

第二，逐渐突出了造像的现实功利性。在唐宋的敦煌人的观念中，造像之类功德是可以给他们带来善报的业因、业根，故称之为“善因”“善根”“胜因”；这些功德的业力将使他们获得福果，故称之为“福”“胜福”。因而，他们进行造像的具体动机大都起因于现实的功利目的。

第三，逐渐突出了祈愿的普遍性。从北朝至隋，敦煌供养人造像供养的祈愿不外乎七世父母、现在父母、合家居眷、一切有情脱离三途八难、往生净土、齐成佛道，主要是针对宗教生活而言的。而唐宋时期敦煌供养人的祈愿则已大大扩展开来。

总之，从北朝、隋代发展到唐、五代、宋初，敦煌供养人造像供养的观念逐渐增加了现实的功利性和世俗生活的内容，使我们得以从一个具体的视角窥见唐宋时期佛教中国化、世俗化的演变轨迹。

宗教文化的延续性对社会事业组织的借鉴意义在于，建立一种社群中人人能够获得心灵满足和价值满足的系统，互联网时代的众筹组织需要将宗教文化中的一些价值系统方法用于体系建设。正如慈善组织中有一些好的工作方法可以被移植出来普遍应用一样。

资深财经媒体人孙燕君先生撰写的《马云教》，是他继《阿里巴巴神话：马云的美丽新世界》之后，又一部有关马云的力作。它从马云对企业近乎宗教般追求的情怀入手，深入剖析了马云从一个普通英语教师一跃而为世界顶级企业家的心路历程。孙燕君在书中说道："成功的企业家很多，对企业有宗教般情怀的企业家很少，成功的、有宗教般情怀的企业家少之又少。当然，马云只有一个！一项伟大的事业，需要超越世俗，具有了灵魂，才有了生命力。"

事实上，当我们对众筹精神做远年追想时，这些古代出资出力、开窟造像的活动，能够让我们感受到历史的余温。也许，可以对当下火热的互联网众筹浪潮做一些冷静的思考。

中国人的社交圈

在讨论互联网众筹如何改变中国的时候，我们需要理解中国本来的生活状况和人与人之间的连接关系。普通的中国人离开乡土治理模式可能只有几代人的时间，所以中国社会是一种人情关系社会的说法不为过，也就是社会学者常说的"熟人社会"。熟人社会基础上的社会关系构建有着自己的规则以及明晰的伦理。这种相对封闭的圈层结构，也就是将个人所有的经济因素和生活因素全部放入一个熟人的社交圈中。这是古代中国人和近现代中国人的活法。

在互联网社交圈层兴起之前，人们寻求于社交圈熟人资源的庇护，人与人之间的连接关系其实在某种封闭的圈子里是大于公共规则的。在全球社会发展模式中，氏族组织比较发达的体系中，法治这种公共秩序的维系工具并不是主导性的力量。这使得在熟人社会中，熟人圈的诚信是必须遵守的，如果破坏信用的话，就会破坏自己的生存环境；而在小的熟人圈之外，人们还没有建立起对陌生人的负责机制。这就会衍生出社会诚信问题：社交圈和熟人圈的诚信大概没有什么问题，但是要发展出对圈外的人负责的机制，就比较复杂了。

农业社会几乎是静态的，一个人一辈子就认识这么多的人，这是乡土概念。但是对于横行大海、穿越沙漠的商旅来说，就要对远在大海那一边、沙漠那一边的陌生人负责，提供标准质量的产品，而不是欺骗。这种大范围的公共价值需要两个社会具有共同的规则，如此，我们就能够知道巨大的国家，对于古代来说，是多么重要。能够建立庞大、稳定的国家的民族，往往具备制定公共社会规则的能力。不要小看这个能力，其实到现在为止，一些民族和部落还是没有建立公正规则的能力，换句话说，他们组建不了一个具有完备架构和和谐稳定社会的国家。

众筹模式基于社交体系，人与人之间的信息互动关系，众筹模式作为小社会圈的互助模式，在这些部落社交圈中的应用是普遍的。也就是说，众筹这种模式可能在形式上比国家的形式更加久远。

当然，在中国人的文字记载中，社交圈成了一些跟生产活动无关的纯粹的交往形式，在文化内核中也赞赏这种单纯的社交行为，比如“雅集”。

古代的文人雅士是一个格外注重社交圈的群体，主要是以雅集的形式把文人雅士聚集在一起。雅集包含了中国传统文化的精髓——琴棋书画、诗酒花茶。古人是很会这一套的，而现代人可能丧失了很多琴棋书画方面的能力。

传统中式雅集种类多达几十种，有焚香、插花、寻竹、访荷、粉黛、问琴等，集的是钗环珠佩、粉履罗衫，女人家的物件儿。与西方文化做对比的话，雅集更像是派对与沙龙的结合。但是，这种社交体系中的人与人之间还是存在一种长幼尊卑的门户关系的，是有规矩和有排序的。

实际上，雅集之外，人与人之间经济社交关系的构建才是主要的方式。只是，我们在典籍中很少能够发现这样的内容。人在聚拢之后有什么样的价值创造，这是主要的问题。雅集只是一种社交，在表面上强调纯粹性。实际上，从我们研究的角度去看，古代商人和商人结社之间，在内部产生的借贷和合作关系，才是我们所关心的问题。

即使是商人之间的结社，也脱离不了中国的乡土范畴，乡土社交圈才是中国人的基本社交形态。乡村的基层组织，依靠代代相沿的习俗进行社会管理，这种管理并非是对所有成员一视同仁，而是有轻重厚薄的分别，这种

“差序”，形成既定的“格局”，如父尊子卑、君尊臣卑、男尊女卑等，按照人们在社会和家庭中的地位和等级进行序列管理，即“礼治秩序”。

这是以君臣父子为核心的社会关系网，一层驭一层，层层相隶属。几千年来，中国农民就在这样的社会秩序中生息，无论是改朝换代还是战争离乱，风雨不惊，即使打散了，很快又复原如初。所以，中国能成为世界上唯一一个文化传统没有中断的文明古国，中华文化在世界文化史上才被公认为传承力最强的文化。正是“礼治秩序”这种社会管理秩序使得中国社会具有超强的稳定性。

或者可以强调一句，“礼治秩序”就是中国人的社交圈规则，或者叫作熟人社会规则。这在数千年的历史中有着巨大的进步意义，只是到了近代以工商业为主的社会，才显示出自身的不适应性。熟人社会和陌生人社会中的个体社交关系模型如图 1－2 所示。

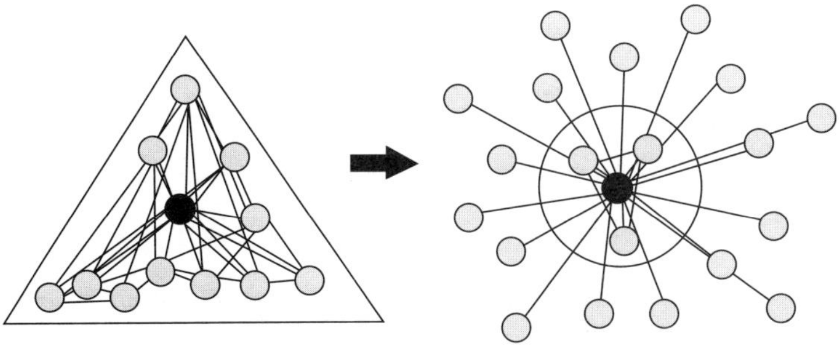

图 1－2　熟人社会和陌生人社会中的个体社交关系模型图

中国是一个传统的农业大国，古代中国人的社交圈离不开乡土文化，费孝通先生想从传统的乡土文化中找到中国现代化的成长基因，几乎是不可能完成的任务。因为小的社交体系中，资源总是有限的。传统的社交圈不具有共享性，无法对外充分交换资源。一乡一土的具体小事处理起来自然没有问题，但是在解决整个社会体系性问题的时候，缺乏更高体系上的公共性，形成乡土封闭的利益格局。

虽然小社交圈中的众筹是成功的，但是真正的众筹体系是借助大媒体的全国或者跨国界的资源构建。众筹的质量和范围，以及和顶级的知识资源有关。互联网众筹更是将众筹的范围扩大到整个互联网，具有全球配置能力的组织才能够在这个时代胜出。内部挖掘潜力的合作机制已经走到了尽头，众筹是开放的、无边界的。

笔者将互联网时代之前的众筹模式，用一个更加精确的名词来概括，叫“圈筹”。基于熟人圈的众筹，来做公共事业。这既是一种社交，也是一种众筹模式。赞助者的名字会留在这些公共工程中做记述。这是互联网众筹之前的中国人之间的社交和众筹组织架构的关系，在这之后，一切都会改变了。

中国古人的私产

古代的众筹模式多数都是在古代有产阶层中体现的，这涉及古代中国人的私产问题。其实在文化层面，很容易找到类似“私有财产神圣不可侵犯”的思想。孟子在《孟子・滕文公上》中说：“民之为道也，有恒产者有恒心，无恒产者无恒心。”意即国家只有尊重、保护民众私产，让民众拥有稳定、牢固的经济资源，民众才能安居乐业，社会才能和谐稳定、长治久安，才会充满活力。春秋时期，管仲在齐国就通过立法，禁止贵族剥夺民族私产，让社会普遍拥有私产，以推动社会繁荣。管仲说：“凡治国之道，必先富民。”其富国与富民并重的思想，实际上很符合现代国家治理观念，也符合现代企业的治理观念。

笔者认为，众筹基于拥有私产的自由人与自由人的协作，而众筹能够繁荣得益于自由人之间的充分协作。人在基础生存资源被剥夺之后，其实很难设想去做公共服务的，基于对生存资源的渴求，人更容易产生依附感。这样的生存状态不太有利于创造更多的价值，尤其是那些不能够带来直接利益的事情。这是人性的常识，恐怕不需要证明了。

为什么要保护私产？人类文明的近代化，最重要的一点就是尊重个人自由，确立对私产的保护。私有制是文明的经济基础，财产私有是思想自由和人身自由的物质前提。一个不尊重财产私有的社会，必定也不会尊重个人的自由。离开了财产的私有，个人自由无从谈起，文明将退回野蛮状态。

中国古代制度的顶层是皇权，其实在区域内，甚至家庭里，也或多或少复制了皇权制度，比如在大家庭中，家长制多少具有和皇权一样的基因。多数人的资产安全没有必要的保障，也很难培育独立的人格体系。往往只有经济独立之后，才能够形成独立的人格体系。

古圣贤言，对现代人仍有重要的参考价值。一个人能否有“恒心”，决定于他是否有“恒产”；一个社会是否有“恒心”，决定于这个社会有“恒产”的人是否占大多数。这样的道理，于今越来越被全球主流执政理政者接受认可。

其实，古代中国的制度设计中，至少在形式上也是尊重私有财产的，历代都有“藏富于民”的治理传统。只是在内乱时期，一度缺少对私产的尊重。这和古罗马不同，无论战时还是和平时期，古罗马尊重公民权，对随意剥夺财产是不能容忍的，这使得这些社会一直不缺少资本，这对于社会繁荣是有价值的。在古代中国，一旦发生动乱，民间暴力集团对民间资本和资产的态度处理上比较随意，这严重挫伤了人的积极性。霸道的财富观最终会让整个社会都付出代价：让拥有财富的人没有安全感，选择依附于王权和豪强，最终可能导致经济的整体性萧条。

其实对于私产问题，可以分成很多的视角去看。人们拥有私产，也是要用私产去做经济活动和社会事业，这里面只有一个问题，就是财富由谁来分配的问题。由财富的创造者来分配财富的机制，能够带来精神层面的成就感，仅此而已。一个人拥有财富，不代表他能够挥霍掉其拥有的所有财富，因为超越个人生活需要的财富本质上还是社会的，他们只是财富的代管人而已。财富创造者和财富分配程序的分离，抑或存在一个依附于王权的经济体系，都不是健康的经济模式。

其实，在保护私产的问题上，中国古典思想家并不缺少“思想弹药”，老子、庄子和管仲这样的先贤所能够论述的关于人与人之间的关系、人与社会之间的关系、人与自然之间的关系，到目前为止，对于一个制度研究者来说，都是值得荣耀的事情。复兴中华文化，实际上就是要复兴既经过历史检验，又能够预示未来的思想体系，让这种文化来指导未来中国经济制度的设置。

老子和庄子倡导建立一种生态型的社会协作体系。其在公元前 6 世纪所提供的社会发展模型，到今天来说，还是一种非常先进的思想体系。“微信之父”张小龙熟读《老子》，并认为自己在设计微信应用的时候，借用了老子的思想。互联网时代的“民本”之说，需要尊重个体，以及个体之上的创造力。“故道大，天大，地大，人亦大。域中有四大，而人居其一焉。”如何尊重人，尊重人之大，这就要尊重人的欲求，尊重其物质性和精神性，以及作为人的全部。笔者希望这种古代思想能够引申，支持中国众筹模式的扩展，让众筹这种大众的协作体系中充满人本思想。李约瑟（Joseph Needham）一生研究中国，著有多卷本《中国科技史》专著。他说，中国文化就像一棵参天大树，而这棵大树的根在道家。李约瑟认为他自己最大的成就就是发现了老子道家思想的现代意义。笔者希望能够在互联网时代发展这个意义。

众筹模式在中国古代，实际上是一个财富再分配的体系。财富私产是再生产必需的资源，拥有者也得让财富成为资本体系。没有再生产，再创造，社会不可能繁荣。

中国人的财富观永远是在打架的。管仲谈到了富民，但是法家并不认为富民是可取的，商鞅在《商君书·弱民》中说：“有道之国，务在弱民。”这种让人脊背发凉的话也在影响中国人，这样的思想也在影响中国，都是先贤，我们该听谁的？

笔者喜欢研究大治之下的中国。在中国古代公认的乱世时，法家似乎占据主导地位，权谋占据主导地位；但是在大治之下，儒家的社会治理系统开始发挥作用。西汉时，贾谊综合富民和富国思想，提出国家和人民要积存的思想；同样在西汉，董仲舒继承了儒家不与民争利的思想，取消了盐铁官营，反对官僚地主兼并土地，倡导“利可均布，而民可家足”。

不管怎么说，在中国古代，一直是一个私权社会，只要幸运地不被乱世王权盯上，实际上还是能够在一定程度上保有自己的私产的。中国古代的财富阶层正是在此背景之下，进行着一些类似于当代众筹的社会事业建设活动。

中国古代对私有财产权的处置思想，在整个世界古代经济体系中横向比较的话，是绝不落后的。历朝历代对于私产的保护也是有章可循的，皇帝和地方社群其实也不能随意剥夺个体的财产。中国民间经济史并不如人们想象中那么灰暗，毕竟在整个古代史中，中国一直是世界经济的顶峰，能成为中央之国，民间经济史不会如一些书载那般不堪。

中国对财产权的尊重，是出于炎黄子孙自己的文化体系中的思想。尽管历史中有少数回流，人们失去了对私产和独立人格的尊重，但这不可能成为历史的主流。建立一个各得其所的公平社会，还是儒家治理天下的核心思想。

我们总能够在历史中找到具有借鉴意义的东西。在笔者看来，一揽子不经挑选地继承传统文化是糊涂的，我们需要重新发现中华文化，在这文化的万花筒中发现并且分辨哪些是鱼目，哪些是珍珠。

有私产才能众筹，众筹代表了一种私人愿望的表达，而不仅仅是单纯的市场行为。众筹就是一场革命。在现代社会，尊重私产不仅局限于保护私产的原有数量和质量，更重要的是鼓励私产增值，实现价值最大化。就其途径而言，众筹无疑是一个有效的方式。

通过众筹最大限度地实现私产价值，就是对私产最好的尊重，而这也被无数事实所证明，我们可以看到身边有很多这样的例证。在这里笔者只想说八个字：没有私产，哪来众筹？

历朝月息金融

我们深入探讨的众筹模式，本质上是一种泛金融的体制设计模式，也就是金融产业样式的普及化、普惠化。说众筹是一种泛化的金融安排，实际上众筹不等同于传统的资本概念，而是一种能够将不同的资源折合成为金融资本的一揽子解决方案。无论是个人的经营才智，还是技术专利，或者干脆就是一块土地、一个办公楼，都可以在众筹模式中被参与者通过民主委员会形式的组织统计出来，在得到大家的认同以后，就可以实现全面的货币化。

对中国古代金融的研究，探讨中国人的金融思维，这是很有意思的课题。剩余资本从生产抽离以后，成为寻找投资标的的货币流通安排，这样的活动在中国古代经济史中实际上是匮乏的。古代中国在很多领域内长期处于世界领先地位，但是在金融领域的探索成就却寥寥无几。中国古代金融思维的缺失，不仅影响了古代历史，也深深地影响着近现代中国人。

当然，中国古代不是没有金融活动，而是金融活动在整个经济体系中没有起到配置资源的应有作用。究其原因，主要是没有长期的稳定资本来源和皇权对金融行业的压制性策略共同造成的。

国内另一位众筹行业的青年领袖张迅诚先生，在他出版的图书《众筹+：众筹改变世界》中，谈到他对中国古代金融体系的直观印象。他在书中说："经过对唐宋、明清一些民间借贷的问题研究，我发现即使在经济比较发达的宋朝，世界古代经济的最高峰，人均 GDP 冲高到 1000 美元的时候，金融都没有起到推进经济发展的作用。以上几个朝代的年和跨季借贷利率基本都在 3 分到 6 分，而且大量的借贷是按照月息在支付。如此高的借款利率是不可能支持经济发展的。如果有心的话，梳理一下中国古代的金融史，那么民间金融基本上就是一部高利贷史。"

张迅诚在书中得出的个人结论，笔者觉得很有道理。中国古代经济的武器库中缺少相应完备的具有资源配置功能的金融系统。经济史学家理查德·希拉（Richard Sylla）认为，利息率能够精确地反映一个社会的健康状况。当文明发展到顶峰的时候，利率应该保持在一个较低的水平。在公元 1 世纪至 2 世纪，罗马帝国处于发展的巅峰，年利息率低至 4%，而在出现社会危机的情况下，利息率短期会升到 12%。经济史学家认为，这样的高利贷限制了经济的再循环，束缚了工商业的发展。

古代的中国王朝缺少对于生产和金融连接关系的认知，民间借贷作为一种社会经济现象，在我国有记载的历史长达三千余年。但因其被认为有一定的社会危害性，历朝历代都对民间借贷在立法上予以管制。其措施之一便是规定民间借贷利率的上限。西汉景帝末年，为限制过高的放债利息，规定放债的最高利息只能到20%。同时，国家对放债所得的利息征收贯贷税，税率为6%。对利息过高或者逃避交税者，不分官民，予以处罚。唐玄宗开元十六年（728年）下诏规定：“天下负举只宜四分取利，官本五分收利。”宋承唐律，以月息四分为最高利率限制。明太祖朱元璋在《大诰》中云：“今后放债，利息不得过三分。”至清代，也明确规定了借款利息不得超过三分，违者会受到刑事处罚。各朝代以规定利率上限作为管制民间借贷的通行做法。

措施之二是限制利息总额。从北魏时起，法律就禁止“取息过本”。至宋元明清时期，法律均有“积日虽多，不得过一倍”的规定，目的是使民间借贷向良性健康方向发展，不至成为“高利贷”。

措施之三是禁止回利为本，以避免借贷成本滚雪球式增加。汉代曾对放高利贷的本金进行课税。宋代王安石的“青苗法”曾利用财政资金代替富户发放贷款，使农民免受高利贷的盘剥。此外，明清时期的律令也都对此有禁止性规定。

尽管采取多种措施，然而从结果来看，这些措施对抑制高利贷的效果并不明显。表面上看，这些政策似乎能够限制民间借贷利率和打击高利贷，但由于无法从根本上解决社会资金供不应求的现实问题，加之高利贷牵涉面极广，而高利贷发放者往往财力雄厚，乃强有力的利益集团，因而这些政策措施最终往往沦为一纸空文。

其实，在市场中，除非皇权能够监控每一笔交易，实际上在信息闭塞的古代，这种做法不可能落实，那么虽然皇权做了种种借贷限制，但只是压制了金融资本的供应量，余留在市场中的少量资本则更加供求失衡，在资本供应极度短缺的情况下，金融市场就成了高利贷的舞台。实际上，王朝最重要的举措应该是促进金融的供求平衡。

民间借贷活动和高利贷在我国自古有之，并随着经济社会的发展而发展。其中，在经济快速发展和社会较为动荡的时期，高利贷尤其盛行。之所以这样，是因为经济快速发展会带来对资金需求的大幅增加，而社会动荡时期则要求对借出的资金有更高的风险补偿，这二者均会导致民间借贷利率的大幅上升。而从历史上管制高利贷的实践来看，粗暴地的禁止高利贷，宣布高利贷为非法并对放高利贷者予以严厉打击，或者通过设定利率和利息占本金比例的上限等措施，往往难以奏效。

其实，不是中国古人不能进行金融创造，而是极度贫乏的资本业根本满足不了社会庞大的金融需求。比如中国的资产货币化领域，按照史料考据，《后汉书》描述：东汉末年黄巾起义，甘陵相刘虞奉命攻打幽州，与部将公孙瓒发生矛盾。“虞所赍赏，典当胡夷，瓒数抄夺之”，即刘虞原打算把受赏之财质押外族，却被公孙瓒劫掠。这是历史上最早将“典当”二字连用的一次，是把典当活动作为一种社会经济活动加以记载。它表明，典当在中国至迟兴起于汉是可能的。中国是典当行为产生最早的国家之一，距今已有 1800 年的历史。亦有资料记载，典当业自南朝始。

著名历史学家范文澜先生便持此说。他曾指出，典当业从南朝佛寺开始，随着南朝佛寺典当经营活动的兴起和普及，一个专门从事以物质押借贷的行业——典当业逐渐形成。不过，南北朝时期的典当业还处于萌芽阶段，尚属于寺院经济的一个重要组成部分。直到唐代，中国典当业才真正跳出仅为佛寺独家经营的狭小圈子，成为整个社会十分走俏和蓬勃发展的古代金融业。

事实上，范文澜的研究很有意思，在西方，最早的金融资本也是由宗教组织提供的。大量供养人提供给宗教组织充足的钱财，而宗教一般不直接进行生产运作，但是可以用资本来参与生产活动，提供金融支持。这说明，在金融领域，东西方内在的金融逻辑是相似的。

作为资产货币化的一种模式，典当行的出现，表明近现代的金融服务业完全可以进化出来。但是，有限的典当业没有能够提供具有资源配置能力的资本，而只是一种在高利贷环境下杠杆化地将实物折算成钱财。没有共同交易的市场，没有供需平衡，这种典当行就只是高利贷金融的一部分。

中国当代的民间金融其实沿袭着中国古代的传统，民间借贷的利率非常之高，基本的用款成本年利率应该在 2 ~ 3 分，这在全世界范围内，无论是从两千年的历史视角来看，还是从横向的利率比较来看，都处于历史的最高点。民间资本的角色性缺位已经成为中国经济最可怕的短板，如果任由这样的局面发展下去，中国民营经济的整个运营基础环境都可能被高利率破坏掉。

中国历代高利贷的历史是一面镜子，希望当代金融管理者能够想方设法扩大金融市场的供应体系。众筹人和互联网金融业者应该在这面镜子前停留一会儿，作为警醒。

土地财富扼杀资本萌芽

中国当代的金融系统是低效的，尤其对创新的支持是羸弱的。笔者认为这不是当代管理者的错，中国没有什么好的金融传统，这从历史两千年的经济史数据中是得到验证的。历史是割裂不开的，一个农业国家有着深厚的农业文化，土地被认为是最宝贵的资源。人们对土地资源的偏好似乎是写在骨子里的，大众对房地产和不动产的偏好，很可能归根于对土地资源的偏好。这些观点没有经过严格的学术论证，但是作为一个中国人，对自己的内核文化还是有感悟的。

张迅诚先生认为："中国在出口纺织品和瓷器方面有着悠久的历史，但是这些工业比例在整个经济中不够高，不足以让近代中国人和欧洲人一样脱离农业生产。羸弱的工业提供不了让产业继续发展的充足资本，一般的金融服务能力都没有建立起来。"

我国明清资本主义萌而不发的原因，是财主们累积土地财富，扼杀了资本主义萌芽。稚嫩又疯狂的高利贷体系不可能支撑系统性的经济活动，有些需要投资十年才能够见利的活动，在民间是很难使用金融资本作为助力的。

手工生产体系就是靠生产积累，没有金融加速器；农业也是靠一季季种植的土地扩张，经济运营非常低效。

《土地兼并是民族灾难的祸根》（源自网络，作者不详）这篇文章中谈到了土地作为财富标的，对于资本的流动性是一种打击。笔者虽然不完全同意文章中的一些类似的提法，但是单一的财富衡量标准，必然导致大量的经济资源沉积于土地。

明朝形成了大面积的土地兼并气候。一开始是地主阶级疯狂抢掠自耕农的土地，使农民沦为佃农。一方面，皇室、王公、勋戚、宦官利用政治特权，以投献、请乞、夺买等手段掠夺土地。另一方面，大官僚、大地主、土豪劣绅也在疯狂抢掠农民的土地。明嘉靖时严嵩父子在家乡占田，袁州一府四县70%的土地都是严家的。大量自耕农的消失，又直接导致小手工业者的破产。

由于系统性的限制，利益集团自肥努力失败，明王朝在中后期就进入了一个死循环。当整个皇帝宗亲和地主阶级把下层劳动人民剥夺得一干二净以后，接下来，大地主、大商人开始对中小地主和小商人实施剥夺。在明朝，大小地主都兼营一些店铺、牙行、盐酤、煤灰窑以及一些手工作坊、工场等工商业。当土地兼并疯狂进行，贫困人口占绝对数量时，拥有购买力的市场就无法形成，生产和消费的平衡被打破。整个社会生产出来的产品在价值上无法实现，社会同样处于资本极度匮乏的时期。

不过，明朝也有明白事理的皇帝，也曾经竭力维系社会资源分配的平衡。例如，明仁宗开放了许多原先不许老百姓涉足的山泽园林，允许无地的农民去那里垦荒耕种，对于各地逃难的无地流民，也一改惩罚措施，转为妥善安置。明宣宗严厉打击非法侵占农民土地的豪强地主，并爱惜民力，多次减免农民赋税。因此，土地问题在这个时期并不严重，这也算是明朝的盛世，史称“仁宣盛世”。

但是好景不长，之后的土地兼并之风又起，和当下的房地产热一样，当代中国人被问及是否成功时，往往第一句话就是有几套房子，位置在哪。一些成功人士可能会表示，自己在北京三环、海南、上海黄浦江边都有房子。

这和人对财富形式的认知有关。其实在明朝后期，有产阶层的财富衡量标准几乎一元化了，就是土地的多寡、良田还是薄田。

土地占用了大量的资本，几乎所有积累的资本又用来进行土地兼并，土地农业的成果大部分到了地主和皇室宗亲手中，佃农和自耕农陷入赤贫。这种没有规模市场的单一经济模式，无法实现资本金融体系的转化。当购买力极度羸弱的时候，佃农和地主之间的依附关系以及高利贷关系，表现为更深层的经济和人身捆绑，社会发展模式大大地倒退了，一步步从自耕农为主体的产业结构关系过渡到半农奴制。

清军入关后，情况更甚。土地掌握在少数的大地主手中，他们占有了大部的农业劳动成果，而绝大多数劳动人民除了糊口，几乎没有什么消费能力。农家的几双碗筷要用几代人，冬天的棉衣到了夏天抽去内里的棉花就是单衣，和珅家的佃户夫妻俩只有一条裤子不是戏说，而是有真实记载的。在这样的社会经济环境下，手工业者的产品卖给谁去？

其实，没有一个规模化、竞争化的自由市场，谁都得不到好处。宏观经济的铁律是：只要社会资源日益被少数人占有，大多数劳动人民就不能分享社会生产和发展的成果，从而就会引起劳动人民的绝对贫困和相对贫困，最终将导致整个社会生产的停滞和倒退。这就是人们常说的灾难循环的本质。贫穷对于地主阶层和商业阶层来说，是真正的敌人。零和游戏发展到最后，总有山穷水尽的时候。

任何新的事物都不是一朝一夕就能成型的，都是经过数代人的努力才会不断积累，量变促成质变。然而，资本萌芽在明清时期处于量变阶段时就被生生地阻断了进程。当然历史的原因是复杂的，不过摧毁了市场之后，社会出现了系统性倒退。系统性的土地兼并造成系统性的经济失败，明朝的败亡是如此惨烈，在世界开始拥抱市场的时候，他们的经济政策却摧毁了市场。没有了市场，金融业根本就没有存在的土壤。

回到现实，今天，在房地产财富成为一元财富标的的时候，超越需求的地产投资正在吞噬资本，后来者需要付出极大的代价才能够拥有一套房子，这激活了资本的贪婪，但不能够建立基于独立人格的多元发展体系。透支了未来15～30年收入的年轻人，创业精神被压制了，成为“房奴”。所谓“压力产生动力”之说并不现实：没有经济积累，没有购买力，没有自由的人格，就不会有多元价值的追求。精神消费等更高层面的消费行为首先被压制，人生的追求和兴趣也会被压制，其他多元化的消费市场都被压制了。单一经济模式越兴盛，多元经济模式发展越困难。

很多学者都认为中国是一个资本过剩的时代，但笔者不认为这是现实。很简单，基于经济最基本的价值规律，如果中国资本过剩的话，融资成本就不可能如当下这么高。

我们之所以对众筹经济寄予希望，恰恰是众筹能够折现所有的资源，具备比以往金融体系更加广泛的金融资本的折算基础。专业人所拥有的一切市场资源都能够金融化，这能够解决中国多元产业金融的资源配置问题，笔者对此寄予厚望。

复兴先秦市场和金融文化

21世纪将是中国文化大放异彩的世纪。文化即文而化之，不管什么样的民族，不管现实经济水平如何，总要有分享得出去的思想体系。一个国家的经济体要强大，文化首先要占据最高端。选择什么样的文化体系和世界去分享，这是中国经济复兴的前奏。短缺时代的经济靠的是满足需求的标准质量的产品，而在互联网时代，人们的需求已经远远超越了这个层面，产品背后的文化魅力才是中国经济经略全球的制高点。每一个产品背后事实上体现的都是一个企业世界级的思想引领能力。

复兴文化，其实就是中华文化再一次影响全世界。欧洲13世纪末的“文艺复兴”和“启蒙运动”使得欧洲从世界文明的落后地区走出来，走上世界前台，成为主导并改变世界进程的地区。中国的崛起也离不开对华夏体系思想精华的整理、发掘、批判和继承，通过寻找“中国的本根性”，给出引领世界潮流的文化思想价值。互联网社会体系和中华文化之间紧密关联，文化不需要颠覆，而只需要回归先祖的思想精华，在继承精华之上再出发。

中国的先秦思想体系和互联网社会本身之间的融合，本身就是一个顶级的社会科学问题，这不是笔者能够思考的问题。在中国先秦文化思想上加上透明化的互联网体系，再补上了金融思想体系和数理科学体系之后，中国需要一场深度的思想解放运动。而如果思想体系完全出于自己的文明之祖，在互联网带来的民族复兴过程中，不仅获得了经济腾飞、社会和谐，也会带来中国人前所未有的自信心。对于世界来说，中华文明不是单向的索取者，而是贡献者，在互联网时代，越贡献，越强大，越分享，越获益。

毫无疑问，先秦时期的诸子文化代表了中国历史上的第一次思想大解放，对中国历史产生了深远的影响。在这之中，管仲的文化治国方略、老庄的生态文化，为中国文化的崛起提供了丰厚的精神养料。

管仲强调自然生态和发展之间的平衡，将人放入整个生态体系中进行思考。《管子》叙述了植物与海拔、水等生态因子的关系，叙述了不同土壤与动植物以及人的健康的关系；他要求辩证地遵循自然规律，要求人与自然和谐发展，不要过度干涉自然；在对待自然资源上，他希望通过适度索取和“以时禁发”的方式来实现对自然资源的保护，达到永续利用的目的。

经济中人与人之间的关系，本身也在构成一种人文生态关系。其实，中国领导层这么多年来一直在提倡一种“生态文明”的概念。既然是生态文明，就不仅是发展环保产业，而是整个经济生态、政治生态、人文生态、生活生态都具有节约型的特征。这也是管仲的社会经济思想在今天的价值。

《管子》注重生态系统性建设，所以在重视农业的同时，也没有轻视工商业的发展，而是注重经济结构的平衡。《管子》提出了“官山海”、设市场、铸货币、修道路、设驿站、建宾舍、便关市、减赋税以及“工之子恒为工”“商之子恒为商”等一系列主张和措施，这和今天提出的发展“真诚的市场经济”价值思想深度一致。中国先秦文字，行文节约，字字珠玑，即使将《管子》和《国富论》放在一起比较阅读，也能发现先贤们的思想已经远远飞跃了他们的时代。关于治理通货膨胀、货币战争、价格与市场、税收与财政、国家宏观调控、社会分工，管仲都做了行文叙述，以对话形式娓娓道来，比亚当·斯密早明白了两千年。也许，对于当下的中国，我们依然能够在前方遇到《管子》。

其实保持“民有”，保住了私产，实际上也就保住了市场，市场本身就是一种生态。尽管管仲的思想在中国古代经济管理阶层中不占主流，但是我们要看到他和弟子们创造的思想价值体系能够引导当下的中国。

《管子》也有不赞成发展的产业，指“雕文刻镂”之类文巧、玩好等奢侈品的生产和流通。“末作”与“文巧”并称，而“禁末”主要是指禁止奢侈品的生产和流通，以便利于“本业”农工商的发展。可见，《管子》要求务本以发展农工商业来富国富民，要求禁止奢侈品的生产和流通以利于农工商业的发展。消费主义同样能够让社会沉沦，生产和消费本身就需要一种内在的平衡机制。

很可惜，中国的金融思想发端得很早，但是被雪藏了太久。《管子》对金融的思考和实战，实际上代表了我们这个文明对金融认知的高点。《管子·轻重》中齐桓公和管子的一段对话，堪称世界最早的金融和货币战争。并不是中国人玩不了金融，而是中国古代的金融思想在后世被统治者鄙视了，就像取鱼目为宝，却遗弃了真正的珠玉。

桓公问于管子曰：“吾欲制衡山之术，为之奈何?”

管子对曰：“公其令人贵买衡山之械器而卖之。燕、代必从公而买之，秦、赵闻之，必与公争之。衡山之械器必倍其贾，天下争之，衡山械器必什倍以上。”

公曰：“诺。”

因令人之衡山求买械器，不敢辩其贵贾。

齐修械器于衡山十月，燕、代闻之，果令人之衡山求买械器，燕、代修三月，秦国闻之，果令人之衡山求买械器。

衡山之君告其相曰，“天下争吾械器，令其贾再什以上。”

衡山之民释其本，修械器之巧。齐即令隰朋漕粟于赵。赵籴十五，隰朋取之石五十。天下闻之，载粟而之齐。齐修械器十七月，修粜五月，即闭关不与衡山通使。燕、代、秦、赵即引其使而归。衡山械器尽，鲁削衡山之南，齐削衡山之北。内自量无械器以应二敌，即奉国而归齐矣。

《管子》货币调控思想的核心内容是“以重射轻，以贱泄平”。这八个字，如果进行深入理解，足可以理解股市、汇市、券市博弈之后的核心运作框架。

管仲主政期间，齐国收服鲁国、莱莒、楚、代、衡山，均是以“轻重之策”摧垮对手的经济。其中心思想，就是利用“天下下，我高；天下轻，我重”的金融竞争原则，即将外国特产的国内价格抬高到比正常水平高得多的水准，使其变成单一经济，生产力配比畸形成长，然后突然改变国际贸易规则，全面破坏外国的财政收入，最终迫使其完全成为经济殖民地。

美国当年摧垮苏联的方式正是“轻重之策”的完美演绎。美国起初让苏联的石油出口成为他们获取外汇的主导经济来源，整个 20 世纪 70 年代，苏联享受了帝国的荣光；但是在 80 年代，美国全力打压油价，苏联外汇经济崩溃，继而变成经济病夫。美国帮他们开出了“休克疗法”药方，一举摧垮了苏联经济。这个案例被誉为“人类经济丛林中永久的智慧之光”，而早在 2700 年前管仲就做了同样的事情。

最重要的一点，我们能够看到管仲的思考背后，提出的金融货币调控理论对经济体资源配置的中心作用。《管子》中的货币调控思想主要表现在两方面：一是国家对货币供应量的调控；二是国家货币政策对市场供求、物价的调控及对充实财政的作用。

中国人几乎可以将任何一件事情做好，包括互联网金融所带来的社会系统性重构，其中的众筹模式将深度解构和重构中国人文经济关系，甚至在更大范围内重构人文生态关系。对此，中国人需要一种文化自信，这不是在封闭体系中的盲目，而是借助一种洞穿历史的眼光。先贤的思想穿越时光，投射到我们所在的这个时代，所以，我们不应将管子之学继续作为边缘之学看待。

很可惜，《管子》中的理性思维并没有形成体系。从一定意义上说，中国先秦诸子无一提出法治模式，这是思维方式上的"形式理性"缺陷所致。先秦诸子无一谈民主，却都"主一尊"，也概因于此。管仲提出"君臣上下贵贱皆从法"，也许作为齐桓公的首席执政官，他的说法是维护齐桓公的霸业。作为现在的职业经理人，我们只能说理解。

人类进入互联网时代，这是一个全人类各民族思想价值百花齐放的时代。互联网不仅仅是一项工程技术，也是一项社会技术，解放个体是这场技术革命最底层的社会系统变革。对于众筹模式，一种互联网针对个体和企业的金融安排方式，中国市场中的个体金融需求紧密联系在一起，实现一种互助和合作分享的体制。这是互联网众筹模式被重视的主要原因。

"半部《管子》治天下"，这是国内普华永道的一位咨询师说出的话。这也许能够说明在经济主导的时代，管仲思想在互联网时代的价值是值得人们学习的。在世界文明的星空里，管仲应该成为和亚里士多德、亚当·斯密一样具有世界级影响力的思想巨星。

第二章 欧美众筹组织架构变迁

古欧洲人的组织动员和原始股份制

人类经济组织的构成方式展示了这个国家组织和企业组织的进化状态。基于氏族血缘的社会组织构成往往代表了一个时代，适合一些小组织活动，人们认为基于利益共和的股份制合作组织代表了近代化的开端。任何一个巨大的组织都是以利益共和作为底层价值观的形态。其实，古今中外，“家天下”只是一个表象，“共和”才是巨大组织治理的本质，否则，这些组织可能在极短的时间内崩溃。秦始皇以为他征服了所有国家，从此他的家族就能够千秋万代，实际上征服和压制带来的反作用力，使得秦二世而亡。武功高强而文治无能，缺少利益均沾的社会体系，其兴忽焉，其亡亦忽焉。

笔者不觉得共和体制是近代的产物，它实际上普遍存在于东西方国家。由于中国典籍很少记载复杂的组织架构和利益均沾的组织内部的利益机制，而把太多的记载给了皇帝本身，其实这是不符合经济史实际的。原始股份制是一种创造性组织和扩张性组织必不可少的组织形式，虽然原始，但是也在人类的历史进程中发挥了自己的作用。

在笔者谈及“文治”是不是一种利益均沾的原始股份制的模式时，其他学者对笔者的提法感到意外。大规模的战争动员，需要大量的基于利益分配的细节约定，这可能在战争之前就有了无数协定。这种动员的结构是什么样的？这其实是我们在研究众筹趋势时所感兴趣的问题。这一点，古希腊的文字记载更加具有真实性，其操作模式都记载得一清二楚。

驱动一种力量群体，获得资源支持，需要较强的社会动员能力。而动员大众实际上就是一种社会众筹。这种为了达成某种社会目标而进行的组织协作，其中就带有原始的不成熟的股份制的雏形。类似股份制这种经济现象，西方国家早在两千年前就有。古希腊就曾出现过类似当代股份制的经济组织，并且在股份约定的基础上进行社会动员，聚集战争资源。

据史料记载，公元前435年，古希腊城邦伊庇丹努发生内讧，最后民主党驱逐了贵族党。但贵族党不甘心失败，便联合蛮族部落和海盗不断对伊庇丹努城进行骚扰。民主党向母国科西拉请求救援被拒绝后，转而投靠了科林斯。科林斯在得到这个消息后准备派遣援军救援，同时去伊庇丹努建立殖民地。援军的招募方式，就采取了非常类似现代化的商业股份制形式。

科林斯向伊庇丹努的公民宣布：凡是亲自应募去伊庇丹努的，都享有绝对平等的权利；不准备马上去但希望在殖民地分享一份收益的，可以缴纳款项，购买一份，以保留权利。获得其中每一份权利的条件是缴纳50科林斯德拉克马。

这个建议得到了积极的响应，许多人愿意马上去或者缴纳款项，另外还有一些结盟的城邦也都以船舰或金钱的形式入了这个战争股份。这些入股的个人和城邦将来都可以从殖民地的收益当中取得相应的红利。

古希腊的战争就是这样在赤裸裸的商业利益的驱动下兴盛起来的，整个战争机器运转起来，就像是现代的股份制公司，以建立、夺取殖民地并取得经济利益为目标。由此能够刺激大部分有产者的战争欲望，因为战争是与收益画上了等号的。

古希腊的原始股份制对后世产生了深远影响，到了资本主义的原始积累时期，具有现代意义的“股份制”在海外掠夺性贸易中出现了。英国、荷兰、法国、丹麦、葡萄牙等国出于殖民扩张、对外贸易、资本原始积累，建立了一批由政府特许的具有垄断特权的贸易公司。如1600年英国成立的东印度公司，1602年荷兰的东印度公司，英国的阿非利公司、哈得逊公司等。18世纪到19世纪，在近代资本主义社会，随着生产力和信用制度的发展，出现了通过发行股票而集资经营的股份公司。这种由许多资本家投资入股联合经营的资本主义企业，是股份制成熟的形式。到19世纪后半期，随着产业革命的完成，欧美、日本等国都普遍采用了股份制经济。

古希腊和大英帝国近代的殖民战争，都是以公开募股的众筹模式进行的。他们赤裸裸地将战争利益分享写进了条款，其真实的目的是向公众透露的；他们没有羞答答地掩藏社会动员的真实目的，因为所有的参与者都是基于自愿的力量组合。这是很有意思的“众筹战争”模式，其一开始就公布了众筹战争的目的，这种模式是透明化的，比较符合当代众筹的气质。

众筹这种模式，本来我们觉得是和平主义的，实际上在欧洲文明2500多年的历史中，被用于殖民战争和宗教战争的，确实不在少数。

分账是股份制一个比较核心的环节。分账的环节在古希腊的战争中也是公开的，这和股市的红股派息是一样的。这是考虑到股份制诚信的问题，众筹和分享价值是一体两面，是不可分割的。基于利益均沾的股份制才是真正股份制的雏形。

股份制公司最终成为当代企业的主要制度设置，基于一种社会化契约，基于人们对流程和契约的认同。把握绝对组织权力的人能够认账，并且按照条款分账，这才是模式能够生生不息的原因。股份制在形态上的成熟和完善以及它在企业组织中的普遍化，既适应了市场经济运行的内在要求，又有力地推动了市场经济的发展，是市场经济的必然选择。

因为有了股份制公司，世界级的跨国公司才得以建立起来。在本质上，这与风险分散有关，将商业风险分散成成千上万个小部分，增加了投资者承担风险的意愿；降低了个人投资的份额，使得潜在投资者的范围变得更加宽广。此外，投资者能够持有不同公司的股权和不同公司的股票，进一步降低了个人投资者的风险水平，使得他们更加愿意提供资本。在本质上，众筹也能够起到分散风险的作用。

现在的股份制众筹，就是股份制的一种形式。股份制众筹以资金回报作为主要回报物的方式，与古希腊时期的科林斯在招募援军的方式是一样的，只是回报物不同罢了。古希腊的原始股份制是成功的，原因在于战争股权的众筹阶段和分账模式能够完成。真正的股份制是排斥阴谋家的，因为他们只有股权众筹，没有利益分账。

《自由大宪章》和私产

秩序和流程与人治模式谁占主导的问题，对未来的全球众筹组织将产生深远的影响。在此，我们要阐述一些国家有没有建立公共秩序的能力。

市场经济是一种法治经济。没有利益共和，就没有普遍的股份制公司；没有法治保障，就不可能保证利益共和。这些也是现代互联网金融能够发展的基础。

法治以平等的人的关系为调整对象的时候，法才可能取得至上权威，社会才有可能实现法治。就历史发展进程来看，农业社会很难转变成法治社会，这是因为这是以男子为中心，根据血缘关系的远近区别亲疏的制度。其特征是把一切平行的社会关系，如夫妇、兄弟关系纵向化，把人分成不同等级，自上而下地实行统治。

法治进程的一般路径是：从乡村理治的社会治理形态，随着乡村的集聚形成城市，形成市民社会，形成工商业分工体系，然后会有自治的市民组织机构，过渡到整体的市民社会。“法治”成为“市民社会”的组织方式。要从农业社会过渡到法治社会，大规模的城市化不可少。这是法治社会的一般历史进程。工商社会相对于农业社会来说，是更大的社会共同体。

虽然市民社会并非都实行法治，但要实行法治，必须是市民社会；因为法治所要求的人格条件是具有独立性的、自主的、自我负责的人，是摆脱了群体、血缘依附而独立的人。放眼当下，全球农业社会向法治社会过渡的过程是波澜壮阔的，也是社会大趋势之一。

古希腊之所以出现了法治雏形，恰恰是由于奴隶主民主制下，每个自由民具有平等的政治权利，恰恰是由于城邦国家的建立打破了原有的基于血缘的氏族联系，而形成了公民社会。自然法观念则是理性思维的产物，代表永恒不变的秩序。

东方社会长期形成了主要表现为行政命令方式的管理方式，而西方则形成了自主的、普遍适用的、公共的和实证的法律体系和法律至上观念。前者的法律是作为官僚规章的，后者的法律是作为法律秩序的。

人类走向法治社会的努力由来已久，《自由大宪章》就是一个标志。《自由大宪章》也称《大宪章》，是英国贵族胁迫约翰王于1215年6月15日在兰尼米德草原签署的文件，是英国封建专制时期宪法性文件之一。它用拉丁文写成，文件共63条，是英国宪政之母，而英国宪政是世界宪政之母。这部法律从颁布到现在已经800年了。随后，《大宪章》的法治逻辑成为资本主义战胜王权政治的一种代表物。大宪章不仅仅是法治公认的分水岭式的标志，也为现代公司制度的发展奠定了基础。

《自由大宪章》缔造现代社会制度的三个基本原则：一是以自由保障自由的原则。自由是人类向上提升的最终动力源泉，自由缔造民主、平等、分权、宪政与法治而不是相反。二是以分权保障自由的原则。分权是自由与权利发展的要求，在分权未确立的地方便没有自由与权利，也就不可能有民主与宪政，因为在一个高度集权的专制社会中不可能形成真正合意基础上的政治性、公法性契约。三是以法治保障自由原则。每个人能够自己统治自己，拥有比较多的行动自由的权利。

《自由大宪章》多数条款维护贵族和教士的权利，尤其是私产方面的权利。确立私产不是什么坏事，拥有的财产应该确权，到底是谁的，由谁来负责。这明确了王权的权力有限性、私产的有限性。确立产权，就能够自行确定商业行为的结果。市场经济主体在交易中，必须能预测到自己和对方行为的后果。如果对方违约的后果是难以估计的，自己的财产权益得不到有效保障，交易的获益数额和风险无法预计，任何市场经济主体都会裹足不前。

产权是社会成员对经济资源和生产要素的占有、使用、收益、转让等权利。市场经济即主体产权经济。市场经济是主体都拥有产权的经济形式，即从事经济活动的一切主体都是产权主体，不存在无主体的产权，也不存在无产权的主体。自主从事经济活动的个人或组织都拥有自身财产权。主体产权是市场经济主体确立的首要条件。市场经济中的个体拥有劳动力产权和货币产权，企业拥有资本金，是企业发展的前提条件。这种对财产权利的肯定，是市场经济模式产生及运行的根本法治保证。

互联网时代，对思想观念的传播确实到了一个新的阶段。到了人人都是媒体、人人拥抱互联网的时代，个体启蒙的速度会越来越快，全球真诚拥抱市场经济的体系会越来越多。其实市场经济是一个大柜子，里面装的东西很多都是标配，没有这些标配，就不是健全的市场经济。

众筹能够将更多的资源变成可折算的金融资产，让个体能够具备入场交易资格。众筹所指的私产，一方面是指企业和个人的有形私产，更重要的是创业者的精神财富——梦想。为了使私产的价值最大化，众筹集众人智慧并达成共识，大家在一起共谋一事，从而使项目的实施得以成功，获得物质和精神的双丰收。

商业制度来自信仰

中国古代极端的集权专制的法律制度，是扼杀市场经济发生的重要的原因之一。市场经济是一种法治化的经济，是法治政治制度环境下的经济，所以，没有法治基础，就不会产生市场经济。

“天下之本在国，国之本在家”“修身、齐家、治国、平天下”的治国方略，形成了“天无二日，国无二君，家无二尊”的统治理论。这样的理论是容不下企业家的。企业家的本质就是通过创新和创造性破坏来重新取得市场地位的。不尊重个体的经济体，很难形成完备的市场经济体系。旧的经济组织中复制了皇帝的体制，因为古代的商帮家族其实也拥有一个“皇帝”。

经济学家杨小凯认为，制度的形成离不开健全的个人。制度经济学者认为，从自由的信仰到自由的个人，再到自由的秩序，最后到自由的制度。

其实就承认“人人生而平等”这种朴素的价值观而言，并非是一件容易的事情，一种思想观念从传播到被普遍接受，往往需要几百年的时间。只是互联网加速了个体思想解放的进程，全球普适的概念在全球传播进程在加快，这是一个社会趋势。

信仰和法治之间的关系是什么，以及怎样来维系一种理性制度？意识形态与宗教决定了一个国家的政治秩序、道德准则，而这些便成为法律制度的依据，经济表现则为其成果。政治和法律对经济发展有决定性作用，但其根基却并非来自科学，而是来自信仰。

前人对宗教和经济成果之间关系的研究，诸如尊重自由抉择、爱仇敌、不划分等级、服侍最低贱的人等，按照这些原则生活，人们得以彼此尊重、信赖，而这正是能够建立大型企业的基础。

事实上，最佳商业行为的准则亦源自信仰。更重要的是，信仰的精神，能带来和平的政治秩序，因为能建立公平的政治游戏规则，正反双方都认为游戏规则是公平的，就是失败者愿意认输，甘愿为了社会而牺牲个人利益。这些要素能促使一个社会走向不断扩张的秩序和公正。

21 世纪的全球繁荣是建立在全球良性的制度设置之上的，具有良性制度的市场经济体的突飞猛进，不仅在于技术发明，更重要的是在于制度法律和产权结构等因素。有法律保护的有效率的产权结构，是当下中国经济发展的近乎决定性的因素。

这正如笔者在前文中叙述的那样，其实，要创立一个现代企业，不是一件容易的事情；要让互联网众筹成为国家发展的加速器，也不是容易的事情。在这背后，实际上有一个完整的价值体系和信仰体系。至少全社会应该具有理性思维和形式逻辑思维能力，具备一种科学精神，这是互联网众筹在法治框架之下良性发展的前提。

众筹这种组织本身具有“自由抉择”和“不划分等级”的民主精神，也促使参与者积极地出谋划策。众筹组织中的众筹领袖和其他参与者普遍具有民主精神，基于民主精神而建立的规则就可以上升为制度。基于道德感的诚信体制和对别人的尊重是必要的，更重要的，就是这些众筹人需要具有法治精神。这是未来众筹发展的必要条件。

最佳的商业制度来自信仰，这样的论断不是笔者的观点，而是整个西方经济史的实践历程。在100年前，社会学者马克斯·韦伯（Max Weber）就在其《新教伦理与资本主义精神》一书中努力解释托起制度的信仰体系。尽管韦伯的观点在西方也并不是被所有人都认同，但是西方市场经济史与新教精神确实密切相关。不过这不能说明它们是独一无二的市场经济体系，我们至少能够认识到西方市场经济制度的本源和文化基础。

中国人靠什么来建立一种制度体系？基于宗教信仰显然不是标准的路径。笔者认为，中国的道路可能是一种技术层面而不是信仰层面的制度建设。互联网带来信息透明化，在中国极速的城市化之后，我们有可能直接建立一种良序的市场经济，而与宗教信仰关系不大。透明化有它自己的威力，也许，未来的制度建设需要透明化网络这样的工具。互联网将带来一种技术性的透明主义，这也是一种历史潮流。新教之外的文明体系，在走向市场经济的过程中，形成新的互联网文明。众筹模式在运行之中遵循互联网信息透明的原则，这是一种外化的监督体系，与信仰这种内化的价值认知体系一起，就成为推动世界新文明的动力。

信仰众筹和教会资产

西方思想和社会进步的道路很曲折，和东方文明一样，都经过了九曲连环的劫难，之后才找到了正确的道路。西方中世纪所描述的社会场景，其实比东方社会最黑暗的时代更加不堪。人类社会的进程在蛮荒时代都在匍匐前进，所以没有必要去验证谁优谁劣，东方有东方的长处，西方有西方的长处，彼此融合，就是一种分享的思维，也是众筹思维的体现。在接下来的世纪中，东西方的对抗可能只会留给政客，东西方的文化融合和经济融合已经成为最大的趋势。

回眸历史，西方的众筹体系更多是在教会的特权之下促成的。作为具有荣耀历史的英国而言，在中世纪漫长的时间里，在英国的政治生活中，教会一直享有特权。从意识形态来说，教会是神权的代表；从组织结构来看，教会有严密的组织，英国早在 7 世纪就建立了全国教区制度，以罗马教皇为后台，以坎特伯雷大主教为首脑，在大主教之下，又有主教、牧师层层相属，自成系统。此外，通过利用王国政权与大小领主之间持续的明争暗斗，教会能够不断扩大自己的实力。

而中国古代的社会体制不同，在中国古代，几乎没有能够与皇权对抗的力量，民间的自治社会实际上是社会的稳定器，同样不能够制衡皇权。这和英国的历史不一样，教会和王权对抗，民众就有了中间的选择机会。13 世纪，英国上诉至教皇的案件比欧洲其他任何国家都多。但是，由于英国较早建立起了强大的王权，教会的权利不时遭到王国政府的侵犯，因此教会与王权的冲突比其他欧洲国家都发生得早。12 世纪初，围绕教职任命权，亨利一世和安塞姆大主教发生激烈争执，主要围绕司法管辖权的问题。当时的坎特伯雷大主教贝克特不同意 1164 年《克拉伦敦宪章》的规定，与亨利二世僵持数年之久以后被 4 名鲁莽的骑士杀害。教皇闻之大怒，亨利二世迫于教廷压力，最后让步，同意犯有重罪的教士只能由教会法院审判，“教士优惠权”制度由此起源。

在欧洲大陆，11 世纪至 13 世纪是教会普遍凌驾于王权之上的时期，这是王权对社会治理能力的失控。这种权力使得欧洲开始进入自己的黑暗时代，经济低迷，社会失控。然而在英国，教会却遭到了王权的强力抵制，不仅君主不能被教皇肆意废立，而且国王在王国内还拥有一种不可否认的最后命令的权利。但是，王权还是对教会的权力有所顾忌，不得不夹起尾巴行使权力。

信仰类的众筹行为形成了改变欧洲历史的力量，我们不需要讨论这场权力更迭，而需要分析这种教会在中世纪是如何获得特权地位的，实际上这离不开经济资源的基础作用。

就教会税收收入而言，什一税是长期以来西欧天主教会的重要收入来源之一。最初，天主教会教区以征收什一税的形式来向信徒征收宗教捐税，以维持自身的生存和发展。据有关学者介绍，早期的基督教会并不征收什一税，从 6 世纪起，教会法开始硬性规定信众必须缴纳什一税。从 10 世纪中叶起，信徒缴纳什一税的义务也得到西欧各国世俗法的认可和支持。什一税的征收范围十分广泛，大致可分为大什一税、小什一税和个人所得什一税三种。

从众筹方式获得经济资源到硬性方式获得经济资源，这种转变将众筹权力化，实际上对于众筹组织结构而言，是一种“变脸”行为。拥有了超量的资源之后，用支配权来强化对资源的占有，不受制衡的众筹模式最后的结果可能都是如此。

不过，英国是一个特例，教会和王权之间的权力平衡，中间的民权得以生长。从英国民主宪政史的角度而言，英国教会在很多方面也产生了积极意义。二元的权力结构平衡需要一个理性的契约平衡，不至于让治理体系出现失控，相互妥协才能够维护社会平稳。这在一定程度上抑制了国家权力的膨胀和专制的发生。教会和王权的博弈建立了一个现代法律制度，带动了世俗法的发展，教会和王权都是财富的拥有者，他们希望能够通过立法来维护财产权，而财产权所附带的权利就是个人的自由经济活动的权利。同时，出于教会的神圣性，基督教信仰有助于培育法律信仰和法制传统，他们宣扬的社会伦理就是公民可以树立不服从王权的理念和原则，这有助于培育宪政所必需的社会伦理基础。而这些历史文化经济因素能够堆积在一个岛国之上，就促进了后来的社会革命。历史有偶然的因素，当必要条件在英国具备的时候，近代化的市场经济就真正开始了。

欧洲的金融系统一直比较发达，欧洲金融业发展的广度和深度是长期领先于世界的。众筹获得的资金以及什一税所带来的社会经济资产大量的集聚效应，使教会拥有了大量的地产和城市房产，这些剩余的资产需要由专业的、懂经济的人来打理，欧洲的信托经理人就此诞生。

众筹模式在聚集了大众的资金和资源之后，同样需要将这些资源分配给专业的经营者来理财，这和当年教会所做的事情是一样的。在前文中，我们看到王权的战争众筹行为，这是一种股份制的公司形态；宗教的资源分配则复杂得多，宗教战争中的费用需要通过教会众筹来出，大量的海外传教士的出行费用也需要通过教会众筹来筹集。所有教会经济资源的经营与教会信仰事业的发展之间是一个紧密联系的体系。

宗教资本的积累使得资本能够从生产中被抽离出来，形成金融资产。应该说，宗教在西方社会中创造了一个金融资本供求平衡的社会经济。存贷款利率控制在比较低的水平上，这能够使金融成为配置资源的主导角色，对于古代经济体而言，是难能可贵的现实了。

信托经理人的诞生

将完整的资产打包给第三方的理财机构和职业经理人，这是当代经济中的普遍现象。从用资模式来看，众筹本身也是用户所托，本质上也是一种信用托付的关系。信托关系在金融系统中其实不难理解，但是如何能够保证信托经理人不偷奸耍滑，这就需要一个理性的管理系统。

信用和诚信是金融市场的核心元素。前提是对私人财产权的尊重，管理权和拥有权发生了分离，这里面的监督机制其实需要一种超越人性的理性主义精神。现在的众筹组织需要这样一种监督机制和理性精神。信托是一种理财方式，它是一种特殊的财产管理制度和法律行为，同时又是一种金融制度。一般涉及三个方面当事人，即投入信用的委托人、受信于人的受托人以及受益于人的受益人。

经济史表明，尊重私人产权的古代制度设置，均涉及财产的信托制度。原始的信托行为发源于数千年前古埃及的“遗嘱托孤”。信托最早的文字记载是公元前2548年古埃及人写的遗嘱，其中指定其妻继承财产，其子为受益人，并为其子指定了监护人。从法律的角度讲，信托源于《罗马法》中的“信托遗赠”制度。《罗马法》中规定：在按遗嘱划分财产时，可以把遗嘱直接授予继承人，若继承人无力或无权承受时，可以按信托遗赠制度，把财产委托或转让给第三者处理。古罗马的“信托遗赠”已形成了一个比较完整的信托概念，并且首次以法律的形式加以确定。从操作的层面上说，现代信托起源于英国。

在一个私产得到尊重的经济体中，没有一项财产是没有主人的，教会巨大的经济资产需要经营者。此时，出于对教会资产的管理，产生了现代的会计制度和现代结算系统。这种结算系统能够量化管理绩效。这种结算体系对股份公司的成立提供了财务技术支持。

全世界第一个股份有限公司出现在10世纪中叶的英国。在当时，英国差不多有58%的土地是属于教会的。教会不是公司，神父等人是不能够经营企业的，而且神父不能结婚，因而他们没有合法的后代。因为教会没有合法的继承人，所以造成管理权跟所有权不得不分离，只能由职业经理人来经营。当时的教会是神权的中心，这些职业经理人心里面有的是对上帝的“信托责任”，所以“信托责任”是在宗教里面形成的。

这些人就是职业经理人，英文叫作“professional manager”，其实就是指专业经营人才。在当时，专业人才可以用来形容经营企业的那一批职业经理人。他们心中有这样一种强烈的责任感：他们都是教徒，都是教会指派的精英，是纯粹的技术人才、专业人才，他们就是要把公司经营好，来荣耀他们心中的上帝。所以，这些专业人才当上职业经理人之后，所想的就是如何担负起责任，也就是信托责任，来照护上帝所爱的子民。

这种以良知为基础的“信托责任”，是股份制得以生存的唯一原因。也就是说，股份制要能推行，职业经理人必须要有良心，必须全心全力地为教会做事，因为这是上帝的企业。在这种有良知的“信托责任”的压力之下，在对上帝的责任驱使力之下，股份有限公司得以生存。

对于世俗公司的管理而言，彼得·德鲁克管理学说引入了“管理使命”这样的概念。对于世俗的股份公司、众筹组织，拿什么来树立企业使命是一个核心问题。本根的价值偏了，一切都会偏离航线。

在当下的众筹领域，人们将目光放在杰出人才的身上，比如中国的人才 IPO 的概念，其实和当初教会找职业经理人是一样的。那些值得托付的人才能够完成使命，那些基于自我价值和功利的职业经理人实际上没有准备好担负一项事业的责任。

信托制度经过几百年的发展，现在也早已经完成了世俗化，逐步越过机构服务而变为为私人服务了。这种资产管理模式实际上能够交易的品种要比单纯的股市要丰富得多。资产管理是指专业机构接受客户（含机构和个人）委托，通过专业化投资运作，对客户委托资产进行经营管理，以实现资产保值增值的经营活动。众筹模式作为一个丰富类型的资本信托行为，在行为上类似于私人银行的投资服务，只不过这种信托行为跳出了金融行业，被泛化了。这是信托制度的普惠化发展方向。

众筹领袖的作为，在未来很可能是一种类似私人银行的功能、一种深入基于用户全部生活场景的管理模式、一种全面的私人信托服务。这对众筹组织的专业能力是一种挑战。新的职业经理人需要面对参与众筹的大众，而不仅仅是企业内的员工。对于很多从非金融业转移进入众筹领域的人来说，价值观和专业能力是一项极大的挑战。

基于用户的全面生活和金融服务体系首推私人银行体系，生活型的众筹将引领人们的生活方式。这种私人信托经理的新角色正是职业经理人的新定位，现代私人财富管理业务以现代私人银行的形式在瑞士起源，而在 20 世纪

90 年代盛行于美国。

瑞士是现代私人银行的发祥地，从 18 世纪中叶开始，至今已经有几百年的历史。18 世纪末的瑞士，私人银行家已活跃在国内外市场上，为国际客户提供货币兑换、资金转移、资产管理、票据贴现等业务，私人银行的数目达 200 多家。早期的私人银行，全部由私人所有，实行无限责任制，“私人银行”这一名称即源于此。独特及传统的经营方式、全面的客户网络、保密的金融文化和法律环境，是瑞士财富管理业务的精髓。

美国的理财业务起步于 20 世纪 30 年代，最早为保险公司所用，其内容包括投资规划、收益分析、代办手续等，以实现推销保险产品的目的。第二次世界大战以后，随着美国的经济重建、证券市场和金融市场的发展，美国逐渐发展成为世界第一大经济体，国民的理财需求逐渐扩大，一些金融服务机构，如商业银行、投资银行开始引入理财服务，并逐渐将其固化为一项日常业务。现在的美国其金融业是当今世界上最为发达的，全美共有 1.1 万家银行、2000 个储蓄和贷款协会、1200 个信用联盟。在高净值客户的金融服务方面也是一样，虽然私人银行业务起源于欧洲，但其发展壮大还是在美国。美国的财富管理市场是目前世界上最大、最成熟、竞争最激烈的。

对于信用托付，古典宗教企业的职业经理人用信仰和对上帝的忠诚来承接托付的责任，帮助教院管理资产。而今天的众筹领袖则需要用完全不同的角色来承接公众信托给他的东西，帮助大家更好地完成使命。

众筹领袖靠什么来维系组织，这也是一个使命感的问题，古老的问题到今天还是继续存在。如何解决这样的问题，也是众筹管理学上的一个难题。

股票交易所

现在人们分析金融的时候，喜欢用“明盘”和“暗盘”这样的词汇来形容交易。在股票交易所没有形成的时候，所有的交易都是暗盘，在熟悉的圈层中进行资本运作，这类似于众筹圈概念。这种交易的局限性比较大，实际上不是一个成熟的金融交易市场的形态。众筹模式若是一直满足于场外的交易模式，则不是一个未来的发展方向；而众筹模式从场外的圈层社交交易到完备的场内交易，这是一个发展趋势。

股权众筹到今天为止，只是一种场内交易的前传，不是新的东西，而是资本市场没有渗透进经济细节的表现形式。时下的众筹模式是一种不完备的、正在发展的普惠金融形态。

世界上最早买卖股票的市场出现在 1602 年的荷兰。当时荷兰的海上贸易极为发达，极大地刺激了投资的需求。第一个股份有限公司是荷兰的东印度公司。当时没有完备的股票流通市场，更没有独立的股票交易所，所以只能靠当地的商人们零星地进行股票买卖中介，股票交易也只能在阿姆斯特丹的综合交易所里与调味品、谷物等商品混合在一起进行交易。其实按今天的话来说，这就是一种企业股权众筹行为。股权是一种可以自由买卖的商品，交易制度也没有这么复杂。

17 世纪后半叶，经济中心转移到英国，在荷兰创立的股份公司在伦敦得到了飞跃发展。在伦敦最古老的交易所——皇家交易所之中，与商品交易混在一起进行买卖交易的有俄罗斯公司（1553 年创建）、东印度公司（1600 年创建）等公司的股票。由于买卖交易活跃，所以在皇家交易所进行股票买卖的交易商独立出来，到市内的咖啡馆里进行买卖。

18 世纪初，美国纽约华尔街附近设有一个商品拍卖市场，拍卖物有小麦，烟草，以及少量的各种各样的证券。直至 1788 年，该拍卖市场也贩卖奴隶。每天中午，证券买卖商就到华尔街 22 号集会，与拍卖商共同主持商品的拍卖。

现代金融的产生也源于国家的信用背书，这使得很多证券的交易有了保障性和可预测性。本来场外股权和股票交易充满不确定性，行业的天空充满混乱和欺诈，因而首先统一行业、制定行业标准的国家将能够引领这个时代。这一点，美国人做到了。金融从此成了经济资源真正的血液系统，整个经济基本面都被重构了。

1790 年，美国正处于独立战争时期。被称为“财政巨星”的美国第一位财政部长亚历山大 · 汉密尔顿（Alexander Hamilton）提议，新成立的政府必将兑现战时政府债券。消息传出，霎时间投机商纷纷四出购买当时已大大贬值的战时债券。自这一历史事件后，华尔街的商品买卖商做出决定，把证券买卖与其他商品的买卖分开进行；他们还决定，由证券买卖商自行成立一个证券组织，以摆脱拍卖商对他们的控制。1792 年 5 月 17 日，这些证券买卖商在华尔街 68 号梧桐树下开了一个会，并起草了《梧桐树协议》。该协议宣告：“吾人为公共股票之掮客，此庄严宣布，自今日起，所收股票交易佣金一律不低于 25%；而于掮客内部，则行优惠待遇。”自此，股票经纪人彻底断绝了与商品拍卖商的交往，股票交易市场的雏形也由此产生。

从上述股票交易所的历史发展过程我们可以看出，在鸦片战争之前的 200 年间，市场经济国家就已经开始进行股票交易了。在全世界都不发达的时候，这些国家就高瞻远瞩地成为世界金融中心。

资本市场作为现代市场经济的重要组成部分，在一定程度上发挥着血液调节中枢的功能。保持金融对企业发展的资源调节有效性，这是任何一个发达经济体都应达到的重要条件。没有出色的金融资源配置地位，就没有当代发达的经济体。

近代传媒技术和发展普及了股票交易信息，媒体传播和资本市场成为一种共生的社会经济工具。对于股票市场而言，那是大企业的天下，这种场内交易是一个完整的交易链。对于场外交易而言，最好的方式就是利用媒体进行大面积的信息散布，从而获得最佳的场外交易量，同时媒体也能够起到监督作用，这条场外交易的交易链就完整了。场内的交易看规则，场外的众筹交易则要看交易的透明化了。透明化能够防止职业腐败。

1885 年，为庆祝美国的百年诞辰，法国赠送给美国一座象征自由的罗马女神像，但是这座女神像没有基座，也就无法放置到纽约港口。《纽约世界报》的出版商约瑟夫 · 普利策（Joseph Pulitzer）把这个项目发布在了他的报纸上，然后承诺对出资者做出奖励：只要捐助 1 美元，就会得到一个 6 英寸的自由女神雕像；捐助 5 美元，可以得到一个 12 英寸的雕像。项目最后得到了全世界各地共计超过 12 万人次的支持，筹集的总金额超过 10 万美元，为自由女神像的顺利竣工做出了巨大贡献，《纽约世界报》和普利策为此赢得美国民众的尊敬和爱戴。这是美国历史上第一个众筹项目。

上述案例说明了众筹在西方的悠久历史，同样说明了传统众筹的一些典型特点。例如，主要集中于艺术等创意类领域；项目发起人具有较高的声誉或拥有较广的信息传播途径；投资兼具商业与慈善目的，既有预付费性质，又常带有资助和赞助性质。

对于交易所而言，能够配置的经济资源是有限的、准入性的。但是对于众筹而言，是没有准入性的，这种低起点的募股行为或者股权交易行为，可以对小微企业和个体提供金融支持，这是股票市场所办不到的。但是随着互联网技术的发展，众筹模式作为整个交易所形态的泛化，能够影响到社会中的每一个人。那些众筹组织孵化出来的企业，还是会被送入到交易所中，通过场内资本配置模式来做大事业。众筹模式更多的是起到一个孵化器的功能，对世界各地的经济发展都有巨大的意义。

自由阶层的好奇心

有人说，西方实证科学来源于教会。一种抱有闲适生活方式的人能够保持对未知事物强烈的好奇心，对于上帝创造的世界，他们同样想理解自己周围的物质世界，以及上帝在创造世界的时候运用了哪些基本的理性规则。而这种探索精神对于欧洲人来说，包括对地理边界和科学边界的探寻，也包括如何将人组织起来，以获得更多的财富。

西方的古代科学研究者和知识创造者主要是教会中的人。这些解决了生存问题的教会科学家会思考很多务虚的问题，如对世界的本源提出更多看法，在理解事物结构的时候，更加钦佩上帝思想的微妙。

为了抵抗恐惧和愚昧，人类发明了信仰体系，然而不幸的是，一直到当代，一些宗教组织极少能够容忍不同世界观的存在。一些有组织的宗教甚至演化为僵化的信仰系统，禁止任何质疑和反对意见。在这个情况下，宗教也从科学的研究者和探索者变成了阻碍者。

从根本上来说，经济学史就是人类的技术发展史，毕竟人类的发展依靠发明创造引路。产业革命就是技术革命的落地形式，经济产出几乎全部依靠技术进步。所以，技术不是旁门左道的奇技淫巧，而是人类进步的根本动力，没有出色的技术产品，一切都是空谈。

在 1550 年之后的世界里，罗马教廷的思想垄断被一群勇敢的从事天体力学的自然哲学家打破了，他们从单一的世界观走出来，发展了西方的"思想市场"。由于当时具有私产的制度，所以保留了自由阶层，他们能够运用积累的知识继续探寻世界的本质，这就催生了现当代的科学技术的发展。

在当时，科学思想开始崭露头角，推动者之一就是弗朗西斯·培根（Francis Bacon）。培根认为，改善人类的生存条件，有一条路可以走，那就是获得大量有用的知识。他的一句名言"知识就是力量"洞穿了之后几个世纪，成为社会繁荣的总纲领。1603—1620 年，培根完成了他的著作《新工具》，该著作后来成为人们掌握知识武器的伟大号召力。

在《新工具》这本书中，培根抨击了当时的一些信仰体系阻碍了社会进步。"曾经对科学造成巨大伤害的人，他们成功地建立了信仰体系，也因此有效地扼杀了科学探索……"培根认为，解决问题是简单的，无意义的理论学习，与实验数据的脱离，并不能够完成描述真实世界这一任务，因为"自然界比雄辩本身细致微妙许多倍"。

尽管培根依然信仰上帝，他很肯定地认为，除了万能的上帝之外，没有任何人能够掌握真理，但是此时他表现出的独立思考的理性精神，已经成为一个时代的灯塔。

除了自然科学思想的突破，这些先驱者也对于人的组织形态做了思考。

他们需要确立一种自我管理的规则，自律成为一个阶层的教养。

自由阶层具有由教养、责任和自由打造的独立思考的精神。教养意味着每一个人要有精神的追求和品质的追求；责任是要有担当，承担起公共责任；而自由，不仅要追求不受强制的权利，而且要有政治参与的自由和内心的自由。

自由阶层中也包括贵族，他们讲求社会责任。所谓责任，意味着担当，可以从多种层面进行理解。首先是对自己的责任，严于自律。伊顿公学至今为止是英国最好的贵族学校，每天的作息时间很严格，实行军事化管理，平时不能出校门，只有周末才能出来。越是贵族的学校，越要培养出有超常责任感和自律心的贵族。其次是对家族负责。欧洲的贵族非常重视名誉，名誉高于一切，并且认为名誉不是个人的名誉，而是家族的名誉。如果出了一个败家子，整个家族的荣誉就毁于一旦。责任的第三个意义是为臣民负责，即有非常重大的、保护臣民的责任。这种为臣民负责的精神到现代发生了转变，转变成为公众服务的精神。这个价值和我们在前文中讨论的共同体中的贵族自律有相似的地方。

自由精神是贵族精神的核心。20 世纪 90 年代中期有一部奥斯卡最佳影片《勇敢的心》，讲的就是苏格兰贵族反抗英国国王的自由传统。“不自由毋宁死”，这种自由精神是贵族精神的核心。在社会体系中，贵族就是能够维系一个经济独立和人格独立的自由阶层。由于没有思想依附和经济依附，他们是能够做出独立思考的社会群体，并对边界和未知具有足够的好奇心。

由此可见，一种新的商业模式能否顺利进行下去，是需要多方因素来决定的，而在好奇心的驱动下勇于尝试是第一步。这也从一个侧面反映出“自由阶层的好奇心激发创新力”这一普遍意义。

其后的知识组织的产生，得益于人类几百年所探索出的思想通道。无论是股份制公司还是未来超大型众筹组织，所有的组织本质上都是知识组织。前人所创立的思想体系，对未来的人类组织具有深远的影响。

欧洲近代公益

无论是古代还是近现代，西方的社会状况和中国比较，还是有很大的差别。宗教在社会中能够发挥社会自组织的功能，这使得社会中组织形态在一开始就突破血缘和家族的连接，而成为天下信众之间的帮扶行为。在生产力水平低下的时代，宗教的社会镇痛作用是非常有价值的，这样的组织结构具有时代的合理性。

其实，从基于共同的信仰来完成组织的社会救助众筹，这种模式实际上具有真正的“众筹”意义。众筹能够面向大众，不需要再考虑诚信这个基础问题，但是对于世俗社会中的人，首先要考虑的就是如何解决信用问题。在西方社会中的救助和互助行为，都是为了自己的上帝而做的。这首先就能够确立公益过程中的使命，这个使命是符合上帝的旨意的。

英国是世界上最早出现民办社会公益性事业的国家。历史文献表明，至少在13世纪就存在由教会主理的公益性事业。这其后的原因主要就是以教会资产的积累而进行的社会救助活动，这其实也是西方社会的稳定器之一。

宗教公益依靠信仰来自我约束人们的自利之心，这在几百年的宗教公益史上是可信的。无数的传教士远渡重洋，来到世界各地，进行传教活动，不仅仅在于传教，也会为信众做基础公益，比如很多传教士都能够一边传教一边行医，救助教众和一般民众。这些传教士有很多客死他乡，再没有回到故土，这种舍身的行为超越了私利行为。他们在明朝也借助大航海技术来到中国，在中国东南沿海传播福音。这说明，信仰体系对于一项事业的重要性，要远远大于短期的功利性。

但是，西方公益在世俗社会中推行的时候，政府就在法律层面来约束这种可能借公益之名进行欺骗自肥的行为了。女王伊丽莎白一世统治期间，英国掌握了海上霸权，民间财富显著增加，兴办民间公益性事业的个人和团体渐多，客观上产生了由国家立法进行管理的需要。1601 年，世界上第一个规范民间公益性事业的法律——《1601 年慈善用途法》在英格兰诞生。该法的序言部分比较详细地提到了当时社会上的几乎所有公益性事业，于是它就自然而然地成为英国近现代整个慈善法体系中关于公益性事业法律解释的原始依据。

其实，对于英国来说，整个社会体系没有人们在教科书中描述的那么黑暗。按照一般的推理逻辑，作为 19 世纪最强大的国家，如果民众过得如此民不聊生的话，那么收入水准只有其几分之一甚至 1/10 的国家，生活又会是什么样子？

19 世纪中叶以后，由于科学的进步、工业文明的昌盛、各种社会进步主张的传播以及宗教慈善理念方面的因素，英国热心民间社会公益性事业的人越来越多。一时间，兴办慈善成为一种时髦，这在客观上促使民间社会公益性事业有了长足发展。伦敦一些慈善机构的总收入甚至超过了若干欧洲国家政府的岁入。同时，政府也越来越意识到应该对民间公益性事业加强扶持、引导和监管，使其成为消弭利益冲突、保持社会稳定的重要力量。

其他的一些欧洲国家由于和英国具有相似的历史传统，在宗教公益和社会公益方面的发展路径也基本相似。西方的社会救助和公益体系具有普惠的特征，原因是 90% 的人都是信仰宗教的。西方宗教史上所积累的巨大资产，在支持宗教发展的同时，大量的资源被用于社会救助和社会公益，如建设道路、桥梁、教堂、医院和学校等大量公共基础设施。由于宗教具有公共性，西方文化中对间接利益和公益利益的关注度会高很多，他们会为自己无利益的公共事业给予援助。

创立共和体制

中国六朝时期的“中世共同体”实际上就是一种类似于“原始共和”的概念，不同的阶层能够在一种体系的安排下，各得其所地生活，相互之间是依存的，而不是对抗和斗争的。这些贵族和乡党组成的自组织的经济社会形态就好比拱桥的搭建，每个因素都是其他因素的基础，它们之间彼此依存、缺一不可，形成各个阶层和谐共生的生态系统。只是在中华文化里是尊卑有别的，所以在形式上，古代社会自组织实际上是一种优势阶层的自律行为，而不是阶层的平等思维主导。

在古代希腊，我们也能够看到这样的协作性的自组织系统，城邦的联合，他们也试图建立一种原始共和制度。公元前 478 年，为了抵御当时统治西亚的波斯帝国，爱琴海周边的一百多个城邦形成了一个以雅典为首的联盟，大家共同出钱出力，建立了一个众筹模式的联盟军队，共同抵御波斯人的入侵。但是在这种模式中，雅典没有将自己的优势地位变成一个与其他城邦进行平等治理的联邦结构。到了公元前 454 年，经过多年的征战，外敌波斯已经退却，雅典却违背了当时的诺言，成了骑在大家头上的霸主。联盟的财库被搬到雅典，使雅典可以吃着其他城邦的贡奉，大花金钱修建神庙和战船，成为凌驾于其他城邦之上的“高等城邦”。这是雅典对外部城邦的失信行为。

雅典实行的是内部的公民共和制度，奴隶阶层不在公民之列，不能享受到公民权和公民福利。雅典内部实行的是民主制度，所以这其中的好处倒是不少人都可以享用，如战船上的水手、军队里的士兵和将官、建神庙的工匠等，都能在城邦拿到报酬，而且这些报酬源于雅典“众筹”来的外部城邦的财库。

雅典和外部城邦之间发生了冲突，当外部城邦臣服的时候，雅典也不会给这些边缘地区的人公民权待遇，这实际上就是“二等公民”的概念。能够享受这些福利的人，必须是雅典公民。后世所敬仰的雅典文化中的诗歌、哲学、戏剧、艺术等，大多出自这个昙花一现的时期。这是古代原始共和体制的一种实验，虽然短暂，但孕育出的文明之花还是指引了人类的未来。

事实上，任何一个存在所谓“二等公民”的体制设计、福利制度差别化的体制，都不是真正的共和制度。共和的本质是社会各阶层的和解，也是一种多阶层彼此照顾，能够通过讨价还价共生的制度，维护了社会的公共性和人的尊严。优势阶层的利益自律对于维持社会的稳定是非常重要的。

“公民个体被无差别对待”这种制度设计，需要法律形式主义的逻辑和理性精神的指引。这是全民自我意识觉醒之后才能够获得的社会制度。

古罗马却与众不同，走出了一套自己独特的治理道路。罗马对公民权的态度远比雅典慷慨。早期被征服的城邦，大多在罗马邻近的拉丁地区，那里的战败者甚至可以得到罗马公民权，像罗马人一样投票、选举。罗马的慷慨自有它的目的，有权利者一定有义务。盟邦所承担的义务是为罗马的征战出兵出力。对战败者的内政，罗马基本给予尊重，元老院、官员选举、宗教仪式都可以保留。

英国哲学家罗素（Russell）在他的《西方哲学史》一书里曾经说过，罗马未曾创建一个有新意的哲学体系，可是罗马却在它的不断征战之中，摸索到一个独特的联盟系统。对内，罗马直接统治的范围依然维持在一个城邦的大小，依然使用那个组织上相当原始的共和体制。但罗马帝国没有为遥远的未来留下什么文化启示，这也是一种遗憾。

在古罗马帝国的“元老院”治理模式中，元老院是一个审议的团体，是公众事务的引导者、辩护者和捍卫者，类似一个公司的价值观和企业文化。元老院起初包括100名家族的首领，称为父老，后来增加至300名。直到恺撒崛起前，罗马元老院保证了古罗马的共和体制。

近代共和体制的确立源于君主的妥协，立宪承认一种理性主义的客观法律存在。“共和”一词来源于中国《史记·周本纪》，拉丁语为“respublica”，意思是“公共事务”。共和制是指国家的权力机关和国家元首由选举产生并有一定任期的政权组织形式。共和政体区别于君主政体，而且是作为君主政体的相对面而存在的。共和体制中需要一种领导力，但是不需要一种霸权。

共和制不仅是政治制度，也是商业组织的建设原则。民主国家的体制可以说是公司制的翻版。公司是500年来最伟大的制度设置，本质上是符合人性的，个人的权益通过股权合作这种东西，使得人的潜力能够发挥出来，股权利益是促使人聚集在一起，形成一个长期“共和”的体制。

公司制度其实是众筹组织的内核。任何众筹组织都是松散汇聚的群体，如果没有领袖的存在，那么其实就是一盘散沙。企业是有目标的经营型组织，需要精确性的、程序性的运作。企业需要员工和利益相关者，而社群中很多人均是参与者。一旦众筹项目成型，就需要立即导入股份制公司的体制之下。公司组织是人类几百年来行之有效的组织设计，虽然互联网让公司的边界模糊了，但是核心依然需要公司制。

在全球化日渐加速的今天，公司的力量已渗透到人们工作和生活的方方面面，而公司的本质仍然是共和之道和共赢之道。“一言堂”的公司实则是一个大个体户企业，并不是公司；很多现代企业的股权结构不足以使其成为一个现代企业。

第三章
众筹繁荣的基础模型

众筹繁荣的基础条件

工业革命以来，大部分国家实际上已经保持了持续的经济繁荣，这说明经济发展的基础条件需要具备一些要素，经济体才能够获得持续、均衡的增长。实际上，众筹推动的不仅是经济繁荣，也包括社会繁荣。

众筹模式由来已久，在以往的社会中，基本都用在非营利组织中，作为事业筹集资源的方式。众筹模式用于赢利和商业价值创造领域，则是一种新的应用。在文化艺术领域，众筹模式首先得到认同，并且有很多实际操作案例。

众筹的雏形最早可追溯至 18 世纪，当时很多文艺作品都是依靠一种叫作“订购”的方法完成的。例如，莫扎特、贝多芬都采取过这种方式来筹集资金。他们去找订购者，这些订购者给他们提供资金。当作品完成时，订购者会获得一本写有他们名字的书，或是协奏曲的乐谱副本，或者可以成为音乐会的首批听众。类似的情况还有教会捐赠、竞选募资等。但上述众筹现象既无完整的体系，也无对投资人的回报，不符合商业模式特征。

名人和艺术名家的众筹行为有自己的独特性，艺术家本身的名望为艺术众筹模式提供了人格背书，而让普通人能够使用的众筹模式才具有永远的普惠意义。单个的众筹模式案例虽然能够指导一些简单的实践操作，但是同样不具备普遍意义。作为一个模式，需要彼得·德鲁克使用的一个词语——“组织的规律性”。

众筹模式的经济意义价值巨大，成为人类经济组织中和股份公司一样重要的组织心态，可能每一个股份制企业的外围都会有一个众筹模式的架构设计，这将成为未来的趋势。众筹架构和公司架构成为一种混搭型的经济运营模式会受到创业家们的重视。

在笔者看来，众筹繁荣依赖于经济繁荣。众筹成为社会生态的一部分，需要适宜的阳光和土壤，才会生长出来、繁盛起来。众筹的社会意义大于经济意义。众筹模式不是为了企业更好地赚钱，而是能够带来更加美好的社会形态。

众筹模式建立在真诚的市场经济之上，市场经济是市场经济，众筹是众筹，众筹是在市场中运行的一个子系统，所以，市场的健康状况也决定了众筹模式的健康状况。众筹模式是对一个社会做的简单检验：众筹能够运营得好的社会，大体上这个社会中人与人之间的关系是信任度比较高的，或者这个社会已经是比较诚信的社会体系了；而在一个不诚信的经济体中，人们的交易成本是居高不下的，企业运营的成本降不下来，那么众筹组织的运营成本也降不下来，不能发挥资源黏合剂的社会功能。

而众筹作为“社会资源黏合剂”的功能如何发挥出来，则是笔者想多做着墨的地方。管理是企业的器官，而企业是社会的器官，彼得·德鲁克说自己是社会生态学家，这种定位笔者觉得能够发现一个互联网时代。企业依赖于政治和政府提供的经济空间来完成价值的创造，笔者认为，众筹组织也将成为未来社会经济的主要器官之一。

只有在有共识的社会中，众筹模式才能够成为基础的、建设性的人与人关系的架构。互联网带来的信息透明化是一个巨大的时代潮流，没有人能够阻碍这样的趋势，任何思潮和思想都要放在互联网上进行传播、探讨、互动和演化。互联网是一个嘈杂的广场，但是嘈杂过后，一定会有一种理性的共识。整个社会活动和经济活动处于一种理性主义的氛围，这对展开众筹合作具有重大意义。

互联网众筹作为一个跨组织、跨地域的社会新器官，对整个社会都有深度的重构意义。几十年前，彼得·德鲁克预言了今天的场景。他说："在永久组织里，各种知识被综合在一起来取得成果，这也是新事物。组织已经成为规律而不是例外，这也是新事物，而组织的社会则是其中最新鲜的事物。"

站在互联网时代，我们开始理解这样的话了。彼得·德鲁克的著作《功能社会》中关于组织的描述，在标准的工业社会时代，就已经开始预言未来的组织变革和社会变革了。知识成为企业最有价值的资产，这在全球的经济体竞争力中已经是不争的事实。对于企业和个人而言，知识型企业和知识工作者将是未来社会资源重构的因子。对于企业和社会组织而言，需要有一种机制来确立一种新的组织架构，继而确立组织中人与人之间的关系。

关于彼得·德鲁克讲的"组织的社会"，这确实是值得所有组织管理者引起注意的词语。原来，企业是社会中一个功能性的器官；而现在，在企业或者组织内也出现了"生态性的社会"，这为互联网经济中火热的"社群社会"一词提供了更加精准的描绘。

社会的组织，大家都知道怎么去运营和运转它；但是，"组织的社会"里，彼得·德鲁克已经给出了自己指导性的路径，即从"内部控制的组织霸权形态"转变成为"以组织使命为核心的共创形态"。

关于旧的企业如何向新的企业组织架构变革，彼得·德鲁克说："新多元化社会中存在的问题和过去的多元化社会以及我们的政治理论和宪法下的单一社会有很大的不同。在过去的多元化社会体系里，每一个成员，下至自耕农，上至权力至上的君主，都非常清楚地了解在这个社会体系里各个成员所处的位置、他们的任务还有他们的问题。的确，每一个成员都有着完全同样的任务和问题，只不过他们的级别不同而已。在新的多元化社会里，每一个机构的使命不同，每个机构都认为理所当然会存在不同的事务，而且也认为这种不同很重要。”众筹模式发展模型如图 3－1 所示。

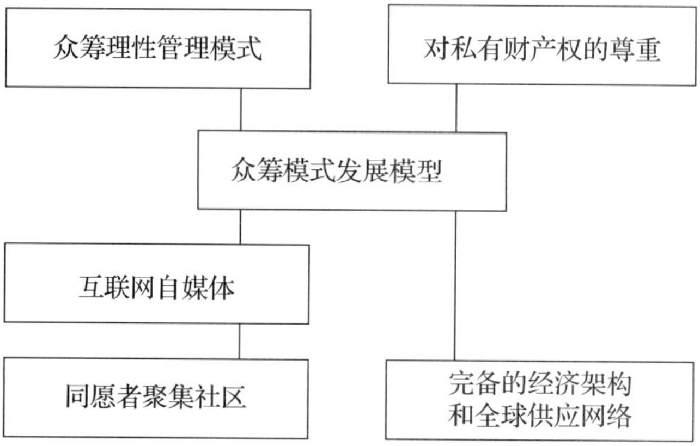

图 3－1　众筹模式发展模型

众筹模式不同于企业组织，众筹组织带有很强的社会性，而不仅仅是一个盈利组织。一个众筹组织也不仅仅是社交组织，如果只是社交的一种玩法，那么众筹也不可能带来社会繁荣。从群员或者用户单一的需求到满足组织成员不同的需求，这是众筹组织存在的意义所在。未来的众筹组织也不定义盈利为唯一的绩效考核体系。正如彼得·德鲁克所说：“理想的情况是，一个组织能将社会需求的满足，包括它自己的影响所产生的社会需求，转变为组织获得业绩的机会。在多元化的社会中，每个组织都被期望成为传统意义上的企业，亦即成为能使各种资源得到更加富有绩效地利用的社会代理机构。每个组织都根据它自己能够取得的业绩来定义‘富有绩效’，因此，每个组织对成果的衡量都是不同的，但它们都具有同样的任务。”

众筹模式繁荣是未来的社会趋势，但是它需要基本的社会条件。人们普遍低估了众筹模式的社会意义，就如当初人们低估了现代管理学的意义一样。现代管理是企业的一个器官，而不是某个组织领导人的个人意志；同样，众筹模式和众筹管理是社会功能得以发挥的一个器官，而不是一种互联网金融的子系统。

众筹模式的繁荣依赖于互联网技术革命、社会整体的进步，而不单单是经济的进步。众筹模式是生态型社会的功能器官。在一个良序的社会中，众筹模式是自然生长的。

财富有人负责

众筹组织的目标是什么，对于市场而言，众筹组织目前的功能是什么，这些问题需要解答。就现实而言，无论是美国的众筹网站还是中国的众筹网站，其实都是给一些新的创业者提供资金支持的方式，或者是成熟的企业在网站上完成一些新品的发布，实现产品营销功能。

众筹模式必须从保护财产权开始，其他的一切都会跟随而来。

目前，全球互联网金融方兴未艾，众筹模式在互联网创业领域的应用，被作为互联网金融最伟大的创新，给人们的融资创业提供了新的方式。经济学者谢平教授预测："以互联网为代表的现代信息科技，特别是移动支付、云计算、社交网络和搜索引擎等，将对人类金融模式产生根本影响。互联网金融模式在未来 20 年将成主流。"

对于中国和广大的发展中国家而言，众筹模式能够重构这些国家的金融体系，这也是众筹模式在当下市场中能够实现的经济功能。完成一次成功的众筹，就能使财产价值最大化并实现创业者的梦想。这首先需要众筹项目发起人对财富负责，让财富发挥最大效用，以实现众人的愿望。

众筹模式的发展依赖于法治和社会基础诚信的问题。基础诚信的问题涉及社会普遍的私人产权问题，金融系统涉及非常复杂的财务结算体系和财富增值结算体系，这不是普通的松散网络社群能够完成的工作。这些社交型社群实际上无力承担起深度金融服务能力传递的任务。

从古罗马开始，关于私产交易就有了完备的法律体系。罗马的法律将普通的小交易和价值交易区分开来，这是历史首创。小交易仅需要依据惯性来处理，但是价值交易，尤其是土地交易，则需要正式的书面转移。这需要对契约精神的尊重，契约基于对法律权威的多方认同，换句话说，众筹模式的底层支持系统就是法治系统的有效性。

而众筹模式用于企业的时候，完成的都是一种价值交易。互联网金融使用众筹模式，实现点对点的金融服务，需要一种普遍的约束机制。对于发达国家而言，如美国、加拿大、澳大利亚和欧洲部分国家，社会已经建立了健全的征信系统。这种硬性的技术性约束是私下独立交易保持低成本的基石。对于众筹股权的保护，需要健全的保护私产的机制。

在古代，个人权利虽然受到独立司法体系的保护，但还是一个脆弱的概念，直到1600年，个人权利和财产权才有力地结合起来。其后经过几百年的不断发展演变，才奠定了现代私人产权的法理基础。

但是，对于今天的经济繁荣而言，为社会公民确立财产权，并且提供全程的仲裁体系，已经必不可少。对于一些中等发达国家而言，对经济进一步发展的期待，就在于进一步细化对财产权的保护，这可以降低整个市场运营的成本。而这样的机制也是众筹模式基础的基础。如果企业和众筹组织在运营过程中产权混乱的话，我们很难看到众筹模式在短期内繁荣起来。

事实上，不是所有的国家和地区都能够建立健全的财富保护体系。秘鲁经济学家赫尔南多·德·索托（Hernando de Soto）在《资本的秘密》一书中指出，在一些社会中，人们不会遵守那些通过强制的方式颁布的法律，成功的法律体系必须将自己根植于社会的文化和历史中。其实就保护私人产权而言，想要做到面面俱到，不是那么容易的事情。即使在发达国家，一个国家无论多繁荣，都无法做到这一点。对私权的尊重，可以是社会组织和众筹型社群共同遵守的社会准则。

其实，对于当代的财产权保护而言，财产不仅可以是有形的，也可以是无形的智慧财产。大概从1730年左右开始，世界范围内出现了一次前所未有的技术创新大爆炸，这种势头一直延续至今，并在很大程度上催生了专利法。

互联网带来了更加快速的知识融合，但是创新不会自然而然地产生，创新需要投入，投入就需要保护利益。

如果法律不能够保证发明者获得足够的回报，那么整个社会就将失去发明的动力。如果人们能够随意获得他人的发明成果而不受惩罚，任何一个市场人都不会将大量的资本、时间和精力投入到创造性事业中去。在美国和英国进行的世界创新领导权的博弈中，真正让英国人失去创新主导地位的，就是在专利法保护的竞争中输给了美国人。专利法名义上是在保护软性知识产权，实际上是在保护全社会创新者的利益。

对无形知识产权的保护，对于中国而言，值得警惕和警醒。在中国古代，对知识产权的保护意识相当薄弱，那时候，皇帝可以将新的创造发明据为己有。对知识产权保护文化的缺失，限制了中国未来产业的升级之路。对于企业而言，创新并且获取新知识缺少动力系统。

19 世纪和 20 世纪的繁荣体现在设备的发展上，如大型的工厂、铁路和电报，还有汽车和蒸汽轮船，都是期望获得巨大利润的人们所创造出来的。而这种期望只有在新的财产保护法律体系之下才能实现。21 世纪的繁荣和财富增长体现在创造领域，依然依赖于 19 世纪和 20 世纪的基础性创造，但整个经济增长的发动机已经整体转移到知识领域。一个不能将知识资源转化为产权和商业价值的国家，将是 21 世纪的贫穷国家。

众筹模式成为一种互联网时代普适的人与人的协作模式，需要所有的财富都“名花有主”，不存在无主的财富。“公地悲剧”在大型的股份制公司中时时发生。众筹模式运作需要有人负责，财富的归属需要有人负责。这是众筹模式进化中肯定会遇到的问题。

回到市场中一些小额的众筹交易案例，本质上，我们还是认为现在产品众筹行为不是真正的众筹模式，而是一种产品预售行为。在罗马法看来，这只需要按照惯例处理就可以，将参与产品众筹的人当成是一种普通的消费行为，电子商务交易的一般规则能够在产品众筹模式中适用就可以了。

权力不能私有

彼得·德鲁克在《功能社会》一书中，对现代组织的权力做出了自己的判断："现代社会组织的领导不能把自己的权力、职位和权威建立在任何传统意义上的合法性原则之上。"对这句话的理解是，现代组织权力的合法性建立在绩效和有效性上，而不是建立在自我赋予的权力之上。对于现代组织来说，卓有成效的领导者能够发挥组织最大的价值功能，这超越了功利这一单一维度的考量系统。

托夫勒（Toffler）在他的著作《权力的转移》中为权力建立了一个权力模型，认为权力由三个基础组成：财富、暴力和知识。他分析了权力正在向新的方向迁移，权力的转移能够改变世界。

对于权力而言，在市场中的权力理应建立在知识的基础上，也就是说，未来任何组织的权力合法性来自知识的领导者。财富会被用来支持知识，而不是支持暴力。但是，一旦组织发生权力固化，那么就可能指向财富和暴力，而不是知识。知识已经成为主导资源，而不仅仅只是一种资源，这正是使我们的社会成为"后资本主义"社会的原因。情况已经起了根本的变化，即社会的结构发生了根本的变化。它创造了新的政治，也创造了新的社会和经济活力。

中国互联网思想者李善友认为："社会环境让权力从官员转移到民众，企业组织环境让权力从老板转移到员工，市场供求环境让权力从企业转移到客户。"这是互联网时代社会治理权力的大迁移，是一个社会发展趋势。事实上，如果能够使用成熟的技术，那么官员和其他大组织的权力规则就会发生根本性的变革。

大组织的政治权力规则正在被互联网带来的透明化技术所改变，这是时代带来的变化。这些大组织的成员在使用公共资源和使用私人资源之间没有隔离墙，这使得在大企业或者大组织中出现很多假公济私的事情。并不是制度中没有约束体系，而是这个约束体系实际上不是透明化的，这就造成了大组织内部的官僚化和尸位素餐行为的产生。

在未来，众筹组织属于大组织的范畴，其他的网络社区也是一样。我们看到了阿里巴巴这样的社会功能性企业出现了员工的职业腐败现象。这些年轻的阿里巴巴员工具有一定的网络规则行使决定权和处罚权，这种公共权力开始不单单被政府把持，一些社会功能性很强、规模很大的企业和组织其实也拥有公权力，在缺乏透明度的角落，照样会出现寻租问题。这实际上给予我们警醒：无论是在政府中，还是在大型的社会组织、企业组织中，权力均不能够被私有化。防止权力被私有化，就要使一切流程最大限度地透明化。

对于大企业和大组织而言，最重要的职能就是确立组织的功能，以及组织中每个人能够做出最大贡献的方式。众筹组织不是为自己而存在的。组织是手段，每个组织都是为了执行一项社会任务的社会器官。生存对于组织来说不是一个理由足够充分的目标，尽管生存对一个生物物种来说是一个充分恰当的目标。组织的目标在于对个人和社会做出特殊的贡献。因此，对组织业绩的检验和对生物有机体表现的检验不同，对组织的检验总是位于组织之外。这是对于未来类似于众筹组织这样的社会事业机构来说应具备的最基础的价值理念。

权力不能私有，这作为未来社会治理的一个准则，会渗透到所有的组织中。但是，如何保持在大组织中使用权力，还是一个重要的问题。未来组织更加需要领导力，在这些组织中，最该强调的不是权力，而是责任。

需要注意一点的就是，任何大组织中，权力因素不是组织能够胜出的关键，最主要的领导力是责任，是关键时刻的担当。我们知道很多企业组织和事业组织的案例，一个平庸的领导者照样能够使用权力维系一段时间。但是那些具有生命力的组织，无一不是由敢于担当的责任者领导组织的。

在企业中，高管能够获得高薪当然与其领导能力有关，领导者是企业的关键资源。针对这种现象，美国军事家克里奇（Creech）提出：没有不好的组织，只有不好的领导。对于众筹组织而言，其领导力就更加彰显重要性了，因为众筹组织在领导一个准社会的形态，而不是一个能够自上而下控制的组织形态。

权力不能够私用，在权力公有的前提下，如何发挥领导者的领导力，实际上这是基于责任和贡献的衡量体系。大企业的内部必须建立一种防止“一言堂”的治理结构；也不能出现极端的情况，权力泡沫化以后，组织也就没有人负责了。在企业产权制度不清晰的情况之下，企业领导者也不知道对谁负责，所以很难做可持续的战略设计。好的领导者不一定都在好的组织里，先天畸形的组织即使有好的领导者也无能为力，政企不分的企业让好领导者“有心杀贼，无力回天”，为此而败北的案例也不少，正所谓“时也，命也”。

柳传志曾经提出过一个很平实的问题：在企业运营过程中，谁在心疼这个企业？他谈到了惠普的并购和领导者的传承。惠普在 10 年多以前从朗讯请来了卡莉·菲奥莉娜（Carly S. Fiorina）做总裁。卡莉花几百亿美元去并购个人计算机巨头康柏，而联想并购 IBM 个人计算机部门只花了 12 亿美元；并且在并购完成之后，康柏跟惠普内部的碰撞非常多，很多问题并没有想清楚就去做了。显然这是一次失败的并购。几年以后，惠普换了马克·赫德（Mark Hurd）来担任惠普的总裁。马克·赫德是一个能力非常强的人，联想跟他竞争感觉到压力巨大。他是一个很好的总裁，但因为多报销了 2 万多美元不该报销的钱，马克·赫德黯然离开了惠普。之后不久，形势开始翻转，惠普受到联想的冲击巨大，并走向没落。

这个事情的背后是什么呢？这反映了惠普这个企业还有没有真正的主人。谁在心疼这个企业？这个企业不赚钱了，谁在管它？如果笔者是惠普的老板，一定会找马克·赫德单独谈话：“你看你这个家伙做的什么事情啊，你赶紧好好承认错误，把 2 万多美元赔偿就算了，好好干活吧！”

未来会有大量的众筹平台产生，也会有各种各样的众筹组织产生。比如，一个众筹社交群体有 600 人，是每个人花 1 万元众筹起来的社交群体。对于任何人来说，这是一个很小的利益体系，就算亏完了也对所有人关系不大。

这种组织如何运用领导力，是一个很大问题。但是笔者也想问一个问题：这个众筹组织倒了、消亡了，谁会心疼？在传统模式下，资本和权力更具话语权，而在众筹模式下，有能力者、实干家拥有了话语权。因此，在整个众筹活动中，项目发起人的权力不能私有，必须以实现众人愿望为己任。

中国式众筹的核心在于运营，它的推进首先需要吸引主流精英的了解和参与，使他们成为众筹出资人，然后出资支持有能力者通过众筹实现创业梦想。同时，从整个社会的意义来说，众筹的价值体现在盘活资源、提高效率，创造需求、拉动投资，促进 GDP 增长、增加就业、降低 CPI，改变传统经济组织、社会组织方式，促进民生的发展与社会的和谐。

在这样的目标之下，如果众筹项目发起人将权力视为私有，将造成无法挽回的恶果。那些经营失败的众筹项目，往往呈现出以下特点：权力分散，运营管理混乱，没有灵魂人物，没有高度统一的发展理念，缺乏专职的管理人才，缺少有效的管理制度等。这些项目的参与者虽然有资金、有激情，但不具备经营管理的基本能力。

众筹是一个企业之间和个人之间的神经元组织，职能就是将一个一个的人、一个一个的企业连接在一起，产生创造性价值。众筹组织依附于公司形态，但不是公司形态的组织，在职能上更加贴近于事业型组织。事业型组织需要管理的有效性，不是官僚权力机构，而是社会事业和商业价值的孵化机构。众筹组织如果变成了“公地”和“大锅饭”，那确实就是治理失败了。

对财产权的尊重

在市场中，作为一个市场人，是不能和他的私产之间进行分离的。对于市场经济来说，最根本的一点就是自由人的联合，交易的原则是在平等互利的基础上所结成的合作关系。众筹模式基于市场经济模式，所以对私有产权的尊重是当代社会的基础价值。这在本书中已经数次提及。因为未来的众筹模式的模型支柱中，这是支撑市场经济也是支撑未来人与人之间关系的基础架构。

对私有产权的尊重，在本质上就是为了保障市场人的经济自由选择权，也就是人的不同需求之上产生的各种各样的奇怪需求组合。众筹模式在未来满足的就是这种奇奇怪怪的“需求组合”。在满足奇怪需求的过程中，会产生各种新的人际关系和资产组合。在未来的工业 4.0 时代里，非大众化需求才是市场的主流，真正的大众化需求可能是偶然，或者大众化的普遍性需求已经被微利化大企业占据了。市场是一个生态，产权其实就是阳光、空气、水，为经济形式的繁荣提供最基础的元素。

目前，在企业产权方面和市场人的产权保护方面，各个经济体都在尽自己的努力维系产权秩序。其实对财产权的理解，在全球各个经济体中，人们是没有一个共识的。但是经过历史性的惨痛教训之后，财产权经济成为全球大经济体的一种共识，因为如果没有这样的共识，则全球合作是不可能完成的事情。相互的贸易和投资都需要对财产权的认同。在互联网时代，对财产权的认同将是全球合作的基础。

中国当代产权制度的建立是一个长期的过程，到目前为止，在宪法体系之下，已经建立了相对完备的法律体系，现在基本形成了各界的共识，这具有巨大进步意义。经过了将近 20 年的争议修改反复，中国的物权法案才获得通过，注重对国有资产的保护，也对各种物权给予平等保护，这很好地体现了立法精神。中国《物权法》的颁布是世界当代经济史上的大事件。

《物权法》起草人王胜明认为，在面对全球一体化的经济中，一些新的合作形态离不开对基础的产权的认定，要做到“定分止争、物尽其用”。不动产和动产都需要一个所有者，确权之后，才能够做到物尽其用，也就是无论在哪个层面来使用资产，整个资产使用的流程中都会有主人。

王胜明认为，各国都存在善意取得制度，都优先保护善意的买受人，目的是保护交易安全，这关系到市场健康发展。善意的市场主体，不管是企业还是事业组织、慈善组织，都需要保护交易和运作过程的资产安全性，这对于未来互联网众筹来说，是至关重要的。关于中国人的事业组织和公益事业之所以没有很好地发展，他认为：“中国发展慈善事业的时间不长，制度安排还不完善，包括透明度不高，中国人做善事的热情还没有被激发出来。”

尽管公私经济在中国经济中的功能和作用是不同的，但在市场经济的前提下，必须对公私财产给予平等保护。中国共产党十六届三中全会决定指出：“保障所有市场主体的平等法律地位和发展权利。”没有对公私财产的平等保护，就难有市场经济中真正的“共同发展”。

中国全国人大法律委员会副主任委员胡康生提出：“坚持我国的基本经济制度和对国家财产、集体财产和私有财产给予平等保护是‘一个统一的有机体’。”

胡康生的“一个统一的有机体”产权保护理念是目前最高立法机构官员给出的最好的产权治理理念。在宪法的统率下，物权法和经济法、行政法、刑法等法律部门纵横交错，形成法律网络，共同发挥作用。从某种意义上来说，对法律的尊重，对理性主义的尊重，实际上一定是有益于财产权保护的。

“一个统一的有机体”意味着不同财产权的市场主体能够在一起合作，这对于未来企业众筹具有底层的支撑意义。中国社科院法学所民法室主任梁慧星认为，《物权法》其实更有助于普通人维权，“依据《物权法》，公权不能损害私权。”

“公权不能损害私权”，这种立法思想具有普适意义。这种公权不仅是国家强力机构组织，也包括大企业组织和大事业组织。在这样的组织中，私权需要被尊重，一旦形成了群体，谁来制定对所有群体成员都能够起到约束力的规则？

显然，在众筹组织中，一旦形成了巨大的社会型社群，就会随之产生公权力，而谁有能力来实际行使这一权力，就是一个问题。

在张迅诚的著作《众筹+：众筹改变世界》一书中，他提出解决问题的方案是透明化。他认为：“众筹时代是一个透明时代，除非一个人还按照传统的方式在做事，一旦进入众筹的逻辑，那一切都在指向开放透明。在透明的状态下建立自己的运营系统，这是参与众筹者首先需要解决的问题，这是能力问题，能力是与诚信一样为基础的企业立身之本。”

透明化是公平和公正的技术条件，也是先决条件。互联网的本质就是连接一切，消除距离，并由此冲击一切基于信息不对称的商业模式，把选择权真正交回到用户手中。比如在众筹领域，透明化管理已经成为共识。透明化管理就是将项目运行的信息公开化和透明化。作为互联网金融的一个重要领域，众筹方式就是为投资人和融资者搭建一个公平、透明、安全、高效的互联网金融服务平台。在某种程度上，信息公开化和透明化程度的高低决定了众筹企业能否长远发展。

尊重私有产权最有效的途径和手段就是建立价值保障体系。众筹模式在于发动公众的力量，涓涓细流汇聚成海，众人拾柴火焰高。但要吸引众人的参与并乐意把钱委托给招募者，一定要发起人建立价值保障体系。

这种价值保障并不一定是金钱，也可以是独特的价值服务、尊享的荣誉、特别的体验机会等非物质增值激励。这些价值承诺必须以白纸黑字写下来，并要持续坚守。如果有信任基础或机制，你的承诺建立在你以往信誉的基础上，这种承诺本身就有号召力；如果缺乏相应的信任基础，则你还要约法三章，为你的价值承诺保驾护航。

通过依托标准，建立信任，提供保障，众筹模式才算是搭建出基本雏形。保护财产权是众筹的基础，同时要遵循众筹实践过程透明化的原则。今后的法律体系会支持这种类似“微公募”的众筹模式执行全程透明化，这样的操作模式也将成为全球众筹组织的标准。

完备的经济架构和全球供应网络

谁都知道文化产业是一项全球性的大生意。文化产业是国家品牌的载体，也是所有产业的工作“母机”。但是，不是哪个国家都能够将文化产业发展成支柱产业的。发展文化产业，实际上依赖于完备的经济架构和全球供应网络。好莱坞的电影工业发展能够给互联网众筹模型提供很好的案例分析。

众筹模式的核心在于创造，这是笔者的观点。如果创意资源和经济资源的联合不能够带来无中生有、从 0 到 1 的价值，那么互联网众筹很可能就是泡沫，引领不了未来的发展。

毕业于北京现代音乐学院的好莱坞电影工业的研究者林莉，多年来一直致力于好莱坞产业生态的研究。她认为，好莱坞的模式是一个完整的协作网络，一个众包模式和众筹模式合二为一的几十万人遍布全球的协作网络。

好莱坞电影工业的项目众筹众包运作模型如图 3－2 所示。

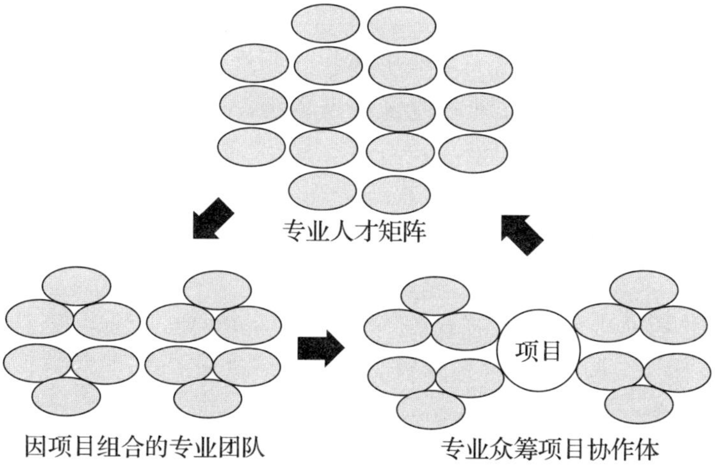

图 3－2　好莱坞电影工业的项目众筹众包运作模型

好莱坞是全球文化创意工业的重镇。经过 100 年的发展，才形成了好莱坞的产业格局。这里成长出六大制片公司和四大经纪公司，每年生产超过 300 亿美元票房的电影。这些大公司们分分合合，形成垄断然后被拆分、被收购或者重组。这里是全球娱乐业的集散地。这是我们在地球另一端看到的好莱坞。

当我们仔细研究好莱坞的大街小巷里的电影企业的时候，就会看到在一个更广阔的层面上，这 100 年里产生了数以百万计的电影从业者和数不清的工作室、小公司，它们在成千上万个“项目”的组织下生生不息、错落有致，成为一种自然而然的生态系统。

既然是生态系统，我们在好莱坞就找不到一个核心的引擎，生态发展意味着在好莱坞拥有产业的一切资源，形成了一个完整的协作网络。研究好莱坞的人希望在产业的背后找到推动者，实际上，在早期，好莱坞确实有一些推动者，但是产业形成生态之后，就没有谁会扮演那个强大的动力引擎的角色了，制片厂也不是。

林莉说：“在企业的研究中，我们习惯于看到标准的产品从标准的公司协作网络中被投送到市场中，但是对于创造性的工作，则需要一个全新价值网络来实现。我们已经习惯了一个高效率的机构运转中产生的力量，这个机构通常通过愿景、使命之类将一群人聚集在一起，他们拥有相近的价值观，在一个宏大的战略指导下，完成一个又一个盈利任务。这种高效率的机构通常被称为公司。在好莱坞，资源网络早已经超越了公司的边界，优秀的人才不在公司里，而在协作网络里。在这样的协作网络中，每一个人都觉得在为自己工作，而不是为了某一个公司在工作。”

谁在协同这几十万名电影人呢？林莉的研究认为，“确定项目、组队、完成项目、解散”，这就是一种以项目为中心的项目制流程。精确的需求和供给在好莱坞实现了自动化，整个好莱坞的运转就像是一块精确的瑞士手表。同样，在北京，这样的协作网络也正在构建当中。

以前，资本、出品人、制片人、编剧、场景、特效、设备租赁等电影资源都集中在一起。人们开玩笑说，在洛杉矶，只要 15 分钟的车程之内，就能找齐剧组里的所有人。这种产业集群随着互联网技术的发展，逐步分散到全世界各地。一个电影人社交网站（IMDbPro）上有 20 万个注册用户，这些用户使用社交网络进行电影产业的细节分包。

其实，“领英”这样的由企业专业人士和高管组成的职场社交平台，致力于公司之间人与人关系的链接。或者你可以将这样的网站看成职场的社交舞台。但是，亚马逊旗下的这个电影人社交网站更多的是服务于好莱坞的个体专业电影人，而不是公司。好莱坞的电影产业分包体系不是在亲密的熟人之间，几乎有80%的用户可以在强的链接中，也就是人与人之间的大部分关系不超过六度空间中的三度，但是这些人彼此并不相识。

在国内，类似的网络可能只有威客网站——猪八戒网与其有类似之处。威客社交领域还在探索，众包模式是威客网站的主要特点。在好莱坞，能够将所有的电影人联系在一起的，并不是一个公司，而是一个网络或者更多的协作网络。

林莉一直在研究“好莱坞模式”，这位年轻的研究者希望能够在中国电影业中找到一个网络价值的入口，以引领自己所从业的影视企业创立一个类似于电影人社交网站（IMDbPro）的网站。林莉推荐了一篇英文版文章，是《纽约时报》记者亚当·戴维森（Adam Davidson）的文章，其实已经在众包和众筹领域说明了未来经济的主导发展模式。希望翻译的全文能够对中国和其他国家的经济发展模式有启示意义。

好莱坞模式带给未来经济的启发

亚当·戴维森（Adam Davidson）

最近我造访了一个电影片场。那是电影开拍第一天，我到现场时，太阳才刚刚升起。但是，已有约150人在一座废弃的办公大楼内忙着搭建当天拍摄的布景。摄制组人员正在铺设电线、架设灯光；电影摄影师和他的团队正在片场一角讨论阳光从百叶窗透射进来的方式；木工们给一部非常逼真的道具电梯进行最后的修饰——我按下按钮耐心等待后才发觉电梯原来是假的。我在现场的身份是“技术顾问”：我曾经报道过这部电影涉及的一些金融事件，因此电影制作方想趁布景期间向我问些问题。但那天绝大部分时候反而是我不停地问他们问题。看着片场的忙碌景象，我很好奇：为什么这里的工作进程如此流畅？这些人以前从未合作过，而当天拍摄的一些场景相当复杂，要求各方默契配合：灯光、化妆、发型、服饰、布景、道具、表演。然而他们没有时间磨合，每个人迅速投入合作，配合天衣无缝。布景设计师向我介绍他把墙漆成几近纯白的色度，如此可以烘托场景气氛；服装设计师对于主角应该穿什么样的凉鞋也要反复斟酌。他们一一向我介绍，却无须向彼此解释。他们刚开始合作，却能神奇地让一切都显得恰到好处。

这种商业运行模式有时被称为“好莱坞模式”（Hollywood Model）——确定项目，组建团队，各方只合作到项目完成，最后团队解散。这种短期、以项目为中心的商业运作模式与公司运作模式不同。在公司运作模式中，先期投入资金来建立企业，雇用员工从事长期工作，工作岗位没有截止期限。这些工作往往持续数年，甚至终身。但这又不同于优步模式（Uber - style）的“零工经济”（Gig Economy），即由一人处理、往往一天之内就能完成的极短期业务。

通过好莱坞模式，临时团队通过招募大批技能互补的人员运行大型的复杂项目。这一模式如今已被推广到桥梁搭建、应用软件设计、开办餐厅。不少化妆品公司会设立由审美和技术方面专家组成的临时团队，以开发新产品，再将产品交给雇用长期员工的工厂生产。其实大型制片厂也如此：临时员工负责电影拍摄制作，而长期雇用的专业人员往往负责市场推广和销售。

我们的经济正在大幅转向好莱坞模式。我们当中的更多人会看到自己的职业生涯围绕着以项目为基础的短期团队进行架构，而不是没有时限的长期任务。有许多原因造成了现在这种改变，但是也许理解它的最好方式就是我们已经抵达了一个百年侥幸期的终点、一个经济史上的奇特时刻：提供本质上相同产品的大公司占据着统治地位。竞争主要来自对成本的关注，方法则是把生产变得廉价和更有效率；这个过程需要企业在有形资本上进行巨额投资——机器和工厂——然后将这些工厂填满工人，让他们重复进行一些日常工作。非制造企业有着类似的模式：想想那些装满了文职人员、会计及律师的办公楼吧！那个体系随着德国和日本的经济崛起，在 20 世纪 60 年代的美国开始衰败，首先是在制造业。随后在 21 世纪初期，在来自中国的竞争中分崩离析。有着更好的适应性的好莱坞模式出现了，每个新团队都会根据那一特定时间的具体需求进行组建，而且只需要有限的财力保证。

这对管理层和资方无疑是好消息。不过，依我实际观察而言，这对许多员工也是一项出人意料的好制度，尤其是对那些有抢手技能的人而言。问问好莱坞的制片商，他们会证实，经证明能胜任任何工作的可靠技师的人数是有限的。影视项目往往迅速推进，有着严格的截止日期，所以那些重要的员工就在谈判中处于相对有利的位置。比方说，化妆师和发型师的报酬比他们在高端沙龙的同行高得多。同样的，置景师也比在更传统的建筑工地工作的木匠和电工赚得多。尽管好莱坞的工作都是短平快的，但这里有着很强的工会传统，维持了高工资，这也是有利因素。国际戏剧舞台工作者联盟 728 号地方分会（International Alliance of Theatrical Stage Employees Local 728）代表的是洛杉矶地区的影视灯光工作人员。根据它提供的价目表，在大片场，即便是入门级别的电工也能挣到逾 35 美元的时薪（约合 220 元人民币）——比全美电工的平均工资水平高出 40% 以上——而且他们可以在这一报酬的基础上每天工作 12 小时。

好莱坞模式还给员工带来了另一项好处：每周末的票房成绩提供了关于哪些技能最有价值的新信息。我和一名化妆师讨论了在影视作品中突然出现的“僵尸潮”。她解释道，由此带来的一个结果就是，一小群僵尸化妆专家从中获利，而其他人也开始学习这门手艺。当然，这种持续不断的信号有时会令人不安，每年都有一些业内员工发现他们的技能没有市场价值。但是总的来说，它肯定比工厂制度更仁慈，因为后者的雇员只能偶尔得到关于自己市场价值的反馈：刚开始工作时、跳槽时、要求涨工资时，或者——糟糕透顶的是——当被解雇时，而且往往是被集体炒鱿鱼。

自动化成为好莱坞的核心已经很长时间了，但是基于项目的好莱坞模式使其不至于有破坏性的影响。有些项目，像詹姆斯·卡梅隆（James Cameron）的那些充满计算机特效画面的作品，的确是基于将大量资本投注在新技术上，而我们通常会由这些技术联想到制造领域。但多数电影是在逐步采纳新技术，伴随的是各分支的专业人员各自决定采用这些革新。

我最近与一名电影摄影师谈过话。他表示自己颇为担心好莱坞的最新技术——机器人操控摄影机。以《地心引力》（*Gravity*）为例，其中就用到了智能机器臂装载的摄影机，为片中描绘的那真实得令人目眩的外太空奠定了基础。然而，机器人并没有消灭对传统摄影师的需求，反而明确了摄影师的技能何在。如果一名摄影师的技能仅是掌镜，那他在机器人操作摄影的时代肯定难以觅职。但摄影师的价值在于他的眼力、对影像移动或是令观众陶醉的方法的洞见。（在复杂镜头中帮助摄影机移动的器械助理，则可能需要担心。）

纵观经济，我们将要终结机器人与自动化的时代——一个有巨大、笨重且昂贵的机器，并需要大量技术培训才能操作它们的时代——进入人类与机器人合作的新时代。这个时代的机器人不需要复杂的程序语言才知道要做什么，而能理解简单、直接的手势与命令。构成挑战的不是学习操作机器人，而是了解到底需要进行什么工作，然后利用机器人来完成。

好莱坞模式能在当下兴起，很可能并不是巧合，因为美国企业的核心在广义上就是讲述故事。由于自动化以及与许多低薪国家的贸易扩大，美国企业几乎不可能借由提供低价的商品化产品或服务在市场上竞争，从而获得正常利润。你的公司必须提供让顾客愿意支付溢价的独一无二的额外内容，才可以获得利润。我近期拜访了一间水泥厂，那里的人熟练讲述的故事是，这家采石加预拌的厂子是绿色革命的一环。企业创造并传播附加值的方法与拍摄电影的许多技巧如出一辙：确保产品的所有元素能和谐共处，并传播同样的价值。

好莱坞模式并非对所有人都是好事。它显然青睐教育与文化方面的能力，但并不是所有人都拥有这些特质。不过，好莱坞模式的确预示着，新经济的赢家不仅仅是那一小群百分之一，而将是千百万的美国民众。其中有许多人并没有高阶的工程学历，但好奇心、创造力与更多技能会帮助他们与任何受众建立联系。

我们在对好莱坞的资料分析中，已经知道好莱坞模式很可能就是全球未来的组织形态。好莱坞的营销能力是世界一流的，全球化的营销网络也是好莱坞产业链中的最重要的一环。这种协作体系是经过了长时间的积累而形成的，不是能够快速形成的经济体。

众筹模式是一个全新的协作体，在未来，会有更多的企业将自己的模式变成生态型的经济体。以实现全球范围内最佳专业力量的迅速组合。创立不像企业的企业，可能是一种常态的经济活动方式。

从全球供应网络来说，因为很多众筹都是基于互联网开展的，而互联网目前欠缺信任基础。为了解决信任难题，保障众筹的推进，应该引入强链接，通过引入信任关系来提升众筹参与群体的信任基础。

如果需要创办一个新的协作组织，导入强链接需要召集人有一定的人脉影响力，或者项目本身具备人脉引爆力。如果不具备这样的条件，就要建立相应的机制，强化弱链接，即建立信任体制。此时，你的承诺是什么，让参与者看得见、摸得着的法则是什么，有没有信任，这些都决定了强化欠缺信任基础的弱链接。

互联网自媒体

对于众筹模式和众包模式而言，未来企业组织的功能会单纯化。彼得·德鲁克认为，企业的功能就是创新和营销。创新工作都是在众包中完成的，因为这是基于开放网络中最佳资源的组合，在组合之上能够产生的新产品和新服务体系。

对于营销而言，这是未来企业组织的核心工作。亚当·戴维森认为：由于自动化以及与许多低薪国家的贸易扩大，美国企业几乎不可能借由提供低价的商品化产品或服务在市场上竞争，从而获得正常利润。公司必须提供让顾客愿意支付溢价的独一无二的额外内容，才可以获得利润。事实上，中国企业以及全球大部分繁荣的市场都会遇到同样的问题。在众筹模式中，使用媒体工具进行用户圈的构建，成为未来企业运营的重中之重。

对于未来众筹用户社群而言，可能一个网络社群的人数就达到几十万人，在这样的体系中，企业媒体化成为众筹组织和企业一种标准的管理模块。

经济发展背后的资源要素是什么？这是几百年经济发展史研究者都在探讨的问题，从现代经济学鼻祖亚当·斯密（Adam Smith）到美国当代经济学者威廉·伯恩斯坦（William J. Bernstein），都提供了自己的理论框架模型。为了回答人类近现代经济史上经济突然持续发展这一重大问题，伯恩斯坦搭建了一个可以解释的“四位一体”的理论框架：财产权、科学理性主义（或者科学方法）、资本市场、交通和通信技术的改善。这是经济发展的四个资源要素。其中，财产权和科学理性主义是维持系统运转的物质要素和管理要素；资本市场、交通和通信技术的改善属于企业体系的外部支持元素。在开放性的企业系统和众筹组织中，资本市场、交通、通信技术的条件改善让企业经营全球化成为可能。企业经营越来越倚重于外部经营条件的改善。

四个经济发展要素是支持经济发展的四根支柱。其中财产权是最粗的那根支柱，资本私权得到尊重是经济发展的人性动力。这在之前的内容中已经数度提及。

随着网络信息技术的发展，信息世界在网络上被压缩成一个信息点，在互联网上，最远的距离就是人到屏幕的距离。在经济资源组合中，通信技术作为经济要素，首先获得了跨越式发展，成为四要素的先导性资源要素。互联网自媒体运营能力成为企业和众筹组织的统合运营资源的主要互动工具。

在经济发展的情况下，先导性的因素能够起到组织资源的核心作用。理解这个模型很简单：信息技术这根支柱变粗了，它就能够承载更多的商业价值，也能够从资源要素层面上重构企业的商业模式。在企业整个运营体系中，信息技术的权重大大增加了。因此，运营企业需要在这方面有所作为。

例如，华夏智库是北京一家研究企业未来运营模型的民间智库，开发了一种众筹社群的管理模式。其主要就是立足于资本市场和交通通信技术的改善，特别是信息技术的新发展，利用信息技术所带来的战略支点，来反向构建企业运营的新模型，提出“企业即媒体”的新实践。企业通过在通信技术领域的突破实现对其他经营要素的策略性组合，实现先导性驱动，成为企业运营的新发动机，这是网络时代企业运营的新的理论模型。这让企业对外信息传播成为企业经营的重要实践部分，让企业的文创部门第一次成为企业的战略部门。

以互联网为代表的信息技术催生了特有的企业类型，在市场上人们称之为互联网企业。所谓互联网企业，正是首先在信息技术和信息传播方面作为自己经营的核心系统，通过在虚拟网络上实现和用户的先行对接，然后在线下反向构建企业的渠道和生产系统，实现以网络为中心的组织资源的新模式。在之前的企业经营模式中，企业都是走“先重后轻”的道路，而在信息时代，企业可以采取“先轻后重”的运营模式。

威廉·伯恩斯坦经过对数千年世界经济繁荣史的梳理，总结得出了一个结论：“实现一国繁荣的关键是与之相关的制度——人们在其中思考、互动和经商的框架。”人与人的互动是经济发展的本质性动力，人们在经济体系中的思考、互动、所建立的新的商业模式能够推动新一轮的经济繁荣。互联网技术的发展能够让人与人之间的距离拉近，让不同的人在信息技术的支持下实现互通互动。这在某种程度上能够重构商业模式，实现在更加开放基础上的经济发展。

网络是传播信息的工具，现在每个个体和企业组织都开始掌握着这种工具，网络时代的媒体变革给了传统企业一个启示。比如《创业家》杂志，其本身就是一个媒体，但是在企业的转型过程中，变身为创业者、资本和资源社区平台，杂志和杂志内容的互联网传播成为企业汇聚人气的工具。这种转换在于杂志由媒体向高端服务业转型。从媒介派生出专业的企业服务能力，这是很多媒体企业的转型和发展方向。

而作为互联网时代的传统企业，则需要实现信息化；而如何实现信息化，则需要一套完整的工作流程，并具有可操作性。在网络时代，任何企业都需要在互联网这个话语场去展示自己的所思所想、所作所为。在现实的经济世界中，企业的影响力不可能脱离自己的经营系统；但是在网络世界中，企业的声音可以被成百倍、上千倍地放大。人类施加社会影响力最强大的工具就是媒体和媒体传播。所以从逻辑上来讲，企业媒体化是未来企业对外施加影响力的关键能力。这种关键能力的构建，理论基础就是威廉·伯恩斯坦的资源要素论。通信技术进步可以给予企业一个完全不同的未来。

彼得·德鲁克认为企业需要一个事业理论，虽然企业生存需要利润，利润如氧气以及水一样重要，但是企业活着的目标不能只为氧气和水，还需要有超越利润的目标存在，这就是企业吸纳资源和用户沟通的价值系统。企业需要高远的目标，而不是仅仅为了利润而存在；企业运营需要一个理由，这个理由既是给自己听的，也是给用户听的。

消费分层升级理论让市场实现了市场细分和定位。在互联网时代，消费者有条件与产品提供商进行互动，所以市场观察家提出了“生产消费者”的观念，即消费者既是购买者，也是生产者。这只有让消费者深度参与到企业经营过程中才能够实现。

人类生产的产品可以分为一次性消费品、耐用消费品和高档艺术品。对于这些类型的产品，其背后都有不同的经营哲学。对于一次性的消费品而言，和自来水、家庭用电一样，人们追求标准质量的产品即可；但是对于耐用消费品和高档艺术品（奢侈品）而言，在销售产品的同时，一定要同时兜售企业的一整套价值观。

以前，企业技术体系只与科学家和工程师有关，而现在，运营的逻辑要求企业必须与用户共享产品背后的技术成果。但是用户理解不了真正的技术，企业需要将技术通过自己的创意表达出来，企业内负责创意的人必须与公众进行互动，这样才有意义。耐用消费品和高档艺术品是技术密集区，而现实案例告诉我们，唯有企业媒体化（具备媒体特性）才能够实现这样的市场要求，在心灵层面影响和引导用户。

而作为现在的一般企业，则需要完成自己的媒体转型。企业不是做点产品信息传播那么简单，而是在战略上实现企业的媒体特性。阿里巴巴和腾讯本质上就是网络媒体集团，这是一个例证。在市场实证的基础上，华夏智库合伙人、运营总监邱伟认为，以后，更多的企业需要重整自己的企业运营架构，让自己的企业运营部分性地变成媒体行为，让媒体运营成为自己会客交友的前厅，让线下的经营资产变成自己的后院。

企业传播的目标是吸纳和整合市场资源，在创办项目和制造产品之初，就需要将战略投资者、用户、工程师、设计师等资源通过现代企业制度统合起来，完成项目的运作。而在前期的项目运作中，企业媒体化能够给企业巨大的信息传播力量，能够将企业外部共同志趣的投资者和用户聚集起来，完成商业价值的创造。

众筹组织的本质也是一个信息化的组织，也具有媒体的特性。网络媒体换掉了中间介质，将信息变成了电子数据，实现了电子数据的无距离投送。电子数据在不同的屏幕上穿越，面对不同的用户，送达到用户面前。用户能够参与进去，和媒体内容发生互动，这是媒体业的巨大变革，具有跨时代的意义。这意味着大媒体一元传播信息的时代结束了，用户可以参与进来实现共同创造。这不仅改变了企业的营销部门，也改变了企业的整个运营流程。

线下散落在全球各地的经营元素能够在新的维度上统一起来，所以基于互联网整合资源的企业能够实现全球采购和全球销售，也能够在全球范围内寻找到企业需要的经营元素，从而改变了企业的运营逻辑。企业发展不再靠自有体系的积累而发展，而是按照事业的要求，以最短的时间在全球找到最适合的资源，实现最优的资源组合，满足和引导市场需求。

在网络空间里，企业和企业之间、企业和用户之间、企业和资源要素之间是没有距离的。企业人在网络空间里的所有交互活动，又投射到现实的商业环境中。互联网众包和众筹模式就是这种典型的应用，用户和企业之间可以直接建立信息交互关系，然后回到物质世界中完成实体交易。

微信等自媒体的成熟提供了媒介便利，这种开放的新的传播方式，也开始改变人们参与众筹的方式，重新树立这个时代的价值。众筹发起人常常也是通过自媒体动员、组织推动众筹计划的进行。真正能够让企业、媒体行业自身和读者都能受益，这是自媒体众筹模式在目前自媒体状况下最接近的理念。

同愿者聚集社区

华夏智库策划总监邱伟先生说："以前，企业家在看互联网的时候，觉得互联网改变的行业主要就是媒体行业和可以数据化的行业。但是今天看来，互联网改变了一切，几乎所有的企业都会因为互联网的发展而开始重构自己的运营模式。而未来的企业运营该是什么样的形态呢？在我们团队看来，它们一定不像过去的企业。"

未来企业的运营模型基于人的聚合形态，人们在企业提供的商品和服务价值中需要寻求到一种深层的需要，而不仅仅是一种产品功能的堆砌。上一个时代的企业还在玩营销，而下一个时代的企业正在自建部落。人类在信息技术的引导下，在某一个具体的需求上，正在进行新一轮的部落化。需求的聚集可以成就企业，而理解用户某一个需求，就需要理解用户内心真正的想法。未来的企业模型更像一个部落联盟，而不再是一个仅仅追求管理秩序的塔形组织。

秉持部落模式的企业模型是安全的。每一个部落型的企业都有自己的用户基本盘，基本盘的存在不一定能够让企业大红大紫，但是能够具有较高的抗风险能力和竞争能力。部落化企业也是企业的一条攻守之道。用户就是企业的部落群员，按照未来的企业运营模型，如果企业家还坐在大班椅后面，向自己的员工显示自己的内部权威性，这只能是上一个时代的傲慢。当用户对你没有感觉的时候，马上就用钞票进行投票——他们会选择你的竞争对手，而不是你。

企业外部资源和战略资产管理模型如图 3－3 所示。

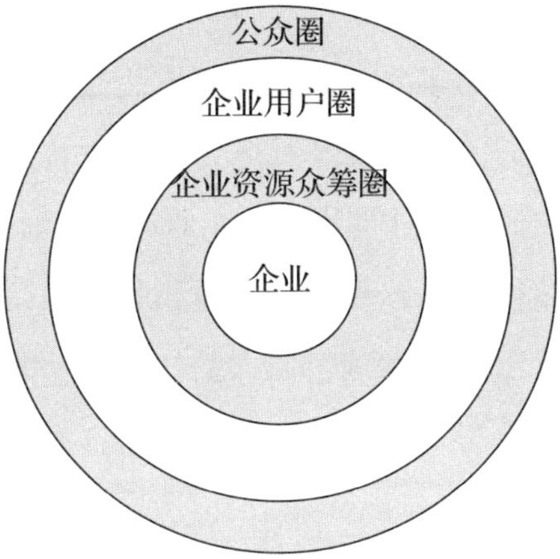

图 3－3 企业外部资源和战略资产管理模型

同愿者网络社区并不是新鲜的企业运营模式，国际上，苹果、小米、阿里巴巴等先锋企业基于社区和媒体化的探索已经有 20 年左右的实践时间。但是，这些新的组织形态在中国国内企业管理部门的接入还需要时间。对于探索性的管理系统，确实需要一些勇于变革的管理者真正认识、理解并投入企业运营实践。

企业最可怕的境遇不是企业内部有一些不和谐的因素，而是失去了和用户进行对话的能力，因为只有这样的能力才能够维系企业部落不至于崩盘。在移动互联网时代，创立友好的沟通界面变得比以往任何时候都更为重要。

面对媒体融合和媒体泛化的经营现实，邱伟提出企业媒体化的解决方案来应对用户的部落联合。媒体化在于创造面对巨大用户群体的一对多的沟通机会和共享过程的能力。传播能力和内容推送能力成为企业影响用户的核心能力之一。企业的未来组织形式和形态的变化会让很多从事传统经营的企业领导者大跌眼镜，这是意料之中的事情。

企业形态的变化往往伴随着企业运营模式的内在变化，其实从根本上来说，新的运营逻辑也随之改变了。在网络时代，特别是移动互联网时代，基于任何事业主体都是媒体的新事实，事业主体经营置于完全开放的环境之下，资源已经从内部挖掘过渡到全球优质资源的同业和跨界整合。整合资本和竞争力链管理成为企业经营的主要方式，媒体成为企业和用户互动和完成价值创造的主导渠道。社交资源的整合和社区信用系统也开始在企业运营过程中发挥重要作用，研究如何利用外部资源为企业创造价值。

众筹这种方式，能够将爱好相同、志趣相投的人聚集在一起，为同一项目做出最大的努力。对于互联网这个偌大的社交场所来说，获得人们的支持是最重要的。一个人的力量是有限的，但如果能够得到各方的力量，就足以保证资金的筹措到位。

众筹的核心是人的众筹，即筹人，找到相同价值观、相同志趣的人就是众筹核心，也是第一步。第二步要筹智。最好的一个案例是柴静的纪录片，采用众筹理念和模式，找到了一批志同道合的人，集思广益，众“智”成城。第三步要筹谋。谋是方向，是目标。第四步要筹梦想。第五步要筹资。按照以上“五筹”思路，众筹就可以成功。

众筹模式并不是参与者越多越好，而是合适的参与者越多越好。也许正是因为有了标准，才会形成过滤效应，产生稀缺价值，才会有更多志趣相投的人加入进来，形成一个充满创造能量的聚集的社区。这个社区的参考者拥有相同的爱好或者类似的价值观，经过漏斗一层层过滤下来，最终聚集在一起。社区更多的时候是没有组织性的、无规则意识的，但当参与者聚集在一起并进行商业化运作时，就可能爆发巨大的威力。这反映在众筹上就是存在感与参与感，有的时候根本没有道理可讲，只是因为喜欢。

人的才华可以成为融资标的，这个在一般市场环境中不可能实现的梦想，在互联网条件下就这么轻松地实现了。在互联网中，人人创造，人人分享，以海量的网民为基数，每一个创意都有被认可和分享的价值，人的创意价值可以直接转化为现实需求价值。因此，在移动互联网时代，众筹将变得越来越简单、越来越可行。

众筹领袖的修为和开放精神

众筹的未来可能不止一种组织形式，而是一种多样性的基于网络的组织形态。现在在中国，众筹其实并没有发挥自己的价值和新架构的威力。如果仅作为一个社交连接的组织，那么也就只能够停留在这个层面。众筹模式如果要发展，一定需要专业主义和理想主义共同结合，形成理性的架构。否则，我们无法期待众筹模式能够带给我们更好的生活。

众筹模式依然需要领导力。其实对于事业组织来说，即使支持众筹模式发展的所有的客观条件都具备了，还是会碰到核心领导力的问题。无论是过去、现在还是未来，出色的领导者总是稀缺的，众筹模式就愁没有符合这个时代要求的众筹领袖来领导。

社交众筹学者张迅诚认为营利性众筹组织最终还是为优质资源者准备的内容，只有让自己在某一个方面做到最优秀，才有机会参与到更高能级的事业游戏圈中去。众筹系统是为精英服务的，正如欧洲庞大的加速器一样，上百公里长的巨大的加速线圈只为加速数百个甚至几十个等离子体。能够借助加速器进行加速的物质粒子都是精心挑选的结果。

显然，没有一种能够让平庸的人表现杰出的组织，除非本来他们就具备这样的气质和气场。一个企业的关键就在领导者。所有人都说互联网时代是一个去中心化的年代，其实这种表述是不准确的，越是多元化的组织形态中，内部的组合越需要领导力。

众筹领袖是未来社会组织和企业组织中的一种关键角色，这个角色的定位和以往的企业会表现出更多不一样的地方。构成领袖的修为和一个企业中的企业家的修为，会有一些共性的东西，但是就社会功能方面，有很大的差异性。

众筹组织一定需要表现出足够的理性。诚信即是一种理性精神，理性精神意味着既需要创造力，又具有按照程序进行做事的能力。历史学家黄仁宇在《万历十五年》中写道：“凡是可从技术上加以解决的事，不必先冠以道德的争论。中国古时，人们重道德叙事，而不从技术上加以解决，是很多悲剧的根源。”理性就是能够在技术层面上把事情做好，然后再回到道德层面来领导社群和用户群。

黄仁宇提到：“道德虽高于法律及技术，但是要提出做争论的根据时，则要在法律及技术之后提出，不能经常提出，也不能在细枝末节提出。人世间很多残酷的事都以道德的名义去施行，也是中外古今一律。”总而言之，技术的问题永远存在，而注重管理和加强立法能有效地解决技术问题。众筹领袖在众筹组织中制定的规则，自己也要遵守，自己也要按照组织程序进行利益的分割。其实，理性精神不是做高大上的事情，而是一种底线。原来律法是最低要求，重要的是理解律法精神背后的深意——公义和怜悯。具有爱人之心，才能够在现在和未来的众筹事业组织中担任领袖。

“天理即人欲”，这是众筹模式能够得以繁荣的人性的思考。未来整个商业模式都是一些理性人的组合，否则即使有众包和众筹这样的模式，最后也会变成成功学和传销的道场。

在未来的众筹组织应用中，众筹领袖必须能够树立起一种理想主义的旗帜，这是活的社群认同的核心。进化与自然选择了人的大脑复杂的构成，群体选择那些“理想主义者”，他们更有幸福感、更乐观，想得远，认为明天比今天好，如此方能带动群体探索、发现、文明及进化，才使人类这个种群成为地球上的主人。理想主义与专业主义是一个硬币的两面：理想主义让我们走得远，有幸福感与充实感；专业主义让我们每个人在社会与企业中的个人价值不断提升，并且可成为知识社会中的“领导者”，来适应这眼花缭乱的信息技术大创新、大破坏时代。

对于众筹组织而言，最大的应用就在于非营利领域。现在全球最大的公益慈善组织的成员超过了 140 万人，其组织架构是如何形成的？实际上就是一个理性主义加专业主义的众筹组织。如果没有高品质的价值追求，是无法让 140 万人自主开展公益工作的。大组织是乌合之众还是具有核心价值观的组织，是决定这些众筹公益的大组织是否有未来的核心要素。

国际狮子会俱乐部协会（The International Association of Lions Clubs）由美国人士茂文·钟士（Melvin Jones）创立于 1917 年，总部设在美国芝加哥。该组织是一个国际社会服务社团，在联合国经社理事会享有咨商地位，现在全世界超过 200 个国家和地区共有 140 多万名会员，主要以中产阶级和社会精英为主。

笔者认为，狮子会应该是全球众筹组织学习和研究的标杆和典范。茂文·钟士创办这样一个公益组织的时候，在技术操作层面就体现了狮子会的价值观和行动观。按照中国人的说法，就是参与进去，在行动中修行。这样的事业组织是靠志愿者推进的，主要目标是亲力亲为，强调会员的自动自发。其目的不是吸引大企业家参与，而是让社会有钱有闲的人全部参与到社会建设之中。这个组织的社会价值很大，但是没有巨资参与，在中国，一次有据可查的最高捐助只有 60 多万元。众筹型捐助不在于多少，而在于亲身参与。

茂文·钟士所创立的狮子会的行动纲领和一整套的制度化系统，体现了一个众筹领袖杰出的大组织驾驭能力和治理能力。百年不倒而且不断发扬光大的影响力说明，狮子会的行动是卓有成效的。这得益于创始人的组织架构构建能力。对于众筹组织来说，这是领导者必须具备的修为。

狮子会在中国做的事情是平实而具体的，志愿者需要在做公益的过程中找到自己的人生价值，这是最重要的。其实，在成立以来的近 100 年的时间内，狮子会都在建设一种具有参与感的生态系统。这与国际组织促进弱势群体自由发展，挖掘自身智慧，发挥出色领导力，志愿用心和行动服务社会的宗旨完全一致。狮子会让慈善志愿者不仅做一个捐助者，也要做一个慈善行动的参与者。这是狮子会的最大特点：会员亲力亲为——出钱、出力、出席、出心，做到“慈善 + 志愿”，称之为“参与式慈善”。这种“一不做二不休”的行动哲学，将每一次慈善行动做细做实、有始有终。当然，他们也追求慈善事业中的行动自由。

邱伟在《胡润百富》杂志中国慈善榜发布的文章中，对狮子会的行动过程进行了如下描述：“一般来说，通常是队员们先进行调查走访，寻找需求，然后进行比较、分析、筛选，最终决定帮助对象。与一般慈善机构不同的是，狮子会筹集善款并不全向社会募捐，会员自己也要捐款。成功完成善款募集之后，便实施具体的帮扶服务。以帮助贫困白内障患者复明的‘视觉第一’为例，队员要联系医院或医疗队，购买晶体和手术包等材料，组织前往服务地点，现场分配志愿工作。最后是验收回访。”

“中国狮子联会和政府部门合作，帮助近500万名贫困白内障患者复明，显著提高了全民防盲治盲意识，有效提升了中国基层眼科的技术水平，成功实现了中国白内障致盲人数的负增长。眼科医生或狮子会会员在术后次日为受助者撕下纱布，举起手指问：‘看到几个指头啦？’患者答：‘3个！’在场的人都兴高采烈，会员们甚至为此而热泪盈眶。慈善行动能够给别人带去希望，在行动中也可以体验助人的幸福，升华心灵。”

中国社会组织管理正在进行改革，社会需要社会组织发挥自己的社会管理功能。社会组织管理社会、社会组织服务社会的“社会自治”模式已经成为一种国际潮流。在转型期的中国，社会不公导致矛盾凸显，贫富差别导致巨大的失望群体产生。在这种情况下，需要像中国狮子联会这样勇于担当的社会组织用行动去抚平鸿沟，至少在鸿沟之上能够架起一道道桥梁。矛盾需要用行动去化解，精英阶层需要用行动证明：有多大的能力，就有多大的责任，取予之道，在于平衡，社会因平衡而和谐发展。给予失望阶层温暖和心灵的力量，整个社会才能文明进步，中国狮子联会正在用自己的行动参与社会建设。

国内一些大型的知名慈善社团，往往是从政府的某些部门分化出来的，更像是代表公权机关接受社会捐赠的组织，其缺乏做具体志愿工作的基础会员。相比之下，狮子会大量吸纳社会各界爱心人士入会，不太强调会员的捐款行为和捐款数字本身，而特别注重倡导会员做一名亲身参与服务活动的志愿者，让会员在动手参与中获得心灵上的收获。

“挖掘经济资源，配置经济资源，发挥社会功能，促进社会和谐”，这是众筹领袖所能够发挥的社会作用。众筹组织能够帮助企业和个人更好组织资源，帮助他们盈利；而另一个功能就是创立一些非营利组织，让企业和财富阶层将财富按照自己的意愿去做公益，将财富分散给社会。众筹组织和众筹领袖可能是包容营利性和非营利组织的主要组织架构设置。

在非营利组织中，对于非营利的组织的成功与否不止有一条评价标准。社群大量使用志愿者，无法推行强制命令，非营利组织领袖的诚信、敬业态度和领导力很重要。非营利社群领袖主要思考的问题是：组织使命是什么？如何为群员服务？同时需要向社会展现更多的价值，如此才能够人丁兴旺。领导非营利组织的管理原则现在正在渗透到营利性组织中，这是一个时代趋势。

众筹组织是信息技术发展到较高水平之后，拥有共同价值取向的人的信息部落。部落信息的透明化，使得众筹领袖的私人利益能够暴露在阳光之下，这可以保证公平性。众筹领袖需要接受整个部落群体成员的监督，而不能够为所欲为。限制权力能够保持组织运营的可持续性。

在这些自主工作、缺乏中心化的大型众筹组织中，起到核心作用的众筹领袖实际上都是自己知识领域的“专家”。日本战略家大前研一在对专家的定义中，强调的是我们并不是因为专业技术而成为专家，而是因为“向上帝发誓，以此为职业”——把顾客作为出发点而成为专家。

大前研一对未来的领导者提出了一些看法：“在中国甚至是在亚洲，企业家就是一名企业家或是一名主要技术人员，而不是一名真正的专家。理论知识不够扎实，知识过于片面，拘泥于过去成功的旧模式而不敢大胆创新，停留于已接近饱和的旧大陆而不敢涉足于尚留空白的蓝海领域开拓新大陆，以领导者的身份高高在上而忽略了员工参与的重要性和亲和力，总是试图寻找一种捷径使企业经营成功而走进了‘当局者迷’的泥潭。”

营利性的众筹组织领袖是“专家中的专家”，具有领导一群专家进行创造的组合能力，而不仅仅是专家社交。营利性的众筹组织需要目标，而且是单个企业和知识专家不能够完成的目标。借用大前研一关于未来组织领袖和企业家的四个能力模型，表达出他对专业主义的理解：“先见能力（看不见的新大陆）、构思能力（自己独特的观点）、讨论能力（逻辑思维）、适应矛盾的能力（组织运营没有唯一的正确答案）”。

未来营利性组织和非营利组织都可能是无边界的组织形态，但是组织的核心就是专业，必须能够解决一个用户的问题而存在。正如狮子会正在解决全球眼科救助的问题，企业应解决用户某一个方面的问题，如在社会中有一个解决问题的功能。

因此，人人皆可成为专家。专家以专业为前提，而专业以业为前提。专业的核心是强调为顾客创造价值。真正的企业家应站在顾客的角度来开发、改进产品，而不应过多地把精力和金钱放在自己企业的利益和竞争对手身上。顾客走了，企业还有什么存在的意义？企业家的价值还如何实现？因此，需要建立一个以顾客为中心的组织企业运营的架构。

第四章

众筹是世界经济新一轮解放运动

旧系统调整加速

在企业界，基于工业复制的标准化经济正在迅速福利化，因为自由竞争市场的存在，几乎所有的标准化产品都迅速微利化，实现正常利润都变成一件很困难的事情。这个时代获得利润的方式在改变，只有基于综合知识创新的组织才能够拥有更加光明的未来。

在笔者的另一部拙作《互联网 + 城市》这本书中，谈了很多城市经济体生态模式构建的问题。城市中，企业和个体都在互联网基础上实现新的价值交互和重构，企业和企业领导者需要将城市中散落在不同区块中的资源整合起来，形成一个新的生态圈。而在构建这个生态圈的过程中，众筹和众包模式就是一个很好的工具。

工业大制造所带来的前所未有市场繁荣已经进入尾声，未来的大制造领域可能会与更多的知识领域发生融合而产生新的产业，单一工业企业所能够生产的产品越来越不能满足用户的需要。工业经济由于是标准化的制造和复制体系，在中国，按照泰勒制进行管理的工厂还是非常之多，城市化和工业化的初期过程中，复制是这个时代的中心特征。从人力资本领域看，这造就了很多专才，整个20世纪应该是专才的时代，在每一个知识领域都做出了很深入的研究，这加速了知识创新，但减缓了复合型应用的发明。

工业公司的管理模式，基于单一的、专业方向的精深努力和内部的人力资源的配置，已经让一些产业进入了长长的巷子。研究表明，单一领域的应用创新正在快速减缓——现代的一个美国研究人员的生产力比1950年时的研究人员的生产力的15%还要少。也就是说，创新越来越需要建立在不同专业的综合知识之上。企业内的知识体系是有边界的，这种知识壁垒让每个领域都出现了发展的瓶颈。旧的经济管理体系已经无法突破自己的局限了。

基于控制和科层制管理模式的企业遇到了前所未有的挑战。这些企业组织非常庞大，几个企业甚至能够解决一个城市的大部分就业。在大工业时代，这样的专门产业型城市可以玩得转，如中国的大庆、美国的底特律。底特律由于长期依赖于汽车制造业，缺乏一种纵深的产业生态，导致整个城市破产。这足以表明，依靠单一工业或临时位置优势的城市，将来可能会表现得异常糟糕。大庆的未来也值得担忧。

一个城市一旦堆积了过多同质化的人力资本，则这个城市转身的机会其实是渺茫的，因为单一的市场结构很容易受到市场变革的冲击。一个城市如此，在城市中形成的企业就更加没有竞争能力了。对于这一点来说，产业多样化的城市是理想的场所，因为城市集中了不同的人力资本，并鼓励人们通过不同的知识和技能相互影响。

而众筹模式则能够将不同企业的人力资本配置在一起，打通专才与专才之间的知识鸿沟，让拥有不同知识经验的人融合在一起，形成新的知识复合型创造体系。

互联网时代的城市产业模型就是致力于多样化的人力资源的连接。美国的一份研究报告指出："后工业时代的城市模型面临的问题是，它强烈主张建立综合型城市，以便可以聚集不同种类的硬设施和软设施。事实上，对一些成功的城市来说，其经济增长强劲，是因为它可以挖空周边规模较小的竞争城市的人力资源。"

研究结论是冰冷的。未来不管是城市这种规模的组织系统，还是一个单独的组织，都需要建立一种多样化的自我迭代的生态型体系。中国经济的工业化进程已经完成了，接下来的经济发展会进入一个不同于以往的经济发展阶段。工业经济只是提供了城市的硬件系统，互联网能够将城市中的软硬件连接在一起，形成一个新的城市发展模式，而在中间进行连接的组织机构，很可能就是这个城市的众筹和众包平台。这是企业界和政府都可以发力的领域。

完美的经济体是一种生态，未来，完美的企业组织也将是一种生态体系。大资本向生态体系迁移，从 100 多年前就开始了。全世界资本主义发展了几百年，造就了很多的财富家族，如洛克菲勒家族、摩根家族等，这些引领过历史潮流的家族哪里去了？在企业界，我们已经看不到它们的身影，或者很少看到。这些财富家族都早已经完成了平台化，将自己的资本化整为零，分投到全球很多优秀企业中去了。它们的影响力已经不在经济的前台，而在经济的幕后，成为现代经济的导演。事实上，它们已变身为企业生态的基本资本元素，完成了从企业家向投资家以及企业生态园丁角色的转变。

中国企业经过几十年的发展，在实业和产业方面积累了巨大的财富，现在一些优秀企业也在思考和实践平台化战略了。平台经济的经济效益的模式和单独企业的财务核算模式是不一样的。大企业想的是稳定，在系统稳定的基础上寻求发展，它们的发展模式就是平台化，平台化是生态化的一种努力。现在，先锋企业的管理变革正是要构建一种大企业主导之下的生态。

工业化企业发展模式是专业化，即将一件事情做到最优秀，然后被整合到价值链中。这些企业做梦都想发展壮大，创造更多的货币资本，扩大自己的规模。这背后实际上隐藏着不同的发展哲学，是做一棵大树还是做一片森林的发展模式。大树会死去、腐烂，然后变成另外一些物种继续生长的营养，这种自然迭代和内部竞争性的生态系统能够保持一份活力。

互联网时代就会有互联网时代的经济逻辑。美国互联网思想家凯文·凯利（Kevin Kelly）在他的一篇文章中已经将一种哲学说透了，在本书中，笔者想引用这篇文章，举荐给致力于互联网时代整合资源的众筹家。凯文·凯利就是一位思想的跨界整合者，他的知识来自跨越了知识本身的边界，用“知识复合者”这个词也不为过。

公司终殆，城市不朽

所有公司都难逃一死；所有城市都近乎不朽。

同为网络系统，城市和公司的命运各不相同。网络系统的基本形式有两种：有机体或生态系统。公司似有机体，而城市似生态系统。

所有有机体（和公司）都遵循多种通用成长法则。生物以相同的方式变老，无论是小动物、大动物，海星、细菌或细胞，它们都有着类似的代谢速率和类似的能量分配规律。所有生态系统（和城市）也都遵循通用法则，它们以相似的方式进化并使自身规模化——不管是森林、牧场、珊瑚礁、草地还是村庄。

圣菲研究所（the Santa Fe Insitute）的杰夫·韦斯特（Geoff West）用大量数据证明这些通用、预测性的生命法则存在。比如，有机体规模增长遵循3/4 法则。它们的体积每增大 1 倍，在其他方面的增长幅度都会不足 1 倍，即0. 75 倍。有机体越大，其增长速度越慢。大象和老鼠在各自生命周期中心的心跳数相同，但大象的心跳更慢。

相反，生态系统和城市的扩张速度要大于 1 倍，往往为 1. 15 倍。城市的财富、犯罪、交通、专利、污染、疾病、基础设施的人均值都会以每年 15%的速率增长。城市越大，其增长速度越快。

指数增长小于 1 倍会不可避免地导致终将走向停滞的 S 形曲线。所有有机体和公司最终都将停滞并死亡。指数增长大于 1 倍则会带来看似无限增长的曲棍球杆曲线。所有城市都会不断壮大。正如韦斯特所说的：“即便在一个城市里投下一颗原子弹，30 年后它还是会重新欣欣向荣起来。”

杰夫·韦斯特在“恒今对话”中无法回答的问题是：

互联网更像一家公司还是一座城市?

我敢肯定它更像一座城市。

在我看来，有机体和生态系统、公司和城市之间发展的区别在于，生态系统和城市都是进化而非成长。成长总是自我限制，而进化则没有限制。进化是无限的游戏；它会不断从内重造自身，因此其增长不可能被追赶上或陷入停滞。

另一个现在也无法回答的问题是：怎样让公司变得更像城市?

韦斯特对此的答案是：引入疯子！疯子遍布于城市中。你不能甩掉他们，但他们是让进化继续下去的人。公司会甩掉疯子，这从长期上阻止了公司自身的进化。但我并不赞成“疯子论”。我认为公司的既定边界阻止了其进化——边界太过封闭、太过有限。城市则正相反，城市边界模糊、联系不紧密、可渗透且没有中心，因此能在不改变其本质的情况下持续转变。

这也是我认为边界模糊、无中心的互联网会进化并永生的原因。或者可以这样说，互联网至少能像城市一样长久存在。

笔者认为平台经济下的经济利益核算体系需要一种全新的逻辑，企业要想成为一个生态系统，就要保持足够的开放性，能够容纳那些有真正创业精神的人，并且把这些人放在一起，形成一个相互影响的群体。这样的群体能够内生出更加优秀的人才。在孵化平台上，只要能够产生一个奇迹，就能够带动平台的继续发展。

众筹组织的未来就是一个平台型的多角组织。这个组织内部构建了一个城市中能够拥有的人力资本，而人力资本能够牵动整个城市的实体资源和服务资源。这种变革代表了一个企业和一个人，乃至一个城市的未来。

旧体系会发生结构性的调整，最本质的原因就是人们生活方式的改变。发达国家和发展中国家的不同之处在于建立在不同的生活方式之上。企业研究用户，关注他们所有的需求而不是一项单独需求。

人们去办公室或者工厂上班，下班回家后与家人共进晚餐，然后观看他们最喜爱的电视节目，之后去睡觉，然后醒来上班……如此日复一日、年复一年。这是19世纪和20世纪中期之前工业城市中人们的生活形态，城市中的所有产业都是围绕着人们的生活展开的。但是，城市中出现了“疯子”——比如冯·诺依曼——这样的“疯子”用自己的知识改变了人们的工作方式。

21世纪，人们的生活方式发生改变，改变了周期性的生活方式。人们不是在工厂里做单一化的工作，而且可能是一辈子——这种周期性的生活已经不适合大多数人。现在，在一个工作进程里，人们将很多活动混合搭配在一起：他们可能在办公桌上工作，也有可能和朋友吃中饭，或者去健身房，或者做家务，又或者出差、网购等。人们的生活从线性的变成非线性的、一种碎片化的跳跃式的生活。

然而，这就是21世纪生活方式的本质。人们在家里也变得生活无规律，没有了清晰的界线。人们在过家庭生活时，有可能还要在网上工作或参加电话会议。城市集中了多种硬设施，如机场、商店、学校、公园以及运动设施；还集中了很多软设施，如俱乐部、酒吧和餐馆。人与人在众筹社交类的组织中实现了跨界，全新的生活方式最终促使整个产业形态发生变革。

这场变革不仅是经济层面的，而且是社会层面的。也许，众筹组织的创始人和领导者正是新城市中的“疯子”，而为“疯子”提供能量的新体系能够促进经济变革和社会变革。

一场制度革命

说众筹模式是一种人与人之间的协作关系的革命，原因是互联网将组织和组织、个人与个人之间的连接关系打通了。我们现在看到的互联网还是在快速发展中，未来的互联网是什么样子？如果用10年后的眼光来看今天的互联网，这是一个很短的时间段，10年之后的互联网将促进社会进行更加复杂的纠缠和融合，更多的合作将在这些纠缠中产生。

起初是两个专业知识的融合，然后是若干个专业知识的融合，这种融合所产生的经济效能可能是令当代经济走入新一轮繁荣的新动力。专业人和专业人的融合需要一个新的协作组织，这就需要一种跨越原来组织边界的新的组织形态。

产业链之间的融合需要全新的知识管理机构，而不是原来的公司架构。全球主要国家谁能够建立全新的知识型组织，谁就能够在新一轮经济发展中占据主导地位。

众筹衍生出一系列与之相关的产业链，而在未来世界，这条产业链将是一种政治与经济的结合，会涉及社会的方方面面。

人类必然要经历三个管理时代：其一是信息闭塞的“地方集权时代”；其二是信息垄断的“中央集权时代”；其三是信息互联后的“权力碎片化时代”，这也是我们的思维所能触摸到的“政治众筹时代”。基于万人互联到万物互联的发展，高度集权将在未来 20 年走向碎片化，众筹将成为公共管理和知识创造的核心。众筹在公共管理发挥的作用，能够让社会变得更加扁平化，个体需求能够与社会公共服务系统进行紧密的连接。这里面会有大量的专业志愿者来提供这种互助服务，稳定的服务系统能够起到社会稳定器的作用。

科学知识的融合总是指向人类无法想象的方向。1941 年，第一台电子计算机被发明出来，短短的几十年，人类的生活有了多大的改变？众筹组织该如何做事的本质在这里已经开始暴露了。众筹组织中大部分人做的事情实际上就是做一个组织中的志愿者，用自己的知识去创造能够产生最大社会效能的价值。在全球新经济组织中，有一类众筹组织将能够改变人类未来的生活和命运，那就是科技狂人所建立的企业组织。这些组织能够卷积巨量的经济资源和人力资源，形成顶级知识人才的联合体，其能够产生的效能是超越想象的。

一个众筹组织想要实现超越，就需要组合不同的顶级知识人才，这是未来经济革命的基础。以前，这些智力资源散落在一个一个独立的公司里。一旦这样的智力资源之间的界限被打破，众筹组织能够带来“集体智能革命”。人类几百年来的产业革命都建立在知识创造和知识应用上，而众筹在与跨界知识人才的互动中，提供了一种新的制度设置的可能性。

现在经济学家普遍认为，现代公司成熟的股份体制，催生了近现代横跨几百年的资本主义的繁荣。在中国的纪录片《公司的力量》中，描述了公司这个组织形态将人力资源和资本资源重新组织以后，产生了巨大的发展效能。资本主导了近现代的发展进程，金融资本成为公司的助产士和育婴房，成为新公司发展的加速器，也是整个市场经济的加速器，在经济运行系统中处于核心地位。跨国公司真正的支持系统就是资本市场。

彼得·德鲁克对20世纪最后10年做了描述：“作为一个社会，发达国家也已经进入后资本主义。它正在迅速成为一个新的‘阶级’社会，并以一种新的中心资源作为其核心。”在对后资本主义的描述中，经济发展的核心资源已经不是资本，而是知识，善于知识管理的经济体和企业能够在未来的发展中胜出。后资本主义社会的主要阶级是知识工作者和服务工作者，而不是资本家和无产者。他认为后资本主义社会的“生产要素”既不是资本，也不是土地或劳动力，而是知识和拥有知识的人才群体。

彼得·德鲁克认为，现在知识已变成了一类极其重要的资源，“知识是今天唯一有意义的资源”。传统的生产要素土地等自然资源、劳动力、资本并没有消失，但它们已成为次要的。知识不再是固定的，而是流动的、多变的。知识性质的变化及其作用程度的提高，预示着一个新的社会的到来。在这个新型的知识社会中，具备专门知识的社会成员（知识工作者）是社会的主体。这种社会在人们的价值观念、行为方式以及社会结构等方面都根本不同于以往的社会。

拥有知识的专才很多都来自工业时代的企业研究所、大学和工厂。这些知识工作者的知识绩效成为经济体竞争力的刀锋，这构成了发达国家之所以发达的原因。尽管在世界科学中心美国，拥有知识的人才在人群中只占据少数，但是如何发挥他们的效能却是美国国际竞争力的核心所在。

彼得·德鲁克希望能够找到一种致力于知识管理的组织，他一直在思考如何将这些知识专才组织在一起工作。由于时代的限制，当时互联网技术还没有今天这样强大。但是，彼得·德鲁克认为："团队是知识社会中真正的工作单位。"因为现代组织是由专业人员构成的，在此类组织中各成员之间是平等的，但他们又彼此分工合作，像团队一样完成共同的任务。另外，知识工作者的工作是组织性的。只有组织才能将知识工作者的专业知识转化为工作绩效。

而今天，我们看到众筹模式中，一种主导性的众筹方式正在这个时代产生，这就是众筹模式的筹智行为。筹智需要一种超越单一功利的组织形式，这注定要由一个社会功能事业组织来领导。这种组织所能够带来的知识创新效能能够超越以往的公司体制，将原来的公司组合起来，一起共享知识。这个知识体系打破了原来集团公司的模式，不是所有的公司组合在一起就形成新的科层制管理结构的组织，而是以任务为核心的新的知识管理体系。

彼得·德鲁克对于知识型组织可能出现的治理结构，提出了一个功能性的词语描述——"组织化社会"。他说："知识社会又是一个组织的社会。每一个组织，无论是否是企业，其目的和功能都是把专业知识结合进某项共同的任务中去。"

因为构成该社会的每一个组织都是高度专业化的工具，旨在实现某一特定的任务；而且因为每一个组织的基础是知识的组合与展开。如果彼得·德鲁克在思考知识组织的组织形式的时候，已经有了互联网众筹这样的运作模式，那他很可能会将"组织化社会"等同于众筹组织。他认为："组织是有专门目的的机构。而且由于组织是由专家构成的，而每个专家都有其自己的知识领域，故组织的任务必须是明确、专一的。为了保证组织的高效性，必须有管理组织，而且只有组织是有管理的。"

不同公司和个人如何在一次任务中分享自己的知识，并且分享之后所带来的创造成果，这是众筹组织的下一个管理任务。处理好这样的问题，实际上能够带来一场经济制度的革命。至少，彼得·德鲁克已经预见了好的知识管理是企业和用户一起去创造的，他预见了未来的典型企业是以知识为基础的："一个由大量根据来自同事、客户和上级的反馈信息进行自主决策、自我管理的各类专家构成的组织"。这样的模式描述和众筹组织能够达成的管理目标在内核上是一致的。

知识众筹组织的组织观和传统企业有根本的不同，彼得·德鲁克的研究已经给出了答案，现在的众筹组织正在验证他预言的正确性。传统上认为组织中的人是被动适应性的、可替换的；但强调以知识为基础的组织观，则认为组织成员作为知识的"主体"，在组织中具有突出的地位，是不可替代的，因为每个人都有其不同的知识结构。显然，按照这种观点，知识构成了组织的核心要素，是最重要的资源。因此，与传统的组织管理强调人的职位或工作分工相比，知识管理更加强调人的知识分工和人的素质。这意味着，管理的任务由强调物的方面转到了强调人的方面，而这类人又是指拥有专门知识的人才。

顶级的众筹组织会是一个知识人才组合、有确定目标的组织形态，要求最大限度地把掌握和利用知识作为提高组织竞争力的关键。组织致力于知识创新，然后将创新导入成熟的公司体制中。

众筹领袖的角色应既是管理专家的经理，又是各个领域知识的合成者。这是未来的管理挑战，这种挑战对于传统企业来说，是全局性的，需要进行彻底的变革。事实上，知识管理是一个内容丰富的新的管理取向，它是多视角、多层面的。它不仅是一种全新的管理方式，更是一种全新的管理思维或社会思想。到目前为止，只有少数的组织和企业领导者理解了这种变革对于未来的意义。

众筹模式带来的制度变革，很可能在未来引发一场制度革命。这种制度革命的核心是围绕知识管理和知识创造展开的。一个超越当下的公司组织架构，知识人才之间可以进行社交互动。人们越来越多地把众筹组织看作是一个学习和创新的系统，它能够根据环境条件及组织的需要有效地获取并应用知识，从而具有显著的自我发展和自我组织能力。共享信息和知识资源、侧重横向的平等关系、组织中的每个成员作为节点都具有重要的意义。因此，网络结构具有更大的灵活性和适应性，网络组织具有更大的弹性和柔性，是一个快速进行知识更新和迭代的人的组织结构。

基于知识创造的众筹组织具有网络化组织的特征，跨越公司边界的知识创造需要不同公司和不同知识人才个体的全面协同。在这样的组织中，金字塔式的组织结构正在被网络结构所取代；在这样的转变过程中，正在发生一场全面的经济治理制度的革命。

多层次资本市场

筹智需要全新的组织形态——一种扁平化的自组织管理系统。筹集资本这样的事情，实际上应归入资本市场的变革，互联网金融将对资本市场产生很大的影响。但是在总体上，筹资为筹智服务，却是一种未来普遍存在的现实。

众筹正在重构并衍生产业链。随着目前众筹模式快速地走向大众，如果一个人、一个企业想参与到这个浪潮中来，可以参与任何一环，而为此可能会获得意想不到的收获。从资本市场的视角看，每一个人都是资源，每一个人都能够在参与众筹项目的时候提供自己的“资本”，这个资本的数目可能是 1 美元或者是 100 亿美元。

1 美元的众筹合作模式是不是就没有威力呢？100 亿美元的众筹合作是一定能够产生巨大影响的，但是处理好 1 美元的事情，其实照样可以发挥极大的社会价值。百万人和千万人参与的众筹体系实际上体现的不仅仅是众筹行动，而是一种公共表达，甚至是公共意志。众筹组织可以很大，也可以很小，其实，很多社会事业都可以通过小额众筹的方式来完成，积少成多，聚沙成塔。

现在在中国、美欧和澳大利亚，网络众筹平台基本上都是被用来做一些公益筹资或者产品筹资。股权形式的众筹行为正在发展中，也许在一个可预期的未来，它会成为一个众筹的主要应用市场。

众筹网站 Kickstarter 的火热让国内外看到了众筹模式的可行性。史上最成功的众筹项目 Pebble 智能手表的创始人曾经说过，Kickstarter 众筹模式不仅仅是为项目筹集资金，更重要的是在测试市场反应并对项目本身进行宣传。在这样的平台上，一些微不足道的个人梦想型的小项目也能够得到公众的支持。这种支持模式虽然非常简单，但是具备了资本市场的一般性质。众筹填补了一些小额融资方式的空白。

在发达国家，金融系统发展是成熟的，多层次的资本市场已经形成。一个经济体中，既有为跨国公司进行融资的金融机构，也有服务于个人和小企业的中小银行，金融能够充分调配资源，按照市场的逻辑构建市场生态。发达国家的金融体系既有心脏这样的金融发动机，也有动脉、静脉主血管系统来调配资金流，还建立了毛细血管系统，能够让社会经济中的细胞参与到金融血液投递过来的金融能量中，并且实现回流。这是一个往复不断的动态系统，能够促使经济体以生命形态的方式存活。

金融系统的运行可能不只是一种生态结构，而是在全球形成了一个多层次的资本市场。发达国家的秘密就是有着有效的金融系统，而那些陷入“中等收入陷阱”的国家，在几十年甚至上百年还在“原地踏步”的经济体大致没有有效的金融系统。互联网众筹模式对于美欧一些发达经济体而言，能够继续发挥优势的空间相对是有限的，因为本来它们拥有的金融系统就是高效运转的。互联网众筹和金融的结合，对于很多发展中经济体而言，却能够帮助它们构建一些新的生态型的金融系统。这个系统能够支持国家的巨型建设工程，也能够帮助这些国家的个体获得金融支持，使得经济领域能够实现造血和供血功能，还让金融第一次成为这些国家企业和个人创业所能够争取的事业资源，普通的互联网用户也能够借助网络投资自己热心的公益项目。即使投资 1 美元，也是互联网金融的一分子。

1 美元众筹在未来可能会影响一些人的公共生活。在互联网众筹模式普及之前，在公共事务中，个体几乎都是原子化的。参与一些社会组织当然可以解决被原子化的问题，但是人与人、人与组织的沟通成本是很高的，为解决一个问题，可能需要协同十万人。在以往的社会中，这不是个人能够完成的，需要完成巨大的工作量；但是，在同愿者聚集的网络社群中，就很容易解决相关的问题。

比如，在世界很多国家，都会碰到汽车“碰瓷”和讹诈这样的事情，救助者的救助行为变成了侵害行为，这恶化了社会风气。对此，如果建立一个10 万人的社群众筹组织，专门来支援在社会救助中出现的这些具体的个例，一人出 1 美元就可以聘请专业律师和取得其他的社会援助，即使出现举证不足的情况，也能够利用一人 1 美元的力量给予经济救助。而这种公益救助体系是传统金融所不能提供的。公益金融本身就是一种社会自治行为。在互联网时代，基于网络化社群能够形成完善的救助服务系统，网络社群提供了信用背书，使社会中的人在决定救助别人的时候，没有后顾之忧。人们能够放心进行社会救助，而不会被欺诈。领筹者在透明体系中，也不会失信于大众。这从体系上支撑社会自治行为，推动社会和谐发展。

如果从资本市场的视角来看，众筹模式能够覆盖一部分资本市场的实际功能，作为互联网金融的一种变革方向。事实上，如果考虑到传统银行和金融系统需要在互联网的基础上构建新的运营架构，那么众筹金融模式将是一种值得期待的金融变革方向。

众筹金融作为多层次资本市场的一部分，将逐步深入到经济和社会公益具体细节中去。如果将整个金融比作一座金字塔，那么众筹金融体系很可能就是金融金字塔的底座。底座的体量是巨大的，甚至有一部分处于地基的位置，按传统的统计标准可能统计不到，但是从社会经济系统来说，这恰恰是金融系统中最基础也是体量最大的部分。

互联网对传统金融服务体系带来比较大的冲击，但是不具有颠覆性，而是局部的改良体系。众筹金融和互联网金融拓展了金融服务的边界，一些本来看起来不能进行财务和资本折算的新的资源被纳入到新的折算体系中。其中，最突出的一点就是对蕴含在知识人士和企业家身上的软性资源进行评估和资本折算的体系，这可能会带来一种金融资产评估体系的变革。

当整个经济体都将最重要的资产看成是知识人本身时，我们如何用资产数字来体现出知识人的价值？知识取代了金钱取得主导地位，但知识工作者是不能买卖的，我们无法通过兼并的方式得到他们。事实上，虽然他们“价值连城”，但是他们却没有“市场价值”，也就是说，他们不是任何意义上的资产。以前的金融市场对知识人的市场价值的评估是缺乏思考的。在以往的金融市场中，资本本身就是核心，一切的市场运作均在体现资本的意志。资本想用货币数字表现出这种优势，但是没有做好。自由市场是以资本为核心的自我运作的系统，人是从属于资本的。当资本市场的重心转到对杰出人才的支持的时候，这种观念冲击是前所未有的。

从“人是资源”到“人是核心”，这种金融变革的路径能够颠覆一些投资家的思维。将人才作为投资的目标，并且能够折算成资本要素，看成是一种金融资产，这本身对资本市场而言，就是增加了一级台阶，作为资本折算体系的一种方向性转变。

从金融市场的整体架构来看，众筹模式不可能撼动整个金融市场，全球股票市场和银行，以及专业的投资机构，还具有非常强大的生命力。互联网金融实际上是一种大众金融，将整个金融业的范畴扩大到了整个经济基本面，这扩张了金融市场。但是，在组织结构和专业运作系统中，互联网金融的扁平性更加适合“小而美”的创造，而不适合巨型的技术工程。互联网金融是一个金融领域的增量市场，而不是对原有市场的替代。认识到这一点，也就是未来我们需要清楚，互联网金融的体系更加贴近个体和小微企业，而不是大型的系统性联合的大组织、大机构。

互联网金融的价值不仅仅是借助大数据渠道的价值，它真正的价值在于用互联网模式充分地创新，提供新的融资渠道模式。众筹这个模式真正把社会底层的资金都撬动起来，无论是闲置也好，半闲置也好，或者储备也好，都能激发出来，这具有战略性的意义。众筹一方面有技术导向，另一方面还有目标导向。导向清楚，投资就精准，也会大大提高投资效益，减少金融资本挫折，这一点很重要。全社会用于投资的资源不少在浪费，造成这个问题可能是因为我们没有很好地发掘，而众筹更加精准、效率更高。解决了投资的效率和精准性问题，就解决了金融资源浪费的问题。互联网金融能够在细节之处支持个体创新，在这个创新过程中，它的驱动创业功能、力度可能会更大。

互联网金融可能会改变银行的一部分系统，“互联网+银行”会在服务界面上有全面的变革。传统银行走向互联网，互联网金融也在走向银行，二者的融合是未来的趋势。互联网金融的去中介化特征，事实上很难得到推广，真正的专业级金融服务还是依赖于专业的投资知识，专业人做专业事还是未来做事的主要逻辑。

互联网金融的逻辑能够让专业人做自己的专业事，而不是让非金融领域的人来主导金融领域。跨界基于两个最优市场元素的整合，而不是次之的选择。当然，大众互联网带来的金融服务体系并不雷同于以往的金融服务系统，场外金融的逻辑和场内金融的逻辑并不是一个轨道上的价值服务系统。

一般金融创新可以分为五个层次：第一层次是金融产品、金融服务的创新；第二层次是金融组织体制的创新；第三层次是金融游戏规则的创新；第四层次是金融人才的创新；第五层次是金融法制环境的创新。互联网金融对这个多层次市场的每一层次都会产生影响，有些层面是战略层面的，有些层面的金融核心逻辑是不会改变的。

与发达国家成熟市场层次多样、板块有效连通互动的情况相比，中国资本市场呈现“倒三角形”的不合理结构。银行主要服务于大型国有企业，对市场型企业的支持度不足，小微企业几乎没有与之相配套的金融系统，这是现实。其实，在很多发展中国家，小微企业金融服务体系的缺位也让整个经济体缺乏活力。大企业拥有的融资渠道很多，但是创业型企业能够得到的资本支持很少，互联网金融带来暂时的场外市场现在是一种创新，将来也会变成一种常态。

目前，场外市场还缺乏差异化的制度安排。从服务实体经济的角度看，多层次资本市场的本质是对企业风险的分层次管理。应针对企业不同的规模、成长阶段、经营模式和风险特征以及不同的投资人群打造差异化的制度安排，在准入制度、信息披露和交易结算制度等方面实现投融资双方需求的对接。

在未来几年，建设机制健全、功能高效的场外市场，应是现阶段完善中国多层次资本市场的重要工作。而在这个过程中，股权众筹将成为多层次资本市场的关键环节，发挥重要的作用。股权会成为金融市场的主要交易标的，这是一个趋势。

股权众筹对于服务实体经济与宏观杠杆水平控制至关重要，是资本市场多层次创新的需要，已经成为多层次资本市场的重要组成和金融创新的重要领域。这是因为，股权众筹模式克服中国场外市场发展的瓶颈，丰富了市场，利用互联网的开放平台，高效地连接中小投资人和创业企业。有的项目一天就可以在平台上完成融资，有的项目在平台融资后获得了更多的关注，企业估值得到了提升。可以说，发展股权众筹本身是资本市场多层次的创新，众筹平台完成了传统融资渠道所无法完成的事情，已经成为发展中国多层次资本市场的重要内容和补充。

股权众筹应该通过金融创新，丰富资本市场的层次，走向“大私募”，为未来的“小公募”预留空间，形成公募、小公募、大私募和私募四个层次；同时，应严守底线，不碰红线，适度监管，为股权众筹市场未来健康、持续发展护航。在这方面，美国和欧盟的做法是值得借鉴的。

目前，美国、欧盟两大经济体对股权众筹总体上采取积极鼓励和促进发展的态度。特别值得注意的是，美国在传统“公募”和“私募”两分层次的基础上，出现了“小公募”和“大私募”这两个层次的创新。

近年来，美国大力推动股权众筹的发展。为取消对众筹的法律限制，2012年美国国会通过了《初创期企业推动法案》（即JOBS法案），正式将众筹融资合法化。法案第二章放松了对私募发行宣传的限制，未来的私募发行者可通过报纸、网络或电视等公开渠道对发行进行宣传，只要确保购买者为合格投资者即可。法案的第三章要求美国证券交易委员会设计一种促进企业通过发售证券向公众融资的新的方法，并称之为众筹。符合JOBS法案的证券发行可以豁免《1933年证券法》下的发行注册，其主要内容包括：对筹资者和投资者的限制，筹资者每年通过网络平台发行证券不得超过100万美元；投资者年收入或资产净值不足10万美元的，每年所投金额不得超过2000美元或其年收入或资产净值的5%，取二者中较高值；投资者年收入或资产净值超过10万美元的，每年所投金额不得超过其年收入或净资产值的10%，但上限为10万美元；对众筹企业的股东没有数量限制；明确发行人的基本信息披露义务；建立小额投资者保护机制；明确众筹融资的中介角色与职能；允许投资者在特定条件下转售众筹证券。目前法案第三章的实施细则尚在讨论中，预计2016年年初会正式颁布实施。

总之，JOBS法案的第二章是对合格投资者的众筹，由于发行人既可以广而告之，又可以享受证券发行豁免注册的待遇，因此这种模式是对传统私募的一种突破，可以视为“大私募”。相对而言，法案第三章的内容更令人期待，通过设立新的融资平台及设计新的机制，开放了对大众的众筹，实现了对传统公募的突破；但又通过对融资额和投资额设定上限，避免了投资者的非理性投资冲动，可以视为“小公募”。

欧盟各国对众筹监管的进程和态度有较大差别。意大利、法国等国家迅速出台或修改法律文件，积极监管，尽量减少规则的模糊性；德国等国家没有进行主动监管，主要依靠现有规则进行调整。整体而言，各国基本都在欧盟现行金融和投资法律框架下，对众筹活动和服务所涉及的问题分模式进行监管。

对于未来的社会功能的构建，无论对营利组织还是非营利组织，金融的基础功能都会更加凸显，这大大拓展了金融的边界。任何事情的成功本质都需要金融支持，这取决于事业的吸引力和商业价值。任何事业都是金融业，在互联网金融的基础上实现社会散落资源的重组，这是互联网金融的价值所在。在社会发展中起到基础性的支持功能。企业和其他非营利组织的发展，从一开始就需要借助一种“分层升级”的系统，依靠核心知识资源，一步步将事业推到一定的高度，提升自己的国际竞争力。

社交经济体的未来

一个经济概念从产生到成为经济体中普遍的经济现象，可能需要半个世纪的时间，如20世纪90年代就兴起的虚拟经济和远程经济的概念，到现在也没有成为主流经济形态。对于众筹模式而言，要成为社会资源的新分配器的角色，在笔者看来，至少需要10年时间。

也许基于以消费者生活为完全导向的经济架构的建立，还需要几十年时间，随着技术和观念的进步，才能够逐步建立起来。市场权力正在逐步转移到消费者手中，这是经济趋势，企业未来的角色就是一个“大服务生”。而这个“大服务生”一直围绕着企业资源提供者和用户圈进行服务，用户圈成为企业需要经营的对象和价值的源泉，这就形成了社交经济体。未来社交经济体的主导经济模式就是众筹和众包，当然，现在看起来很边缘的体系，未来很可能会站在经济舞台的正中心。

关于互联网社群如何发展，这个问题是值得很多人思考的。对于社群而言，很大程度上，发展方向即是众筹模式的自然生长。互联网社群在元思考层面，实际上就是构建一个生态系统，让所有人都能够拿出自己的资源，摆放在一个平台上，让其他成员决定是否给予支持。按照流行观点的说法，互联网创造了一种社交红利。有些互联网观察家认为，在互联网时代，不理解社群，就可能失去商业。用户经营到最后，其实都是社群；而众筹未来的发展，就是打造超级社群。打造众筹超级社群，首先需要回到“人”的核心逻辑，在社交平台打造人心。

互联网社群的核心如果仅仅是聚集人心，这显然低估了互联网社交所能够带来的变革能量。虽然人在基本需求得到满足以后，会有更加强大的情感需求，而互联网社群所带来的连接能够在多大程度上起到这种作用，仍是一个疑问。

基于人心的黏合是极不稳定的。基于制度和共和概念的公司组织，并不需要人心一定是齐的。股份制公司用一种“制度民主＋领导力”的方式实现组织的治理，那么纯粹基于人心聚合和兴趣聚合的组织实际上很难表现得跟公司一样优秀，并且具有普适性。从制度化的组织退回到基于感性的号召力的组织，显然不是一种进步的表现。

在中国，现在的社群实践很热，这跟东方文化体系有很大的关系，因为东方文化本来就注重人与人关系的连接。现在，各种探索活动也在不断地进行，但是很难说能看到什么样的成果。几乎所有的社群都遇到了同样的困难，也就是聚集人比较容易，但是转化成一种能够持续盈利的机制，到现在为止，在全球的先锋企业中，只有少数几个企业能够做到这一点。现在先锋企业正在实践的东西，其实就是未来 10 年的未来。

实际上，社群概念是一个假设的概念。理论上，苹果公司的所有用户就是一个社群，但是实际上苹果公司 98% 的盈利来源于产品的硬件，我们在研究苹果社群结构的时候，很容易观察到真正的社群结构类似于一个“圈层结构”。产品用户的支持度是能够区分的，内层的核心用户能够带动整个市场的消费。

现在，中国国内对社群模式的理解，简言之，产品是入口，社群是盈利模式。也就是说，通过低价甚至免费的方式让用户获取产品，最后让用户结成社群，最后获取价值。现在基于免费硬件模式和成本供应市场的硬件模式都没有盈利，未来这些企业如何圈地，建立社群生态的努力会不会带来稳定的收益，到现在亦未可知。在未来，依靠硬件产品实现企业盈利还是主流，免费模式很可能具有很大的泡沫成分。基于硬件的服务经济能够建立一种连接关系，所以，未来的社交经济体很可能是基于硬件产品的服务型社交经济体。

短期的互联网社交社群建设很方便，中国人的手机和腾讯 QQ 这种即时通软件都是能够承载互联网社群的。互联网社交平台的出现，让彼此不相识的人可以因为对同一条信息的兴趣而对话；但是在人的社会关系中，它还只是一种弱连接，彼此停留在传递信息上，还不能因此快速判断信息的真实性。这是一种互动信息渠道，基于一种人的短期组合，不能够产生什么样的价值。

现在的网络社交平台基于一种假设，以前的合作都在熟人圈，现在拓展到陌生人交际，期待在社交平台上实现人际关系的强连接，这种强连接是伴随着小群体而诞生的。这样的小群体或者是亲朋好友，或者是同学，或者是因为某个共同爱好、共同理念而形成的。强连接的基础条件是大家要经常在一个平台上出现和沟通，对彼此的背景、习惯、人品等都渐渐熟悉，开始形成偶像现象，加快了对信息真伪的基本判断。本质上，这种社交形态就是将可以圈住的陌生人群变成熟人社区，从“陌生人社会”拉回到“熟人社会”。显然，从社会视角来看，这没有提供人际交往应有的效率。在社会诚信机制缺失的情况下，这种借助互联网的社交不会有颠覆性的力量，只是换个名头而已，社交的效率并不比一次“驴友”结伴出行能更有效地促进彼此的感情。

在现在的企业运营系统中，社群是一种基于精准用户的营销传播互动的人的圈层，这是营销层面的事情。对于企业来说，营销是企业的基础功能之一，社群营销成为社群的核心功能，至于企业家和创业者想把社群变成创新中心，那只是企业的一厢情愿。与用户进行共同创造其实只是增加用户体验的一种场景制造，企业领先的创造力很难依靠社群和社交活动来完成。

社交经济体即是建立在社群基础上的一种营利性的组织形态。在企业中，唯有营销是盈利部门，其他的所有作业都是支持部门。在中国，社交工具与移动应用的改装和放大，让“人和商品”连接的机会被充分孕育，社群之内、社群之间横向协作的成本被急剧拉低。经由微信朋友圈、微博、QQ 群、百度贴吧等全新形式，渠道正在被社交关系强制重组。以微信为例，包含了一对一的个人聊天、一对多的公众号、多对多的朋友圈、微信群等，这些其实都是企业营销的新的形态。

在过去10年中，营销人员一直在不断进行调整，以适应一个消费者深度参与的新时代：他们增加了新的职能，如社交媒体管理；改变了业务流程，以更好地整合在网络上、电视上以及印刷品形式的营销活动；他们还增加了具有互联网和移动互联网专业知识的员工，以适应日新月异的媒体环境。正是在社交的作用下出现了同类聚合的现象，这就是社交经济体。它是由一群具有大致相同的消费思想和习惯、大致相同的创业梦想和方式的人组成的，并逐步形成了一种圈子文化。可见，社交的基因跟传统的互联网结合在一起，通常可以产生新的内容。

社交经济体不是一个稳定的经济组织，也不是企业，严格来说，只能算是一个松散的社群。这种组织的稳定性非常差，很可能是快速结合，然后快速散去的形态，这跟企业的市场能力有着密切的关系。企业需要一直保持行业领袖或者思想领袖的地位，才能够维系一个社交经济体。比如，苹果公司用先进技术和大量的研发专利以及出色的工业设计所带来的整体品牌效应网罗住顾客；而另一家曾经同样杰出的企业索尼却因为失去了技术领袖地位以及出色的硬件产品，而失去了用户的支持，索尼的用户社群开始远离这家公司，企业外的义务宣传群体和社群也就自然消亡了。

众筹学者张迅诚认为，“社交经济体”的经济价值是模糊的，在中国国内，由于互联网技术的迅速发展，这些致力于众筹社交黏合的平台提出了“先市场，后产品”的运作模式，在实际应用过程中问题不少。但他认为，模糊不是一种贬义，而是一种待分化的“干细胞形态”。每一个众筹组织都是一个理论上的孵化器，基于知识领袖和商业价值创造的人能够在这样的群体中获得支持。

关于社交经济体如何转变成一个营利性的企业，人们在社群中如何进行互动，基本上有几个方面：移动的社交化、内容的社交化、娱乐的社交化、购物的社交化、全网的社交化。社交化其实是没有极性的，是一种自组织的去中心化的社交形态。所有人都能够使用资源，但是不拥有资源。一旦社群中出现了项目团队和知识领袖，那么社群立即就有了极性，能够类似磁铁吸附铁屑一样，实现社群交互方式的转变，使社群资源能够聚集，去孵化出一个真正的股份制公司的企业，并在企业的基础上，实现商业价值的创造。

虽然互联网众筹有着基础性价值，但是现在在市场中有一种肤浅化的认识倾向。比如，理论上通过众筹聚合 1 万名合伙人，将彼此做一个深度的利益捆绑，发挥 1 万个人的社交能量，并且将这种能量以几何级数扩散到其社群当中去，这是超级社群“滚动”出的巨大势能。实际上，在实践中很难实现一种持续性的推进能力。没有深度协作的组织显然完成不了复杂的任务，只能够完成短期的一些简单协同类的商业项目，甚至只能体现出移动网络微营销的简单协作水准。

实际上，未来不是一下子出现的，而是早就在人们的生活中出现了。如何解释社交经济体未来是如何运作的，实际上从虚拟组织的运行模式就可以找到蛛丝马迹。未来其实已来，只不过需要一双连接过去、现在和未来的眼睛。

在全球众筹市场而言，社交社群确实是一个热点，但是同样的类似事物早已经出现。在几十年前，就有关于“虚拟组织”的概念和形态，关于虚拟组织如何运行，提出了各种思考。任务式的协作系统需要坚强的领导力。虚拟组织的概念和现在的社交经济体概念其实非常相似，整合创造的内核是一样的。

虚拟组织的运作机制是值得社群建设者借鉴的，这是成熟的系统工程的协作体系。在形式上，它没有固定的地理空间，也没有时间限制。组织成员通过高度自律和高度的价值取向共同实现团队共同目标。大组织如何去完成系统任务和系统目标，这需要新的理解。笔者的理解是“互联网 + 系统工程”的组合，这是社交经济体的未来。

美国于 20 世纪 60—70 年代初组织实施的载人登月工程，称为阿波罗计划（Project Apollo），又称阿波罗工程，它是世界航天史上具有划时代意义的一项成就。登月工程开始于 1961 年 5 月，至 1972 年 12 月第 6 次登月成功结束，历时约 11 年，耗资 255 亿美元。在登月工程高峰时期，参加工程的有 2 万家企业、200 多所大学和 80 多个科研机构，总人数超过 30 万人。这是现代虚拟组织进行大规模协同创造的经典范例。

1991 年，美国艾柯卡（Iacocca）研究所为国会提交了一份题为《21 世纪制造企业战略》的研究报告，在报告中富有创造性地提出了虚拟企业的构想，即在企业之间以市场为导向建立动态联盟，以便能够充分利用整个社会的制造资源，在激烈的竞争中取胜。

1992 年，威廉·戴维顿（William Davidow）和米歇尔·马龙（Michael Malone）给出了虚拟企业的定义："虚拟企业是由一些独立的厂商、顾客甚至同行的竞争对手，通过信息技术联成临时的网络组织，以达到共享技术、分摊费用以及满足市场需求的目的。虚拟企业没有中央办公室，也没有正式的组织图，更不像传统组织那样具有多层次的组织结构。"

1993 年，约翰·伯恩（John Byrne）将虚拟企业描述成企业伙伴间的联盟关系，是一些相互独立的企业（如供应商、客户甚至竞争者）通过信息技术连接的暂时联盟，这些企业在诸如设计、制造、分销等领域分别为该联盟贡献自己的核心能力，以实现技能共享和成本分担。其目的在于建立起某种特定产品或服务的世界一流竞争能力，把握快速变化的市场机遇。它既没有办公中心，也没有组织结构图，可能还是无层级、无垂直一体化的组织。

《商业周刊》在 1993 年把虚拟企业定义为一种新的组织形式，它运用技术手段把人员、资产、创意动态地联系在一起。通俗地讲，虚拟组织指两个以上的独立的实体，为迅速向市场提供产品和服务，在一定时间内结成的动态联盟。它不具有法人资格，也没有固定的组织层次和内部命令系统，而是一种开放式的组织结构，因此可以在拥有充分信息的条件下，从众多的组织中通过竞争招标或自由选择等方式精选出合作伙伴，迅速形成各专业领域中的独特优势，实现对外部资源的整合利用，从而以强大的结构成本优势和机动性，完成单个企业难以承担的市场功能，如产品开发、生产和销售。虚拟组织中的成员可以遍布在世界各地，彼此也许并不存在产权上的联系，不同于一般的跨国公司，其相互之间的合作关系是动态的，完全突破了以内部组织制度为基础的传统的管理方法。

阿波罗计划中，工程师、航天专家、材料学专家和生物专家都被同样的一个任务协同起来。计划总指挥韦伯认为他们在一起，都是用成熟的技术知识进行整合创造，打通各自的知识边界。约翰·伯恩的研究成果和当下的网络社交协作有着深厚的联系，二者的运作方式均能够提供借鉴价值。虚拟组织是一个以机会为基础的各种核心能力的统一体，这些核心能力分散在许多实际组织中，它被用来使各种类型的组织部分或全部结合起来以抓住机会。当机会消失后，虚拟组织就解散。所以，虚拟组织可能存在几个月或者几十年。

工业时代的虚拟组织研究有一个特点，就是在企业联合的过程中，并没有和用户一起创造。事实上，用户一般没有深度的产品知识，无法参与到一些技术细节之中。产品的理性层面的工程技术很少有用户能够参与，但是在产品的感性层面，则能够向用户敞开，让用户参与进来。在 20 世纪 90 年代，由于互联网技术的局限，企业普遍做不成用户社群和用户社交。

社交经济体实际上是两个概念的联合："社交"多数情况下都是基于和企业用户的互动；而"经济体"则是企业能够组织到的最优资源，用于创造用户价值的虚拟组织。创造和营销能够在一个系统内完成，这就是社交经济体的新功能。

对于社交经济体和社群来说，营销基于最优的商业价值产品创造。其实创造是最难的，在企业内聚集的资源根本就无力面对全球竞争，所以才会有一种跨越企业边界的协作。虚拟企业一般由一个核心企业和几个优秀成员企业组成，在全球范围内的许多备选组织中精选出合作伙伴，可以保证合作各方实现资源共享、优势互补和有效合作。这仍然符合商业创造的逻辑：社交经济体依然是优优结合，而不是弱弱结合或者弱优结合，协作的目的就是保持领先性。社交经济体可以形成更大的资源网，如网罗行业专家、客户、民间高手等。这样一来，一个项目组实则是一个无边界组织。无边界组织通过社会化协作和契约关系，使得企业的管理组织扁平化、信息化，削减了中间层次，使决策层贴近执行层。但是，实现从“虚拟组织”向“无边界组织”转化，在实践来看，还只是一个理论和理想的状态。

社交经济体创造过程不仅仅局限在避免组织犯错误或者是避免组织脱离既定的目标和规范，而是鼓励打破常规的探索性的试验，是一种允许出现错误的复杂的组织学习过程。它在很大程度上依赖反馈机制，是一个循环的学习过程。

社交经济体的各个成员为了获取一个共同的市场机会结合在一起，他们在合作中必须彼此信任，当信任成为分享成功的必要条件时，就会在各成员中形成一种强烈的依赖关系。比如，两个领域的顶级专家之间分享知识、彼此合作之后，就会形成依赖关系。

社交经济体的未来基于网络社交，实现顶级资源的整合。众筹模式成为这种协作系统的操作系统。现在，这样的模式正在发展中，有待不断实践创新，也存在无限可能性。

众筹助力企业的产业金融

在未来，任何企业都可能是金融企业，金融的普惠化的特征将显现。企业金融是美国通用电气的一种创造性的安排，是一种“产融结合”的模式。这种模式在2008年的金融危机中受到冲击，原因就是通用电气在金融领域走出去太远，远离了自己的产品业务。金融业务包括商业贷款及租赁、能源金融服务、航空金融服务、消费者金融、房地产金融，这些普通金融业务和银行的业务体系重叠了，失去了金融服务于自身实体的核心护航价值，进入了本来由金融企业完成的范围。

在金融危机之后，通用电气领导层做出了“去金融化”的决策。原因就是通用电气在过去近20年的运营过程中过度金融化了，所以才会做调整。但是，对于现在一般正在走向“产融结合”的企业而言，却需要做出和通用电气相反的决策，因为互联网金融能够给企业带来前所未有的发展机会。

通用电气的金融部门最具独特优势的一点就是与企业基础设施业务之间强大的协同作用，这是一般的金融公司所不具备的强大竞争优势。因此，金融部门的重组也是围绕这个中心展开的，同时剥离其他高风险或非战略性的业务，使业务更加集中。

通用电气的金融部门调整之后，业务的重点就是回到自己的实体和价值链构建：一是与企业基础设施业务密切相关的设备租赁融资、基础设施项目融资等业务；二是与企业的非金融业务和采购相关的公司进行股权投资。在对金融部门进行业务收缩之后，通用电气中的金融服务利润贡献由45%降至30%左右。这有利于企业进行风险控制。

对于中国的一些企业，如果运用众筹模式实现企业的“产融结合”，将会创造更多的商业机会。企业建立服务于客户的金融系统，能够给予客户系统性的金融支持。其实路径对于企业来说是比较简单的，建立一个面向客户的众筹融资平台，实现精确的P2P用户金融服务。

企业产融结合的好处是金融服务的细腻化，能够覆盖小微金融的不足。企业金融所关注的领域与企业产业和产品所涉及的领域基本一致。与纯粹的金融机构（如银行）相比，企业金融的优势重点体现在：有足够的专业管理资源可以共享，依托于细分市场的深厚经验与知识，企业金融可以更加了解企业的运营，提供差异化的解决方案，通过为用户创造附加值获得竞争优势；企业依托于自己的用户社群，那些能够提供闲散资金的群员，能够依托P2P众筹的形式提供资金，企业可以建立在线的金融服务网络平台，用户和投资者可以通过个人联系建立在线投资集团，这不仅是社交圈，还是新的投资圈。

互联网时代的消费者习惯完全的网络透明，他们对企业金融众筹平台也有同样的要求。在线平台的透明度越高，越有助于投资者做出明智的投资决定，并让他们拥有线上投资所需的沉稳心智。其实，企业的产业金融规模是可控的，在这之后，有企业做信用担保和人格背书，可以大大降低众筹金融的风险。

互联网技术提供了一个可以实现众筹连接的平台，企业产融众筹平台将实现完全透明，向投资者提供做投资决定所需的全面信息。投资者还想了解的内容包括：哪些人和自己加入了同一个投资项目；付款条件是怎样的；未来融资循环的动态如何。投资完成后，平台还必须向投资者提供公司的进展情况，并允许投资者以透明、专业的方式管理他们对新市场的在线投资。

企业产融能够为企业的用户提供整体的解决方案，众筹融资能够形成企业的整体助力。每一个具备融资资格的企业都应该拥有一个众筹融资的平台来帮助自己的用户实现金融服务。其实，纽约证券交易所及纳斯达克等股票交易所也可以被视为大型的众筹平台，但是作为众筹业余投资者，进行个股交易很容易赔钱，而这正是他们选择稳定的企业产业融资的原因。从宏观经济来说，这是金融业直接服务于实体经济的一种解决方案。像投资者投资个股一样，众筹允许投资者依次向新创公司投资。然而，类似互惠基金的产品将极大地改变众筹的方式。类似互惠基金的产品，也就是企业产融模式，是业余投资者最好的选择。

全球一些众筹融资平台已经开始提供组合产品（互惠基金类型），可以让想采取放任管理方式的业余投资者把投资项目转交给专业人士打理。这种产品促使业余投资者和拥有良好信用记录的专业天使投资者合作，并能把这种成功的模式应用到以后的产品中。同样，企业产融模式能够吸纳资金，通过产品消费金融或者产业支持金融的方式得到稳定收益。

产业金融根据网络信用链，能够对大众创业和普通消费者提供金融支持，这不是什么新的东西，信用卡就在体现这种金融服务价值。但是产融模式中，众筹资本能够多层次参与到生产消费中，这是单纯的信用卡服务所不能够企及的。

对于众筹资本来说，大众普惠金融不同于风险投资（简称风投），而是对企业产品营销以及下游产业提供金融支持。这种支持力度可以根据双方 P2P 方式进行直接投融资，形成个性化的合作方案。风投拒绝了向其提出的 99% 的商业计划，风投在新创公司早期总投资中所占比重还不到 1/4。企业产融能够向用户提供适当的普惠性支持，产品利润和金融服务收益相互支撑，可以支持企业的事业状态更加健康。

例如，企业产融需要有专业的行业知识。以面向医疗器械的平台为例，它需要与该领域内领先的投资者建立紧密联系。在产融方面，能够帮助医院或者诊所提供医疗设备融资，企业众筹资本参与人会选择这样的项目，可以是股权投资，也可以是短期的融资服务，企业产融会提供一个完整的解决方案。

在企业产融方面，通用电气的案例是值得很多中型大型企业借鉴的。通用电气的产融结合模式也可以称为“交叉销售”模式。这家企业产业部门的产品类别繁多，客户遍及千家万户，企业在销售产品的同时，往往会发掘出客户包括金融服务在内的其他需求，从而成就了通用电气金融板块业务的延伸和拓展。而企业产业金融提供的消费信贷、设备租赁、资产管理等一系列金融服务，正是这种产融结合、协同发展、资源共享的模式，造就了产业金融的成功。

金融就是在收益和风险之间的一种跷跷板游戏，还是需要一定的风险控制能力。企业产融能够将众筹资本和企业资本通过金融手段分配给优质客户，而不是所有的客户，这就能够很好地控制风险。众筹资本不仅能够帮助企业的用户，而且能够建立企业社群，成为产业链上的金融服务组织。

通用电气的金融风险管理体现在以下几个方面：一是总量控制。企业强调自己“首先是一家工业企业”，金融业务的收入规模不超过集团总收入的 1/3，从而降低集团整体风险，保持企业具有偿债或者担保能力，能够保持金融系统的稳定性。二是通过多元化的资产组合分散风险，既包括行业的多元化，也包括地域的多元化（全球化）。杰克·韦尔奇（Jack Welch）的无边界管理模式能够与企业的多元模式相适应。三是严格按照企业持有资产的标准进行风险审批，建立以客观数据为导向的分析方法，衡量资本与杠杆比例。专业化的知识有利于企业客观评估和降低风险，建立在大数据基础上的理性分析方式非常重要。四是建立严格的业务流程，控制审批权限，通过各层级的联合授权确保每项投资审查的独立与公平。五是高度重视人力资源。企业在全球聘请了约1.6万名优秀的专业风险管理人士，所有高级风险管理人员都拥有超过25年的从业经验。六是建立植根于企业文化的风险管理观念。只有对风险长期不懈地进行对冲与管理，风险管理战略才能切实发挥作用。

现在，企业产融结合的模式只能在一些小的范围内展开，原因是企业能力和风控能力普遍受到管理层的质疑。所以，在法律和政策层面，短时间内这种模式不会成为普遍的模式。实施产融结合的企业往往上下游产业链延伸较广，建议研究和建立产业和金融板块之间的交流和协同运作机制，以为客户提供“一揽子解决方案”为目标，在产品开发、方案设计方面加强合作和共同开发，推动金融产业向真正的“产业金融专家”转变。虽然目前企业没有做好这方面的准备，但是基于实业和产业垂直金融服务会成为众筹金融重要的发展模式。产融结合的关键在于知识的协同、资源的协同、人才的协同。基础金融服务和传统金融不具备产业金融所拥有的专业金融服务体系，不能够深入到产业细节。

随着众筹模式和企业产融的结合，金融市场正向高效而活跃的新时代过渡，金融模式的创新成为发展的必然趋势。随着金融与互联网交叉渗透的深入，互联网的经济模式已经孕育出很多具有强大竞争力的创新金融模式，众筹企业产融就是新兴的融资方式之一。对于中国企业来说，让先进企业获得金融功能是一种时代性的进步，能够大大地丰富资本市场。“金融服务于实体经济”这个看似简单实际上难以解决的问题，需要借助产融模式来实现突破，这既是一种时代要求，也需要政策管理层的推动。

永久繁荣的发动机

对经济危机的无奈是全球之痛，每一个经济发展繁荣周期结束的时候，经济危机就会到来。繁荣是间歇的，而人们期待永久性的繁荣，其实在经济发展还处于一个低水准状态的时候，持久的繁荣就是一个梦想。

企业的诞生和死亡是再正常不过的事情，但是在一个完整的生态系统中，森林是长生的，不能保证一棵树是长生的，森林如果发生整体的生态问题，大体上都是因为这个森林的生态系统还存在一定的局限性。当单一物种在系统中占据了统治地位的时候，往往会因为一种病害而导致系统出现崩溃。

经济危机的本质在于经济体的经济结构中心化，依赖于一个或者数个主导型产业。其实，从生态经济的视角看，任何提出主导产业的想法其实是一种实用主义思维，建立的是暂时的实用的而不是生态可持续的架构。

在工业时代，企业边界是分明的，人们不能够分享信息，知识的融合受到限制，资本的盲目性往往在短时间内向局部投注大量的资本，造成局部过度繁荣，制造了经济体的中心化，整个经济体严重依赖于主导产业的繁荣。盛极而衰的经济系统都是围绕一个中心运转的体系。

经济学界有一个论调：只有技术革命才能够摆脱经济危机，制造另外一波经济繁荣。在工业经济中，确实有一个工业革命的问题（内核是技术革命），新的需求代替旧的需求，才能够推动经济结构的变革。对于小经济体而言，更是如此，经济结构的调整是剧烈的，因为经济体越小，生态多样性往往就越弱。对于具体企业而言，只有掌握了某一类知识，才能够获得生态型自然生长的生命力。一个企业能够如此，一群企业就能够不断地突破产业技术的断层危机，从而获得持久繁荣。

众筹模式能够整合和跨界整合的资源，不仅仅是金融领域，目前，众筹模式是整合一切资源的。如果众筹能够发挥作用，那么智力资源的整合应该是人类经济体发展的核心，这也是经济持续繁荣的发动机。众筹资本涌向智力资源，支持智力资源的高效运作，将成为众筹模式的最大趋势。众筹提供的是人类的智力解放运动。

智力聚集能够产生的技术革命，确实是未来经济持续繁荣的主要动力源，尤其是在一个知识大爆炸的年代。科幻小说家兼数学家弗诺·文奇（Vernor Vinge）说：“我们正站在变革的边缘，而这次变革和人类的出现一般意义重大。”

未来学家雷·库兹韦尔（Ray Kurzweil）把这种人类的加速发展称作加速回报定律（Law of Accelerating Returns）（见图 4－1）。之所以会发生这种规律，是因为一个更加发达的社会，能够继续发展的能力也更强，发展的速度也更快，这本就是更加发达的一个标准。19 世纪的人们比 15 世纪的人们懂得多得多，所以 19 世纪的人发展起来的速度自然比 15 世纪的人更快。

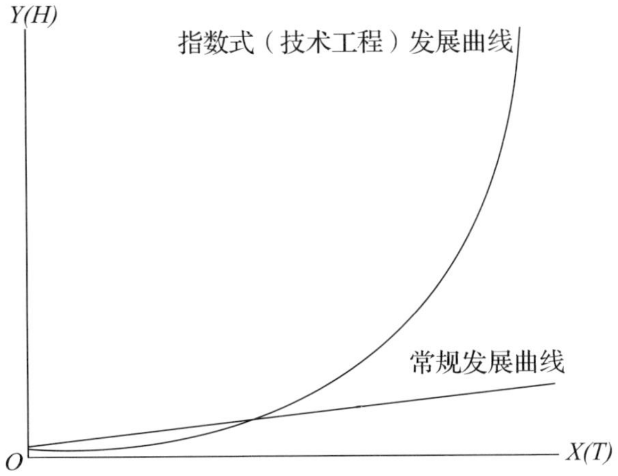

图 4－1 雷·库兹韦尔指数式发展曲线示意图

经过他的数据模型测算，库兹韦尔认为整个 20 世纪 100 年的进步，按照 2000 年的速度，只要 20 年就能达成——2000 年的发展速度是 20 世纪平均发展速度的 5 倍。他认为 2000 年开始，只要花 14 年就能达成整个 20 世纪 100 年的进步，而之后 2014 年开始只要花 7 年（2021 年），就能达到又一个 20 世纪100年的进步。几十年之后，我们每年都能达成好几次相当于整个20世纪的发展，再往后，说不定每个月都能达成一次。按照加速回报定律，库兹韦尔认为人类在21世纪的进步将是20世纪的1000倍。到2050年，那时的世界会变得面目全非。

中国企业华大基因董事长汪健说："一切商业模式在技术面前都是纸老虎。"这样的话语在线性发展的经济中不一定是正确的，因为营销和市场竞争和技术同等重要，但是在经济发展到了一个高级阶段的时候，质变才是出路。

人类智力资源的重组，使得技术革命从几十年发生一次变成几年发生一次甚至几个月发生一次。从单点的线性技术突破到全面的技术突破，技术革命在全球不同地点同时发生，这改变了经济发展的模型，产业繁荣持续性开始变得可能，原来周期性的经济发展模式被连续的技术革命颠覆了。

众筹模式仅仅在智力资源领域就能够发生革命性的变化，在构建传统经济方面其实也并不逊色。"服务资源的整合"能够创造出全新的共享经济模式，而共享经济模式是眼下最热门的话题之一。该词语正式被录入牛津英文字典，其定义为："在一个经济体系中，通过免费或收费的方式，将资产或服务在个人之间进行共享。信息一般以互联网的方式进行传播：多亏了共享经济，你可以在自己的需求得到满足的情况下，将闲置的资产，如汽车、公寓、自行车甚至Wi－Fi网络出租给他人。"

以Airbnb[㊀]为例，它平均每晚的客流高达42.5万人。Airbnb将多余房间、公寓和旅行者的需求进行匹配，这就是一个众筹体系。人们在参与到Airbnb平台的时候，拿出来的不是资金，而是自己家中的一个空着的房间。本来这是私人场所，但是在这样的体系中，就变成了一个可以结算和进入市场的私人旅馆，而且，可能这种旅馆还包含更多的社交关系。这才是众筹模式能够

㊀ Airbnb即"Air Bed and Breakfast"的缩写，中文名为"空中食宿"，是一家联系旅游人士和家有空房出租的房主的服务型网站。

颠覆一些经济领域的魅力所在。众筹的精确供给，从深刻的意义上说，它溢出了商业与经济的范畴，带来的是一整套价值观的变迁。

共享经济模式的平台能够提供实时、精确的算法，将供给和需求进行有效匹配。整个共享经济的大前提，是建立在碎片化时间以及闲置资产之上的。共享经济模式是否能够真正释放碎片化时间的价值，是否真正能够释放闲置资产的价值，是关键中的关键。其最终考量的依据是能否重新构建商业价值。

对存量资产的盘活并且分享，这种经济模式能够带动几乎所有的“传统资源”进入到新的交易场当中。正如森林中死去的树木会变成苔藓和蘑菇的生长地一样，经济系统的生态性一步步地被构建出来。

实时、精确的供给打破了原来的经济发展方式。原来，从工厂里大量制造，然后进入渠道变成库存，再到变现的时间很长，之间存在着黑箱；而在互联网众筹体系达成联合供给的情况下，供需是能够实时平衡的体系，大数据能够提供一个致力于供需平衡的系统。

优步（Uber）、滴滴出行等软件可根据地理位置，将消费者的出行需求和现有的车辆做匹配。优步的 PriceSurging 在供不应求的状况下会自动调整价格，而滴滴出行则通过自动加价、平台奖励等算法来确定服务的优先级。二者都是通过强大的后台数据分析以及价格杠杆，来调节某一时段、某一地区的供需平衡。失衡的供求是经济危机的根源，在实时经济中，长时间的供求失衡体系将被实时供求的大数据系统和人工智能系统替换掉，一个大的供求危机变成千千万万个局部失衡的异步式发生方式，繁荣的同时，局域内的危机也就被快速化解。

当然，只有开放的经济体才能够享受下一波的经济繁荣，旧经济的把控者并不甘愿于接纳新的事物。也许英国监管部门在共享经济上表现出的开放态度值得大家借鉴。英国商务、企业及能源部长马斯·汉考克（Matthew Hancock）说：“我们将积极拥抱新的、颠覆性的商业模式。希望更多的企业、挑战者能够加入到这个阵营，为广大消费者提供更新、更好的产品和服务经验。当其他国家和城市的消费者在被剥夺选择的权力，抑或无法自由选择如何利用他们的闲散资源创造价值时，我们将一如既往地拥抱新型的商业模式。”

以互联网大数据技术和众筹模式所募集起来的闲散资源，将成为未来市场繁荣的主要资源之一。因为这代表了“下一代人的生活方式”，这种观念在18~24岁的“90后”中格外盛行。他们相信，拥有一辆汽车已经不再是身份的象征，取而代之的是拥有出行的自由。对于喜欢看世界但又无力承担高昂酒店费用的年轻一族，在体验过居住在别人家里的感受后，发掘出了别样的旅游体验。这是一种生活方式的改变，会给普通人带来实现梦想的机会。

共享已经拥有的资源，共享已经创造的知识，能够创造一个更加不同的未来。

第五章
平民的胜利

科层制金融的大数据困局

技术的演变不仅在于发展技术本身，技术对于企业组织形态也将产生越来越深远的影响。一个经济形态对另一个经济形态的迭代演变，不是因为原来那个系统不行了，而是不占有或者不独占绝对主流地位了。经济发展的模型一直在变化，众筹模式和互联网的结合正在改变经济发展模型架构。

传统金融体系需要权力、信用和担保体系，这使得一般的平民被排除在金融服务系统之外，只有优势阶层才能够拥有获得金融服务的资格。“霸权金融”惯常地将普通的民间企业排除在外，普通民众都没有参与感，少数人的金融游戏最终导致全球性的经济结构失衡，导致金融危机和经济危机。

中心化的金融服务系统服务于中心化的大企业，两种拥有特权的经济组织相互进行资源的交换。这在类似金字塔体制的经济中是最普遍的现象。由于少数人掌握着权力，影响了社会各个阶层对金融功能的共享，因而造成金融功能的丧失；更为严重的是，由于霸权操纵，在一定程度上造成了阶层固化，而这种固化恰恰就是经济中最大的问题之一——两极分化现象的出现。

金融是经济体的血液循环系统，血液被全部用来供应社会少数经过挑选的器官，最终造成社会局部苍白、失血、坏死。

以不同核心元素组成的经济组织资源调取模型如图 5－1 所示。

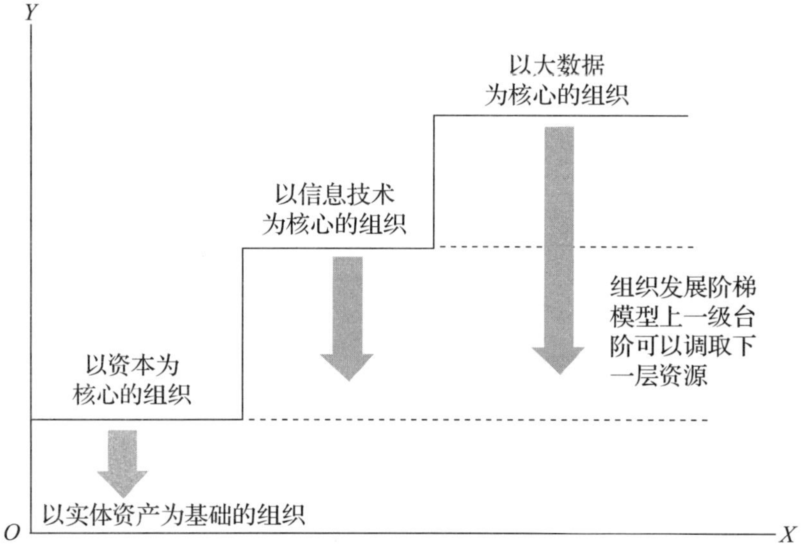

图 5－1　以不同核心元素组成的经济组织资源调取模型示意图

“金融资本”一般情况下都属于大的金融机构，或者由大的金融机构来主导。美国人普遍喜欢将自己的余钱投资给金融机构。但是这种代理机构太强大了，他们利用信息不对称，架空了大众投资人，让社会投资者付出了巨大的代价。从 2006 年春季开始逐步显现的美国“次贷危机”，2007 年 8 月开始席卷美国、欧盟和日本等世界主要金融市场。“次贷危机”本质上就是一场史无前例的信用危机，少数金融理财集团向老百姓推送有毒的不良资产，成为害群之马。由于“金融创新”名义下杠杆效应的过度放大，加上美国政府对金融创新监管的缺失，引发了全球的金融海啸，不仅动摇了美国的金融霸权地位，动摇了全球对美元金融体系的信心，也动摇了世人对华尔街精英的信任。

美国是一个信用记录非常完善的国家，但是资本市场按照众筹共享经济的方式来理解，还是比较局限的。金融业就是将商业资源资本化，然后投入到资本市场中，众筹所能够激活的是“直接资本”，一切没有入场交易的资源均能够成为“资本”的形态。所以，众筹构建的金融市场，不是对原来霸权金融的颠覆，而是在霸权金融的侧面，另起炉灶构建了一个新的金融系统。

工业经济时代的组织结构设计，其基本理念源于20世纪初面向规模制造的流水线生产。流水线生产的基本特征是工序之间紧密衔接，每个工序环节的输入是上游工序环节的输出，从研发到采购、制造、分销，各个环节之间必须紧密耦合、彼此相关。这决定了组织结构设计的基本思想是通盘密切配合，求得整体效能最佳。从直线职能制到事业部制，再到流程制，工业经济时代的组织结构特点是高度紧耦合，也就是模块之间非独立。

这种中心化的组织设计是典型的科层制的管理模式，也是很多银行系统的组织设计，金字塔式的组织设计本身很容易造成中心化的管制型形态，形成专断的领导者和领导层。领导层和大企业金融用户之间是天然的盟友关系。这就是传统金融的精英圈，它是组织形态所带来的必然的结果。阶层对等性是科层制内模式互动的主要方式，向上是服从，向下是权力和命令。这种内部架构形成了庞大的官僚系统。

以资本运作为核心的资源整合模型如图5－2所示。

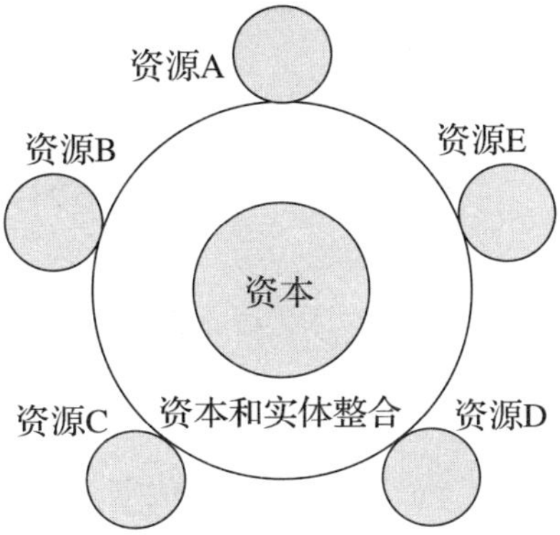

图5－2　以资本运作为核心的资源整合模型

长期稳定的工业形态需要建立一种标准化的大企业组织，也需要标准的为之服务的金融机构，但是这种经济环境现在已经斗转星移。网络时代的企业组织经营，其产品或服务的生命周期大大缩短，企业经营不再是长跑，而是一段段的短跑，每个组织模块的生命周期也将大大缩短。如同计算机U盘一样，组织模块的动态插拔将成为常态。显然，原来的金融机构对于这样的用户服务系统有着天然的不适应性。

以信息技术为核心的组织运营模型如图5－3所示。

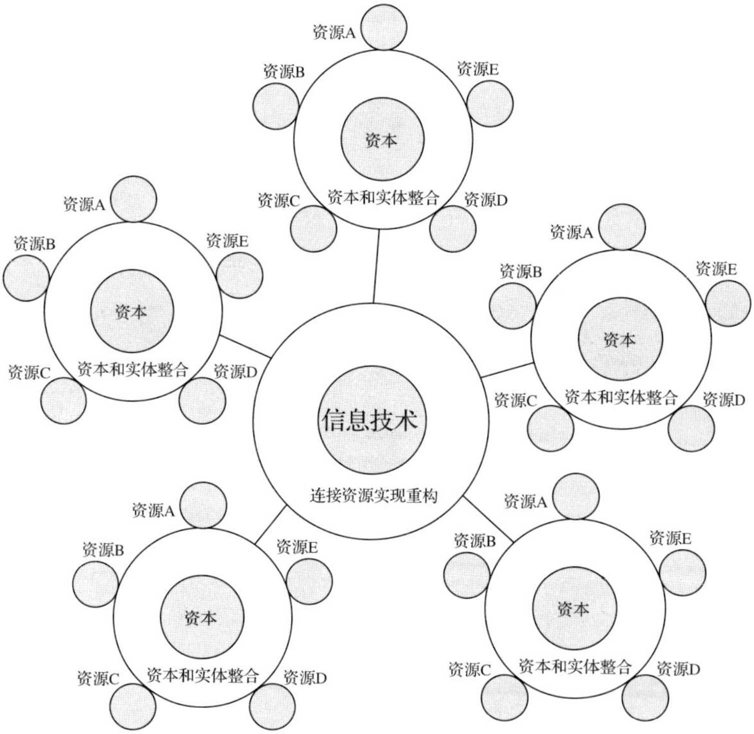

图5－3　以信息技术为核心的组织运营模型

互联网众筹实际上是基于一种新的扁平化形态，基于数据资源的链接，而形成的“热拔插”的组织新形态。众筹金融服务是及时的。正如阿里巴巴金融向用户提供的金融服务一样，这些贷款可能使用期限就是十几天，或者几天。这对于金字塔式的传统银行来说，要经过漫长的人工流程，而不是自动化的大数据系统，无法做到如此细碎和精确的服务。传统的金融服务机构需要一种业务方面的位移，逐步向互联网金融领域靠拢。

“金融服务的混业”和进入“垂直服务的金融服务业”是金融业的发展趋势。金融不会是一个整体，而是分化成一个个独立的单元。未来，越来越多的金融组织将变为“基于大数据总线的插拔式组织”，立足于大数据和用户之间，建立实时的金融服务关系。

尽管传统金融机构现在拥有绝对的货币资本和金融资源，以及相对庞大的交易体系，但是面对互联网巨型生态性的企业平台，这些企业平台直接越过了无数的层级，直接吸纳资本，并且直接提供用户服务。这种众筹众包的形式，在资金使用效能上，类似于用以一万根毛细血管代替了以往的一根血管，或者是在传统金融供血不足、失血的地方提供细腻的服务。这样的平台提供的金融资本依赖于更深层次的资源，即大数据资产。新经济时代的组织需要有公共大数据资源池，最底层的大数据分析系统是能够进行金融服务精确分配的。金融的功能总体来说是资金融通，具体来说包括以下内容：便利投资和筹资；合理引导资金流向和流量，促进资本集中并向高效益单位转移；方便资金的灵活转换；实现风险分散，降低交易成本；有利于增强宏观调控的灵活性；有利于加强部门之间、地区之间和国家之间的经济联系。这些金融功能的发挥不仅需要强有力的组织体系保障，更重要的是这些功能其实涉及了社会的各个阶层。而大数据系统的功能就是能够完成一种金融的众筹零散资本和众包式的分配资源。整个众筹金融组织中的人共享大数据平台资源，每个模块都是一个独立的市场化单元，比如需要大资本的项目，平台就能够自动聚合成大的资本服务模块，进行对接服务。互联网众筹金融也能够完成以前大金融机构能够完成的任务。

众筹金融兴起的一个重要的原因，是互联网这一“民主化”技术。它让普通人第一次能够跨越阶层、共享资源，实现经济民主化，从而令霸权金融不得不适应环境、变革自身，以期能够在新的经济环境中生存下来。

对于金融机构的联网，连接并不是目的，而会成为一种基础。银行和金融机构早在互联网普及之前就有自己的联网系统，但是这种联网系统只用于内部的组织结构协调和结算。新的金融组织着眼点将主要在于客户，而不是内部资源。每个组织流程是否应该存在的评判标志，并不在于其是否承担了内部流程的某个工序环节，而是取决于其是否为客户创造了价值，没有为客户创造价值的组织模块就没有存在的理由。这些组织模块全部集中在用户服务的界面之上，而机构依赖于高效服务的整体资产，是大数据基础上的云计算系统。

当亿万个个人投资者将自己的资金放在开放的互联网金融平台上，大数据系统就会将这些资本分配给千万个需要资金的用户。其实，原来银行存贷款那样的系统被人工智能程序取代了，它们原来的流程曾经很有价值，但是在新的众筹众包平台形成之后，这些流程都被软件化了，成为服务器中运行的数据和程序，由机器自动完成资金的采集和分配。

以前，在金融机构中，资金的采集系统是一个线下和线上专用的金融网络，而面向用户的时候，则是一个科层制的组织领导人决定是否进行金融支持和服务；现在，金融服务依赖于这个企业和个人过去的金融战绩以及他们全面的数据分析，以及一旦违约以后整个互联网信用系统的数据记录。这种转换是需要银行和投资机构的需要有所转变的。

以大数据实时计算并匹配资源的组织运营模型如图 5 -4 所示。

但是，实际上，大金融机构的转型愿望并不能够使得它们变革成功。同样基于大数据分析，一个企业很难突破自己的时代性，它们的敌人是这个时代，而不是新的金融众筹服务体系的兴起。正如比尔·盖茨和他创立的微软公司是桌面互联网软件的霸主，在这样的领域里建立起自己的霸权；但是在移动互联网领域，即使他们曾经拥有最多的资源，也并不能够让他们成为移动互联网领域的霸主。原来的科层制金融体制下的大金融机构，现在拥有最多的权力和金融资源，但是它们也不是未来天然的金融霸主，未来可能也不再需要霸主了。

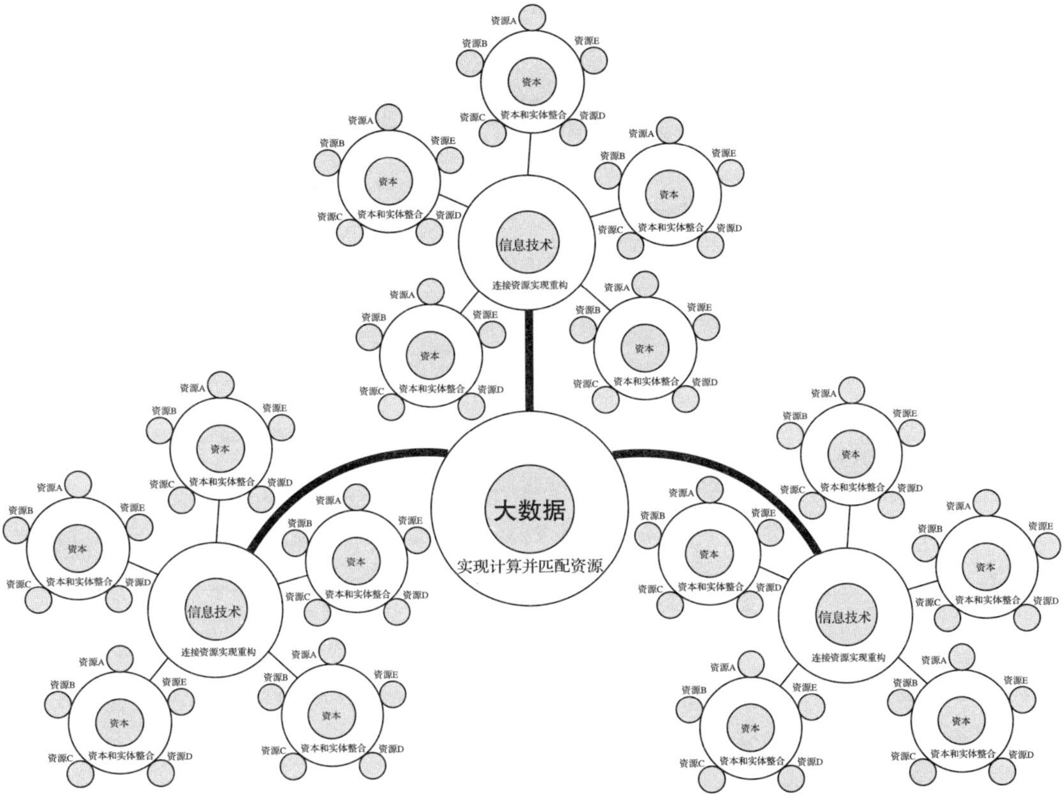

图 5-4 以大数据实时计算并匹配资源的组织运营模型

众筹满足个性创造

按照普拉哈拉德（Prahalad）“消费者社区正在日益成为共同创造价值的核心要素”的观点来考量，消费型众筹组织就是一个典型的消费者社区，并且众筹参与者能够共同创造价值。经济繁荣不一定在于体系的永恒增长，而在于精确地对接每一位用户的需求，提供他们想要的产品。而要获得满意度，不仅依赖于企业的创造力，用户的创造力也需要导入商业价值体系中。

用户对产品个性化的感知和关注会催生一种多角的参与关系。一个具有品质要求的用户，可能会参与到很多消费品的设计和制造过程中去，提供自己的智慧，收获自己想要的产品；如果深度参与到一个项目产品的创造过程中，就会参与产品型众筹，或者提供自己的知识体系；而一群知识人在没有现成产品情况下的知识组合行为，也就自然形成了创造体系。这样的行为实际上就会催生一个创新性的“实验市场”。

众筹时代的消费者和知识工作者，可能因为自己需求的差异性而参与到不同的组织形态中。一个人的角色不是在一个组织中，而是分散到很多个组织中，在不同的组织中发挥不同的功能。这是个性需求充分得到张扬后的市场价值的创造过程。

在未来可预见的时间点内，人们在商业中谈论的中心还是产品。产品从哪里来，产品到哪里去，这些都是商业的核心逻辑，过去、现在和未来都不会有根本性改变。但是，产品的未来到底以什么样的方式供应市场，这将是一个有意义也有意思的问题。众筹在未来的产品创造体系中能够发挥什么样的作用？以前是资本市场给些钱，现在是众筹参与者不仅能够提供资本，而且能够提供智力支持，最重要的是，产品的去处也已经安排好了，也就是众筹所提供的一个由众筹人组成的袖珍市场。

对于新的知识创造而言，“实验市场”是笔者生造的一个名词，用来描述用户在众筹模式下的一种特殊的市场形态，这在工业时代几乎是不存在的。工业时代提供标准化的产品和服务，执行的是六西格玛系统这种严格的质量管理体系，未来的规模性工业还在继续走着标准化的路子。消费者对质量标准是严格要求的，这是工业时代用户已经习惯的一种状态。然而实验市场不一定能够向市场提供成熟的产品形态，而更多的是一种实验产品。对于参与新科技的众筹人而言，不管产品好与坏，他们都希望能够得到一个结果。一个个同愿者和具有知识背景的人聚集，能够将这样的实验市场持续下去，获得好结果的产品能够进入工业系统进行规模化运作，而没有理想结果的产品则成为这些个性参与者的纪念品。

在众筹平台上，众筹的产品形态，在未来，将更多地倾向于科技领域。一般满足生活领域的设计师品牌产品也会成为一种潮流，但是是基于一种感性的基调和对产品质感的追求，大部分的众筹参与者在产品领域会止步于此。但是，对于一部分人而言，他们的好奇心需要得到满足，这是知识时代的一个重要的特征。在知识大爆炸的背景下，好奇心是人类最基本的内在需求，而且是深层次的心理活动，这些需要得到满足的话，面向未来科技创造形态的众筹就出场了。

在这之前，消费者就是购买者。而在众筹体系中，这种角色是模糊的，如果市场不能提供理想的产品，他们就会寻找团队来创造自己的理想产品。完成这样的创造体系的东西，是一种面向社会的“开放式实验室”。多数情况下，这样的产品是基于市场不能满足的、多领域的科技融合型的产品创造。在互联网之前，这些多领域知识的众筹人其实很难被汇聚在一起。社交工具所能够提供的临时汇聚的社群形态，在中国使用 QQ 或者微信就可以。

基于多领域科技融合的创造人才的聚合，其背后的逻辑与普通的消费是不同的。很多人参与到一项众筹事业中，实际上是为了得到一份知识，参与一项产品的创造能够实现经验的积累。在这样的组织中，创造是一种娱乐，而不是单纯的盈利的创造体系，人们能够在征服未知的过程找到乐趣。所以，科技创造可能更加疯狂。对于全社会来说，这是一种福音。这些科技产品中很多能够在初期被创造以后，进入大众市场，为市场的继续繁荣提供动力。

其实，科技众筹这个体系不是什么新事物，在互联网科技众筹发展之前，大学和大企业的开放实验室已经开始进行这方面的尝试了。在一些先进的国家，人们早就开始研究知识的创新融合方面的问题，并且为此创立了一门叫“软科学”的学科。比如在 20 世纪 50 年代，复杂武器系统的设计早就超越了一两个知识领域，美国设计北极星导弹和核潜艇的时候，就大量使用了软科学的管理系统。而在互联网时代，面向互联网的个性产品创造需要借鉴在软科学方面积累的管理经验，在互联网众筹领域能够获得更多的创造成就。

本书之所以在个性消费中更加倾向于技术层面和知识体系的众筹，恰恰是因为科技类的融合是未来社会发展的核心动力源，互联网最终会在知识融合体系中发挥核心连接器的功能。未来学家已经在构想一种强人工智能，能够充分综合各门类的知识，然后向知识需求者提供自己的创新方案和技术工程的实现路径。

在全球科技创新领域，人们很自然会提及美国硅谷的创新生态体系。在之前，大家都认为硅谷的创新系统是不可复制的，但是在互联网兴起以后，这样的情况就变化了。在全球各地，特别是中国这样人才济济的国家，如何在网络上形成一个个硅谷创新系统，这是未来互联网众筹领袖应该思考的问题。

其实，中国和全球一些知识大国面临着同样的问题，就是如何将散落在全国乃至全世界的优秀人才组织起来的问题。知识型的网络社区也许能够实现知识人的聚集，但是要将人们的知识体系用一个目标连接起来，还需要一个组织体系，这个组织体系现在看来最好的方式就是众筹。

伟大的创造总是从个体开始的，硅谷的发展过程是值得中国众筹组织借鉴的，众筹模式一定是一种整合体系。当年，斯坦福大学教授特曼（Terman）的一个构想就带动了今天硅谷知识价值的繁荣，说明杰出人才在知识体系中的核心作用。

我们在探讨众筹模式如何影响人才创造的问题时，分析一下硅谷的发展历程，可能对于未来的众筹模式发展是有价值的。众筹模式能够改变一种人才的人际和事业的连接方式，使得这些具有“核心知识处理器”功能的人才能够发挥自己的作用，参与到一个可以折算成经济价值的新体系中去。更直白地说，这些人才在参与知识创造的时候，需要一个新的机构来对他们的知识价值进行交易。这超越了以往的一般公司组织的财务系统能够折算的体系。

在中国，人们将大学看成是一个官方承认的文凭获取场所，这很流俗，但确实是一种实用主义的看法。在笔者看来，大学是一个基于知识的社交体系，属于非营利事业组织体系，“大学精神”所具有的开放性和包容性的价值，跟众筹组织所要追求的价值在本质上是一致的。大学精神接受多元化的知识和文化在一起的融合，允许离经叛道者在这里展示自己的独特性。在象牙塔中的思想和科技知识产业紧密结合，则是斯坦福大学的创造。你可以将整个硅谷看成是以斯坦福为核心的没有围墙的大学。而众筹组织也许在未来的进化中，也会是一个没有围墙甚至网络平台的大学。

创新者在硅谷，或多或少能够感受到斯坦福大学的“大学精神”。置身于硅谷的人都能深深感受到这一点，感受到一种特殊的人才气息，感受到有一种成就人才、成就事业的“机制和制度力量”。

被誉为“硅谷之父”的斯坦福大学教授弗雷德里克·特曼（Frederick Terman）于1951年提出了创建斯坦福研究园区的构想，这是全球最早的位于大学附近的高科技工业园区——斯坦福工业园（即后来的“硅谷”）。硅谷的公司最初租用的就是斯坦福大学的土地，并依托着大学的最新科技成果。

斯坦福大学其实是一个知识平台，年轻人在这个知识平台上进行社交和学习，获得了专业知识，然后寻找合伙人，创立公司。这个模式和当下众筹组织所宣扬的未来组织体系非常相似。硅谷通过市场的力量形成了大学与产业的关联机制，即“学术—工业综合体”的发展模式。20世纪50年代中期半导体业的创建，标志着硅谷开始书写其迅速发展的历史。斯坦福大学的学生毕业后纷纷在硅谷创立小型公司，80年代中期至整个90年代，由斯坦福大学教师和学生创办的公司或者有大学背景的公司，在硅谷所占比重高达70%以上。此时，斯坦福就变成了一个科技企业的孵化器体系。产学研一体化对人才创新制度进行实用创新，孕育了硅谷的科技产业化之路。

特曼教授主张，大学不应成为仅仅传授书本知识、关门搞科研的象牙塔，而应把实验室产生的科研成果及时而有效地运用于工业生产实践，为社会创造财富。他鼓励大学研究工作与以科研为基础的工业相结合；他贷款给年轻而有事业心的工程师，并支持他们利用学校的设备创业；他与政府签订技术研究合同，允许职业工程人员来校听课。为适应科学家、专家之间的专业跨行，以及“合作”与“转行”，促进大学与产业之间的关联，斯坦福大学向附近一些公司开放实验室，共同研制新产品。特曼教授的治校思想在全球科技园区中都得到了重视，此后，全球科技园区的兴起基本都是在复制特曼的思想。

特曼将斯坦福变成科技产业孵化器的案例就是协助创立了惠普。20 世纪 30 年代，特曼班上出现了两名不同寻常的学生：戴维·帕卡德（Davie Packard）和威廉·休利特（William Hewlett）。特曼借给他们 538 美元，并帮助他们从帕洛阿托银行得到 1000 美元的贷款，成立了惠普公司。后来，特曼作为惠普公司董事会成员达 40 年之久，成为硅谷历史上最感人的插曲之一。1977 年，戴维·帕卡德和威廉·休利特向斯坦福大学捐赠 920 万美元，建造了最现代化的弗雷德里克·特曼工程学中心，作为 40 年前 538 美元的回赠，表达对这位知识领袖的敬意。

斯坦福大学的管理模式，实际上也是值得众筹组织模仿和学习的。特曼的想法是建立以顶尖人才为核心，而不是以管理机构为核心的学校管理体系。开放式办学成为斯坦福大学知识创造和创新能力的主要来源，其 50% 的教授为来自社会的一流知识专家和咨询教授角色。与此相联系，斯坦福大学建立起了不同于其他大学的更加开放和自由的学籍管理办法。这样，工商业与学校的科学研究就越来越融合为一体，创造出一个“公园式”的“斯坦福工业园”，毕业生可以在这里直接创新创业，建立自己的公司，成全自己的事业和梦想。

据统计，硅谷高技术产业销售收入有 50% 以上来自斯坦福衍生企业。事实上，硅谷的起步就是从教学、科研、生产的一体化开始的。支持和包容人才的流动和组合，是硅谷人力资本的一个重要特点。

人才的高流动性有益于企业裂变和技术外溢。在硅谷，人才在不断地新组合中找到自己的位置，发挥自己最大的创造才能和知识效能，这是人才配置的原则。未来的众筹组织需要在知识资源的配置效能上高于以往的传统的大学形态，这样才能够获得生长的空间，否则，“众筹改变世界”只是一句口号而已。

在中国，人们在创立科技园区的时候，往往忘记了“硅谷之父”特曼所倡导的“大学精神”，所以众多的科技园区实际上只是复制了硅谷的硬件，但是忘记了硅谷的“知识社交平台”优势和斯坦福所提供的科技极客和创客精神。实际上，复制硅谷是可能的，但是一定需要创立一个有灵魂的园区，而不是表面的热闹和浮华。硅谷的神奇不仅仅在于软硬件，更多的是一种能够让创造者感到价值观相投的气场。这种科技气质和对知识边界的探索精神能够不断吸引全球科技才俊加入其中，从而推动了硅谷可持续的繁荣。

知识工作者的时空红利

互联网时代对于那些没有专业背景的蓝领来说，可能并不是一个好的时代。简单重复的体力工作正在被机器人和智能机器人取代，这是一个时代的趋势。从人的协作方式来讲，具有知识资源的人才能够获得在未来组织中进行交易的资格。信息时代是连接一切，然后重构资源的状态。对于这个时代的个体来说，首先要将自己变成资源，“人人都是专家”才是这个时代的主导特征。显然，这对以体力工作为主的蓝领来说是一个巨大的挑战。

在当下的全球市场，众筹模式的应用还处于一个肤浅的水平。社交媒体在获得消费者聚集之后，进行团购或者获得其他集体优惠的模式，是目前能够产生短期利益的方式。但是，对于参与到众筹组织的人来说，他们希望得到的更多。那么，如何让众筹模式成为经济制度设置中一种基础范式？这就需要深入研究互联网时代人与人之间的关系变革。

在互联网众筹发育生长之前，人们就致力于将自己置入不同的资源圈中，企图进入这些社交圈层，以获得交易资格。对于大部分人来说，根本就没有标准的接口，那些靠资源圈最近的人会自然拥有这些机会。比如全球的权势家族和财富旺族，他们的资源圈会比较大，因而他们可以在资源圈中获取资源，然后回转身来，网罗人才推进他们自己的事业；继而，财富和知识继续向这些家族集中，继续形成大资本的聚集。这是资本主义的特质。知识资源被资本资源组织到公司里的过程，这样的历史进程在未来也不会改变，而且还可能长时间占据主导地位。

众筹模式代替了传统的资本主义，互联网时代的个体不是去推翻资本主义和削弱大资本对社会的影响力，而是在传统的资本主义之外另起炉灶，建立一套属于大众的知识创造和资本运作系统，这是众筹模式的价值所在。未来，这样的模式如何能够将大众知识工作者收入到系统中？也许个人计算机（PC）的系统设计思想是值得参考的模式。

IBM PC 是国际商业机器（IBM）公司设计的个人计算机的设计架构，这种架构对于新的众筹组织的架构设计具有借鉴意义。众筹组织不能没有架构，也不能没有治理方式。众筹组织不应该仅停留在感性的人际情感和情怀的连接，架构和治理方式才是成就众筹模式的基础。

在 PC 的设计思想中，计算模块、存储模块、输入输出模块彼此独立。这种彼此独立的好处在于，每个单一模块都可以分离、拉远、独立，形成一个数据连接的系统。标准的输入接口和输出接口能够处理不同的任务，形成一个开放式架构的计算处理平台。众筹人可以拉远到整个地球表面，即使身在美国，也可以通过互联网来参与在中国的一个具体的众筹项目。身在何处已经不太重要，而参与到什么样的事业中变得很重要。

在众筹组织中，个体是彼此独立的，每个人都是一个模块，在组织中发挥着自己的功能。但是，在众筹组织中，每个人所发挥的价值是不一样的，这就有一个分层的概念。知识专家可能发挥着枢纽作用，而一般的专业人士则可能是一个参与者或者仅仅是众筹事业的消费者。众筹组织能够同时处理不同的项目系统，众筹参与者能够参与到自己最擅长的事业中，这是独立分层的管理理念。

事实上，人作为一个网络的“计算模块和硬件系统”，在接入互联网的时候，遵循着 PC 架构的设计规则。互联网技术到云计算技术的演变也遵循着这样的规则。我们可以将互联网看成是一个大 PC，新的架构设计关键在于“彼此独立”与“分层”。“彼此独立”基于一种资源模块化的思维。例如，存储部分可以独立为单独的存储设备，计算部分可以成为独立的云端计算。

互联网的发展很大程度上受惠于网络分层理念，从物理层、链路层……直到应用层，层与层彼此独立，各司其职，上一层可以调用下一层的能力。这样带来的好处是做应用软件的人不必关心网络结构。正如众筹组织中具体的众筹项目，各方模块组合以后，形成一个项目团队。不同的人完成不同的任务，使用网络进行分布式工作的发布和集成。

基于个人商业价值创造还是实用主义的、缺乏竞争力的众筹组织个体，将像拔下的U盘一样，失去存在的必要；反之，具有市场价值的众筹组织个体，也像插上计算机的U盘一样，读取数据总线中的各种资源，通过为客户创造价值，持续生存下去。

“彼此独立”和“分层”，这样的观念与其说是技术观念，不如说是哲学观念。它体现了人们对资源组织方式的理解，它发端于技术创新，但必将对企业组织带来影响。这样的哲学观念将逐渐影响到组织内部的构造。部门模块之间的松耦合将逐渐成为主流，判断方式只有一个标准，那就是能够在组织中分享有价值的知识，并且学习有价值的知识，参与进一步的知识创造。

在这里，笔者觉得众筹模式能够解放人的创造力，但是，首先参与者需要有创造力。众筹制度普惠论在很多学者的论述都有提及，但笔者不这样认为，互联网不是一个化腐朽为神奇的地方。互联网将在实验室中的知识成果直接带到众筹组织中，创造者能够很容易配置到创业需要的外部资源，包括投资人、经营管理者和市场推广人等。这创造了一种时空红利，能够将不同地域、不同社会层次的资源拥有者组合起来，建立一个事业。

当然，说众筹普惠的特性，多数情况下只体现在一些互联网金融领域。仅仅从资本市场的服务细腻化的视角来看，哪怕要买一个沙滩摩托车自己玩的话，也可以众筹一下，10个人每人出几百元就可以进行一个众筹项目。这样的众筹没有门槛，但是对于未来的市场繁荣能够提供一份价值。消费众筹没有门槛，作为最符合“普惠”理念的互联网金融筹资方式，具有最广泛的潜在用户群，它的出现也会带来金融理念的重大转变。

众筹模式是具有足够包容性的，是与公司不同的组织架构。公司组织的运营逻辑是单一的绩效考核体系，公司管理的价值也很单纯，个体对组织贡献的大小决定了人在组织中的地位。但是，根据“独立分层”的架构模式建立的众筹模式，具有一定的公共性，所以可以理解为“各得其所，共享社会”。很小的资源也能够进行对接，参与的项目可以很大，也可以很小。普惠性的众筹虽然不能够构建多么强大的事业，但是也重构了人与人之间的连接关系。能够使投资者和创业者进行自由匹配，各得其所，是保证众筹成功的关键所在。这需要创业者和投资者之间达到众筹默契，也就是二者之间的“对接”。

对于非专业人士而言，众筹模式也能够安排他们的去处，这体现出模式架构的包容性和多元性特征。

小而美的事业

众筹模式不是用来支持没有竞争力的项目和企业的。当下一些众筹概念泡沫的可笑之处在于，人们希望用众筹将一般产品（次级产品）推送给用户。在实践中，众筹的未来在于能够支持具有足够竞争力的商品和服务。在国际众筹网站中，能够获得支持的产品多数都是新奇的高新技术产品，而市场上从来没有出现的产品更加受欢迎。围绕专业和独特价值的产品创造，将是众筹模式发挥作用的主要领域，而这些新企业基本上都将是小而美的企业。

在未来，众筹模式最需要支持的企业应该是“小而美”的事业。“小而美”有两个维度：一个是企业体；另一个是事业体，二者都是基于对杰出价值能力的支持。小不代表没有竞争力，相反，这些企业往往在全球专业领域中具有竞争力。

对于未来的产业生态而言，互联网技术使得中小企业也能够成为自己知识领域的佼佼者。垂直领域的高精尖还将继续成为商业组织中富有竞争力的模式，毕竟无论到什么时代，我们都不能够排斥专业化。专业化的企业具有一种与更多专业化的公司进行知识对接的能力。毕竟整合价值链的过程还需要高精尖的产品技术模块，企业被整合的能力也是一种能力。这是在制造和技术领域的中小企业的生存之道。

但是，这些中小企业需要新的运营架构，而不是以往采取的封闭式经营管理。无论在哪个精深领域，都需要充分整合全球资源，时刻关注全球同一领域和临近技术领域的进步。企业最好能够处于一个全球专业领域的社群中，能够分享到全球经验和技术领域的最新成果，建立自己在技术领域的小而美的事业。参与社群的过程，实际上就是需要企业去赞助一些顶级技术专家的研究，在成果落地之后能够分享知识。

对于大部分小微企业而言，基于地域性的生意还是需要继续去完善。人文气息比较重的产品，实际上是小微企业众筹模式应用的主要领域。所谓人文气息比较重，实际上就是以设计师为中心的一种新的业态。对于非技术领域的公司来说，需要建立自己的社群，这是对抗竞争的好方式。

我们都知道未来的商业模式，“个性化定制”就是变化之一。因为个性化的需求，所以基于社群共同研发的众筹方式也就蓬勃兴起。但是，这背后的支持系统却需要我们去探究。众筹产生于互联网时代的个性化需求，这恰恰体现了“核心竞争力理论”的创始人之一普拉哈拉德的新观点：消费者与企业共同努力扩展的企业网络——消费者社区正在日益成为共同创造价值的核心要素。普拉哈拉德是哈佛商学院教授，他对核心竞争力进行了全面、系统的论证。因为商品供应大大增加，导致消费者的选择性成几何级数的增长；商品数量的增长也激活了消费者个性化的需求，大规模定制、订单预售等方式已经开始广泛出现，对传统的大批量生产产生严重的冲击和影响。对于互联网时代显著特点之一的个性化需求，这位来自印度的管理思想家、影响当代管理潮流的核心人物之一，在自己的《消费者王朝》一书中提出，“以公司为中心”的创新已经消亡，取而代之的是“以用户为中心”的创新。

以用户为中心的创新，技术是主要的推动力，文化的植入是另外一个维度。设计可以在另外的感性维度上提供新的体验，这里面的价值创造，将能够造就巨大的众筹市场。“谁同时获得了鱼和熊掌，谁就是未来的商业主宰。”这是《普拉哈拉德企业成功定律》一书中的话。也就是说，谁能够将“先进技术+极致的文化体验”整合在一起，谁就将拥有未来。

在《普拉哈拉德企业成功定律》一书中，他首先提出了信息经济时代企业成功的定律：$N=1$（Need = 1），$R=G$（Resource = Global）。在信息社会中，消费者的个性化需求是最重要的需求，你的企业所面对的消费者永远只有一个。同时普拉哈拉德教授又说，没有一个企业、组织和个人是可以独立满足用户的，我们必须在全球整合资源，才能够形成最优价值聚集。英文字母 R 代表资源，G 代表全球，$R=G$ 也就是要在全球去整合资源。企业需要搭建一个网络生态系统，搭建一个平台，在这个平台上，联合生产商、供应商、广告商、竞争对手等各个类型的消费者。当把这些资源整合起来之后，我们才能看到一个更大的场景，并且在这个场景的基础上构建新的价值链体系。

从信息技术战略的角度看，企业应当把业务流程能力和分析能力看成是与信息技术匹配的关键战略能力，这往往是容易被忽视的关键环节。互联网提供了客户参与产品或服务共创并提供个性化定制的机会。共创体验和个性化定制既增加了客户体验和黏性，也加速了产品迭代优化。这是消费者成为创客的年代，选择你是因为你提供了参与价值创造的机会，他关注的不是产品和服务，而是自我欣赏、自我成就和自我价值的实现。

面对资源整合难题，我们需要建立起完全开放的平台思维，打造共赢的、无摩擦的商业生态圈；需要拥有基于大数据的分析技术，以发现机会和模式；需要广泛利用众包和众筹技术，整合互联网上的智慧和财富；需要有推倒一切行业边界的视野和勇气；需要有即时的针对需求自动组合和匹配资源的能力。未来所有的行业都会出现开放平台企业，平台型企业存续期的长短，取决于其整合资源的效率和为客户提供个性化服务的能力。

以用户为中心的组织形态不一定就是公司形态，而可能是一种新的创新架构。普拉哈拉德没有明说这样的组织状态，但是我们现在已经认识到，这就是互联网时代的社群聚集形态，即基于一种众包和众筹的形态。

科技是第一生产力，创意是第二生产力。在构建产品和服务的过程中，创意能够重构所有的产品和服务，这是温饱型经济无法充分理解的经济层次。在文化产品领域，未来的趋势是一切有关产品的产业都是文化产业。这个论断基于消费主义的升级，人们对于具有情感体验的商品具有更加愿意亲近的亲和力。这就是体验经济的概念。

体验经济是从生活与情境出发，塑造感官体验及思维认同，以此抓住顾客的注意力，改变消费行为，并为商品找到新的生存价值与空间。体验经济是以服务作为舞台、以商品作为道具来使顾客融入其中的社会演进阶段。由于服务经济也在逐步商业化，人们的个性化消费欲望难以得到彻底的满足，人们开始把注意力和金钱的支出方向转移到能够为其提供价值的经济形态，就是体验经济。众筹也能产生体验经济，为用户提供更高层次的服务价值。有价值的服务才能有效提高项目筹资成功率。

现在的众筹模式在应用上还是一项先锋性的事业，对于一些网络平台上出现的众筹项目，只有一些勇于尝鲜的群体才去参与。众筹的现状可能被一些不具备资源的人破坏了，但是其实这也是一个向大众普及的必然过程。

对于众多的小微企业而言，基于用户深耕建立的用户社群，能够建立一种共创型的小而美事业，建立一种抗竞争的价值链闭环。有些小企业仅仅深耕几个社区就足够了，受制于服务能力的限制，需要与用户形成一种专业服务体系，这需要基于对用户生活的全面理解。比如，建立一个面向社区的幼儿园，在社区中就可以进行众筹，所有的股东可能是幼儿园的老师，也可能是自己的孩子就有入园要求的家长，这既是一种用户，也是一种创办人。这样在社区中可以形成以孩子家长为社群的纽带，既是一种经营体系，也是一种社交体系。

小微股权众筹和债权众筹能够帮助社区建立一些小企业，这些小企业能够在社区中生存，建立小而美事业。

股权众筹可促进初创型企业的发展，帮助解决小微企业普遍存在的融资难题。而作为普通个人投资者，传统上被排斥于企业投资之外，难以支持初创企业，也无法分享初创企业的成长收益。股权众筹同时解决了资金供需双方的问题，当然由此引起的风险也值得关注。

债权众筹的受益对象一般为个人或小微企业主，这些人同样被排斥于传统金融服务之外，借由众筹平台形成的融资通路，他们终于可以享受正当的金融权利，由此改善生产经营、解决燃眉之急，并逐渐积累信用，作为最终融入现代金融服务体系的基础。

虽然企业很小，但是需要专家参与，形成一种叫作“专家事业体”的组织。这种小企业也需要有专业级的服务能力，必须维护好自己的品牌。毕竟在以往的客户系统中，客户之间是不见面的，但是在社区中，客户都集中在一个社区内，这就需要小微企业具备专业能力。其实，小微企业也需要不断地积累专业知识，实现可持续发展。

众筹大学

理想的众筹组织是如何普惠大众的？很多人都认为，众筹帮助众筹参与者获得新奇的产品或者能够在社群中找到创业机会。其实，众筹模式真正的实践意义是一所社会大学。众筹组织本身很可能在经过多年的实践之后，发现在获得绩效方面，并不能和公司治理模式相提并论，但是却是和公司形成一种良好的“体制辅助”关系。公司可以在它的外围创立一个众筹型的知识体系社群，这将有利于企业集聚全国乃至全球资源。企业众筹大学的诞生，其实就是在复制一种不在硅谷的硅谷模式。

如果让笔者来理解众筹模式背后的推动力，本人情愿认为众筹模式即是大学精神的互联网化。自20世纪90年代开始，企业大学就已经在一些大企业中开始推行。在这样的企业大学中，不仅能够获得外部知识资源，而且能够促进企业内部的学习，促进人力资源的积累。这种方式对企业的长远发展具有很好的价值。

美国一些高科技公司的架构是值得研究的。谷歌的公司架构在形式上类似于“企业+大学”的形态，其实这是一种企业形态的进化。谷歌是一个没有围墙的大学，它在自己的企业内复制了斯坦福大学和大学精神，内部就是一个生态。

著名未来学家彼得·伊利亚德（Peter Iliad）说：“今天我们如果不生活在未来，那么未来我们将生活在过去。”这句话具有很好的警示价值。现在是一个知识大爆炸的时代，众筹模式的发展越来越基于对知识边界的探寻。企业在面对未来的时候所能够做的事情，就是最大限度地把握知识，使得企业能够少犯错误。众筹组织以智力资本为追求目标的时候，就能够参与到顶尖人才的社群中。硅谷创始人弗雷德里克·特曼说：“一所大学的学术声望，要看它是否有一批学术水平很高但人数不多的学术尖子，而不是因为它的学术水平普遍较高，但没有拔尖人才。”

彼得·德鲁克在《卓有成效的管理者》一书中警告说：“企业需要因事设人，而不应该因人设事。”其实从众筹组织资源的方式方法来看，更多的是因人设事。众筹最终还是寻找到杰出的人，然后围绕着人的知识成果来组织资源。传统的工业管理模式当然有它的理由，毕竟在20世纪六七十年代这本书问世的时候，整个经济形态变革还没有今天这样依赖于知识，产品技术周期甚至长达十几年。但是，现在技术进步越来越快，技术的迅速发展进步已经影响了各行业、各领域，比如开采页岩油和页岩气的水力压裂技术、电动汽车、无人驾驶汽车、基因工程、3D打印技术和可穿戴设备等，我们无法再对侵入日常生活的新技术视而不见。

未来越来越依赖于杰出人才的创造，优秀的企业越来越成为杰出人才的集中地，但是，企业是无法将所有的优秀人才都留住的。所以在企业和杰出人才之间，会创立一个有利于杰出人才发挥作用的众筹组织，为这些人才提供便利，以期共享知识，同时也能够将企业放置到更加宽泛的知识环境中。毕竟好的机制才是创新的永动机。

谷歌不仅投入资本研究和收购一些面向市场的应用项目，也研究基础学术问题。企业的研究机构做这样的事情，在全球企业界是很少见的，大体上都是大学的科研机构或者国家的科研机构在开展上述工作。而且，谷歌不限于自己的专业边界，而是基于面向未来的知识创造和知识融合。

谷歌的组织结构值得全球众筹组织进行研究，事实上即是让企业成为一个资源重新组合的新的平台。这家企业的定位很明确，他们从一开始就承认自己是一个知识型的创新企业，并且将创新价值作为企业的核心发动机。

“大企业、小团队”的管理模式是谷歌的主要人才管理模式；“大组织、小团队”也将成为众筹组织的主要运作形态。其实，谷歌之所以会形成这种管理模式，原因就是这样的企业在骨子里认识到未来主要的资源形态是知识本身，所以认识到“财富即是人”这样的简单逻辑链。其实这就是硅谷和斯坦福大学的文化、一种科研的策略在企业中的应用。

但是，如何将这些人才用好，确实是一个问题。谷歌组织结构的基本原则，是将有智慧、有激情的员工针对关键问题，分成3～5人的小团队，构成扁平化的组织，以海量的计算资源和数据作为支持；同时，允许工程师抽出20%的时间，根据兴趣自己确定研究方向。

知识工作者的绩效管理是21世纪管理的核心问题。我们可以要求蓝领工人加班加点，增加产量，但是无法要求知识工作者在单位时间内完成创意和创造。谁能够在新的组织中发挥出知识人才的绩效，谁就能够获得更大的市场优势。谷歌的小团队管理，使得人们很容易衡量该团队的绩效，知识人才的自我努力才是未来的主要管理方式。正是通过这种小团队的工作方式，实现了谷歌著名的“自下而上”的创新，形成了内部不间断的生长机制，才让谷歌在众多的科技领域布局，并且不断取得原创性的突破。

在谷歌企业内有数千名员工，这些员工都是各自领域的专家，如何横向地分享知识，这是谷歌的另外一项管理模式，即架构新颖实用的创新工具，用以促进跨领域的专家之间的交流。谷歌有一个内部交流的网络平台，这个平台不仅能实现信息交流的功能，还鼓励工程师将自己的创新构想放在这里，由其他人对这些点子做出评价和建议，使这些在20%的时间内自由发挥的结晶有可能落实为具体的产品。当由这些好点子发展而来的产品足够完善的时候，就会被放在谷歌实验室里，通过这个向用户展示谷歌创意和产品的工具，征集用户体验和反馈，以便对尚未正式推出的产品进行修正和补充。

对于一些企业来说，可能在管理上还没有形成一个开放的知识网络。以前，一家中小型企业不足以建立顶级人才的知识分享网络；但是互联网时代，企业参与到一流的技术网络中，却成为一种低成本的开放式创新方案。这是众筹模式能够完成的事情。

对于企业知识部门和创新部门的大学化趋势，笔者是这样理解的：企业的经营部门需要按照以往的商业规则继续探索前进，但是在创造部门则需要走出去。互联网时代，公司高透明度的趋势会越来越明显，藏匿“秘籍”只是掩耳盗铃的做法，唯一的发展之路就是加快创新的步伐。企业有必要投资于更多的知识领域，借用海尔公司掌门人张瑞敏的话：“世界是我们的研发实验室。”企业运用众筹模式建立的大学形态（网络社区），则是聚集全球专业知识的发动机。

事实上，谷歌已经走出去很远，对于其他的一些非科技型公司来说，很难理解谷歌的行为。谷歌独特的“20%创新时间”制度让工程师可以不受限制地选择和研发新项目。谢尔盖·布林（Sergey Brin）主导的谷歌X实验室独立于组织架构之外，作为启动多项“登月计划”的神秘研究所，已经研发了谷歌眼镜、无人驾驶汽车等项目，2013年9月，又成立健康科技公司Calico，以对抗衰老和疾病为目标，向死神宣战。

谢尔盖·布林的投资方向遭到了华尔街资本市场的反对，他们向布林和谷歌的管理层施压，以期让企业放弃这些具有高风险的知识拓展项目。但是，布林抵制了华尔街的短视行为，因为公司的核心业务依然健康，公司的现金流达到500亿美元。这给了未来的众筹组织一个启示：在众筹组织的核心，必须有一个持续赢利的系统。健康的众筹组织很可能是未来公司变革的一部分，而不是独立的一个组织形态。

也就是说，在面对众筹模式的时候，成功的公司可能具有更好的机会来获得外部资源，充实自己的业务系统。企业可以向谷歌学习，把公司打造成创新的永动机，把创新变成全年无休、全体动员、全方位的组织行为，变成一种生活常态和工作常态。

在企业的生态建设中，谷歌为自己引入了“疯子”，以拓展公司的边界。公司立项解决社会性挑战和世界性问题的内部创新，现阶段与公司的核心业务无关，包括谷歌眼镜、无人驾驶汽车和“热气球网络计划”（Project Loon，谷歌希望利用热气球为农村、偏远和不发达地区提供廉价的互联网接入服务，目的是让全世界每一个角落都能联网）。愿意承担和解决世界上挑战最大的社会性问题，其实也蕴藏着巨大的面向未来的机会。

当然，对于一般的众筹平台来说，谷歌具有科幻版“天网”所具有的大数据的能力，因为谷歌具有在全球网页获得信息的能力，而且这种基于人工智能的信息网络具有极其出色的大数据分析能力。这大大有利于它在知识领域的拓展。而未来众筹思维和众筹模式的众筹大学也需要借助大数据工具，为企业集成知识，做出更好的项目服务。

推而广之，众筹大学也可能分成很多层次，而且不一定需要赢利系统。每一个社群都是一个众筹大学，在这里，参与者一起做金融项目，进行交叉投资的行为，促进群员在实践中找到自己的事业发展路径。

社群规模的大小本身也是众筹消费市场的大小，社群路演能够检验一个项目存在的价值，使其在社群中就能够被检验出来。社群群员的意见使得大量的意见得以汇总，这种自带市场的孵化器体系是一个互动的商学院体系。基于几千几万人的工程技术社群，研发在一开始就可以互动开放，这种在一个知识场中发生的碰撞，能够获得大量的原创性的知识。这种基于“智力金融”的互助体系，对于未来的创业者而言非常重要。

第六章 众筹遇到的挑战

野蛮生长非众筹所愿

和公司制发展早期一样，众筹模式现在的发展水平是参差不齐的，企业界和创业人士对众筹的认识还缺乏理性。互联网众筹现在还处于初级阶段，在模式应用上还处于一种低水平的状态。这与人们期待的众筹改变世界的梦想还相差甚远。

现在的互联网众筹网络平台其实是一个贩卖“创意”的平台，即只有项目的想法和创意足够打动人，才有可能获得大家的支持。所以，在众筹网络上，其实不缺乏有意思、有想法的项目，也不缺乏“新奇”的东西，这一点恰恰能够打动很多人。其实很多上网者都有一种猎奇的心态，对于好奇的东西难免会有第一时间试用、体验的想法。比如，一位众筹网用户，当时他看到“iSmart 硬盘”这个项目，第一时间的想法就是能够获得提前体验。众筹模式正是抓住了这种人们所共有的“好奇”心态，为创业者和投资者之间搭建了对接的平台。

事实上，很多在众筹网上发起项目的创业者都是第一次创业，对支持用户的回报，很多都是一些“未来产品”，即目前还在研发中、暂时还未上市的产品。再加上这些产品在生产、配送、售后等方面远不如那些已经可以购买到的产品成熟，所以在众筹网上的很多项目，众筹用户支持金额都会低于实际产品上市之后的市场价格。这对于众筹网上的那些投资者来说，实际上就像变相得到了更实惠的东西。而且，由于这些产品其实会有更多的“创新”元素，所以对于这个交易，就显得更加超值了。实惠超值或许正是保证投资者与众筹创业者之间顺利沟通的“密钥”。

如果仅仅将众筹看成是一种预售和团购相结合的模式形态，其实是对众筹模式的肤浅理解；如果将其理解成一种新产品的电子商务预售系统，就限制了众筹所能发挥的社会效能。其实，众筹模式不是大众创业的神丹妙药，创业者还是要创立公司，而不是一个众筹组织。在可预见的将来，最好的盈利系统还是公司，而不是众筹组织。

众筹致力于资源之间的连接关系。到现在为止，还没有一个明确的指向，对于企业和非营利组织来说，众筹模式开始超越组织的边界。在边界之外能够发生什么，这正是本书所要描述的。我们希望能够借助现实的数据分析系统，寻找到未来的众筹模式到底是什么样的，是否是一种昙花一现的组织变革形态。

现在，众筹概念已经在全球普及，在全球主要国家，人们都希望这种模式的应用能够改写自己与周围环境的关系，让人获得更好的生活。现在这种探索活动是肤浅和野蛮生长的，在运营一个众筹组织的过程中，其实没有一个明确的目标和固定的形态。

对于普通网络用户来说，众筹的特点主要体现在基于网络、面向非特定人群、公开、广泛。众筹项目通过互联网网站公开展示，浏览该网站的所有人群，均可根据自己的经济实力、兴趣爱好、专业特长、生活需求对这些项目进行赞助、支持和投资。单人的投资额很小，但经过大量用户的汇集，总投资额却可能很可观，从而能够积沙成塔，帮助急需资金的个人或组织迅速获得低成本的资金。众筹服务对象已从高收入群体扩展到城市白领、小微企业、弱势产业，使得低收入群体、初始创业者及小微企业获得了更多的直接或间接融资机会。而在这之前，这些群体很难获得金融方面的支持。

现在，众筹平台的组织者希望建立一种普惠的金融体制，这一目标几乎就要成功了。在传统的社会中，建立普惠的金融系统是非常困难的，因为缺少透明化的监督机制；但是，现在借助互联网，能够建立这样的体系，建立一种大面积覆盖的诚信技术系统和大数据系统。在这样的基础上，民间资本能够发挥自己在服务小微企业和小微组织方面的能力。

非官方的金融服务体系的建立，对于一些金融服务体系欠发达的国家是具有巨大价值的。众筹模式消除了传统融资的中间环节，无疑将提高融资效率，降低交易成本，具有内在的经济价值。以众筹模式中筹资人向投资者提供的回报类型为基准，可以把众筹划分为商品众筹、股权众筹和债权众筹。商品众筹鼓励了个人和小型创业团队的创意和创新行为。这些创意或创新经常充满失败风险，很难利用传统融资渠道在熟人圈子中获得充足的启动资金。这对于建立一种多元的生态型经济体是有好处的。

但是，对于一些市场诚信尚未健全的国家而言，众筹所能够发挥的作用是有限的，人们以草根金融的形态来形容众筹模式，这其实是一种误解。众筹不能成为披着金融外衣的欺诈行为。然而，在现实中，这种欺诈现象是很可能大面积发生的。对于一些小的互联网众筹平台来说，由于没有建立一种对用户的过滤和防失信的机制，在众筹模式的运行过程中，可能出现大量的失信行为。这是需要防范的，金融监管部门也会加强对众筹金融（互联网金融）的监管。

中国对众筹金融的监管，借鉴了美国的管理模式。比如，众筹平台不得进行混业经营，股权众筹必须与实物类分开；对于单个项目的筹资规模进行限定，规模在500万元左右；众筹的项目资金必须由具有托管资质的银行进行托管，等等。这都表明众筹的监管思路很明确，就是要鼓励，要积极发展，要放开，同时要有一定的限制。

众筹金融属于准私募形式金融形态，是针对特定人的，属于民间筹资的一种形式，与向社会公众募集资金应当是有区别的。关键的问题是不能变成乱集资，这方面必须监管。比如，不能变成向公众吸收存款，要有这个底线；如果出现违法或者大的风险，必须进行处罚甚至追究相应的法律责任，等等。

中国金融监管部门对互联网众筹金融的态度很宽容：只要不影响到公众投资者的安全，不影响到公共利益，尽量鼓励自治，尊重放行。关键是要兴利除弊，让众筹能够真正地服务于实体经济，同时让投资者能够获得收益。这样，能够使得中国资本市场真正成为多层次、相互之间有竞争的、立体动态、充满活力的市场。

出于保护投资人的金融原则，众筹模式需要借助社会组织的发展经验。比如，中国的社会组织需要在一个官方事业管理部门下完成注册；同样，一个众筹组织最好也能够在一个诚信良好的企业平台下来注册，如类似通用金融这样的机构。这些机构能够发挥自己的公共治理职能，一流企业作为众筹组织的领筹机构，发挥一种资源的聚集效应。这是大企业希望得到的资源，也是小企业希望借助的资源互助体系。

目前，多数在网络平台上众筹的项目，公司都处在还没有成立的阶段，如果没成立，投资者只能称为发起人，还谈不上是股东。即使原来公司的股东给出一个承诺或者协议，参与众筹者在法律上也不被认定是公司的股东。只有做了正规的官方登记，参与者的名字被记录在公司股东名册里，在工商局备案可查，且参与者的资金打到了公司的对公账户上，才是真正意义上的股东。所以，投资者还要辨别协议的约束效力，规避风险。

互联网金融众筹描绘的前景虽然美丽，但是涉及投资，必然伴随着风险，其主要是非法吸储和非法集资的风险。因此，发起人和投资者必须充分认识到其中的风险，并做到合理规避。发起人需要考察众筹平台的资质，在项目未达到预期收益时，平台是否有赔偿和垫付的义务；另外，由于项目本身可能和投资者不在一个城市，项目自身的运营和发展前景，也存在很大的不确定性。

当然，还有其他风险问题，尽管风险系数较小，发起人和投资者也要将其放在考虑之中。防范风险，建立完善的诚信体系，是众筹模式应用的基础工程。

众筹模式还在探索期

人类所有新的创造都是建立在历史基础上的，真正的众筹模式也许会在一些先锋企业内诞生，比如一些在创新方面卓有成效的公司中，它们的组织形态中包含着更多的众筹模式元素。我们不能够将众筹和现在组织架构剥离开来，也不准备将众筹看成是一个和以往完全不同的新事物，而是将其看成是一个成熟系统的最新发展。

众筹模式是要致力于资源聚集共创的一种“项目导入前”状态，所以众筹组织要发展，不可能代替股份制公司的职能。现在众筹模式还在发展中，还没有定型。从社会层面来看，需要更多地思考众筹模式的社会学意义，而不仅仅考虑众筹模式的经济学意义。

考虑到众筹模式是一种类似于孵化器的模式，不仅在孵化组织方面，会诞生更优秀的创业团队和创业企业，在非营利组织中，也应该会具有非常强大的聚合功能，为了实现一项社会功能而众筹出一个社会自治组织，这可能是未来众筹最大的趋势。在本书的其他地方，也进行了这方面的说明。

因为有了互联网技术的普及，才能够将不同领域的人聚集起来，形成一种跨地域和时空的新的连接形态。从技术层面来思考众筹的价值，当然是有道理的，没有互联网技术，人与人的关系不可能被这么有效率地重构。但我还是相信，中国知名科幻小说《三体》的作者刘慈欣的一个观点：“决定宇宙图景的未必是物理学，很可能是社会学。”

对于人与人之间关系的全面重构，可能是众筹模式的一种天然的使命，正如股份公司的诞生对人类发展进程的重大影响一样。从公司的发展史表面来看，一开始，股份公司也是一个封闭的资本体系和管理体系，公司的发展是从封闭体系到开放体系，从开放体系再到多体系的平衡。而众筹体系则是能够在公司的外围建立一种多体系的平衡和契合的新的组织形态，公司和各种市场资源之间有了一个用于资源吐纳的组织。

对于未来众筹组织的新发展，笔者更加倾向于大组织和大企业的应用变革，在大企业的外围，每一个众筹组织实际上都是一个通向企业运营核心的传感器。大企业只有将优势资本和生产资源导入到新的体系中，才能够保证自己的“不死之身”。

对于未来，大企业参与众筹模式的设计，设立多目标、无边界的众筹组织是很有必要的，得到的收益也是更大的。这使得未来的经济发展模式中，大企业能够继续担当领头羊。

大企业是一定要参与众筹体系的，大企业会付大笔的钱来收购那些有新成果的小团队。这些新的成果如果最后在外部成熟的话，对于大公司来说就会产生生存危机。这为我们看到的那些高价收购案例提供了合理的解释。

其实，在全球的高科技公司中，管理模式正在逐步趋同。这能够说明在面对未来挑战的时候，这些既具有规模化又具有灵活性的管理模式是完全有可能实现的，因为这些先进的企业都不约而同地建立一种无边界、多体系的平衡管理模式。

众筹组织是需要领导力的，和一些互联网思想家的想法不同，众筹模式需要一种底层的领导力。正如民主国家不能民主成一锅粥，最后还是需要决策者的，至少能够提供一个比较理想化的平台。现在成熟的顶尖人才都在大企业中，这些顶尖人才具有号召力，能够建立一种互联网知识社群，在社群基础上连接全球同业专家。所以，这种类似于大学形态的众筹组织，很可能会形成以知识领袖为核心的一种学术型组织。当成果落地的时候，这些大企业会考虑是否参与其中，成为新团队的战略投资人。

多体系平衡管理是一项复杂的管理任务，这也是众筹组织所面临的挑战。

现在很多众筹平台之所以没有对这个层面的事情进行思考，是因为现在众筹模式的应用水准还比较低。事实上，大企业还没有看到众筹模式能够带给它们什么好处，也就是众筹项目本身的水准没有超越大企业的项目运作水准，如果能够超越，就会被大企业收购。对于很多大企业来说，它们还没有为多体系平衡这样的新的管理模式做好准备。

大企业的治理模式生态化才是未来，而众筹模式可能只是发挥外围的资源聚合器的功能。在大企业中，众筹模式只是辅助系统，不可能成为主导系统。众筹模式通过改变公司的运作流程改变世界，而不是直接改变世界。

未来很可能还是巨型企业控制世界，大企业和小企业之间形成更多的生态关系。众筹模式加快了创新价值被大企业吸纳的速度，大企业的生态基础是拥有巨大的大数据资产和可观的存量资本。

中国的腾讯公司正在执行一种生态型的发展战略。腾讯公司拥有巨大的大数据资产，这使其能够成为平台型的企业，在企业内部，他们使用多元化平衡管理模式。腾讯在拥有了QQ这个PC端最强的社交软件体系的时候，又建立了移动端的霸权——微信软件工具在中国移动社交领域占据霸主地位。在开发微信的过程中，腾讯使用了内部竞争机制：有两个团队竞争同一个项目，谁能够胜出，企业就支持谁。

这有点残酷，但是这种机制能够激励知识工作者提高创新的效率，不失为一种好的管理方式。微信团队领导人张小龙一直认为，在管理知识团队的过程中，必须小团队作战，一旦团队壮大了，就要拆分成小团队，这样能够提高创新效率，避免大企业的官僚主义。

这些大企业也在不断地变革，也能够进行灵活创新，这和中欧商学院教授李善友所提供的对未来的描述不同。李善友认为，大公司技术过剩，而小公司可以凭借单一技术和功能纯粹的产品在侧翼发动攻击，获得胜出的机会。其实知识和技术没有什么是过剩的，只可能没有组织好资源。当大企业内部开始实现管理模式扁平化，开始开放企业边界的时候，企业还是非常有竞争力的。

众筹模式是不能够弱化竞争的。我们认为，众筹模式虽然强调协作共享，但是任何众筹项目一旦立项，就要有快速推进项目的能力。大企业拥有的组织网络能够将具体的项目推进到一个高位，这是小企业所不具备的条件。

公司形态具有很强的生命力，“众筹模式+公司模式”很可能会成为大公司变革的一个方向。大公司实行生态化治理之后，具有领导力的新的公司治理模式将是众筹模式、公司模式和大企业内部组织小型化，这将成为一种管理趋势。

众筹模式内化到一些大企业的治理模式中，这对于独立众筹领袖来说，不是一个好消息。不过，独立的众筹组织会远远超越经济层面，而在社会建设层面发挥自己的作用。

在未来，更多的年轻人会在服务社会方面找到自己的位置。比如，建立一个保护候鸟生态的社会组织，这个社会组织借助众筹平台和企业社会责任部门的捐助，能够建设更好的社会形态。

当公益遇上众筹，一方面，它可以为个人发起公益项目提供平台，实现很多年轻人有趣而大胆的公益梦想；另一方面，也降低了公益机构募资的门槛。同时，众筹对公益机构的能力有提升作用，特别是有商业背景的综合类众筹平台，可以将商业思维用于对项目的筛选和指导。

企业众筹平台也会介入公益众筹中，在可预见的未来，众筹模式对社会公益的支持力度和广度会超越人们的期望。众筹组织中的委员会可以决定给予专职人员一份生活保障，这注定不是发财之路，但却是发展社会公益事业的道路。这些组织甚至可以传承给下一代，公益事业是持续的事业，大部分公益组织的寿命都比企业的寿命要长。对于很多年轻人来说，从事公益具有非凡的吸引力。互联网众筹助力公益众筹，企业公益部门对公益的支持，将带来新一轮社会自治组织的繁荣发展的状态。

众筹项目的挑战

从大部分已经在运作的众筹项目来看，众筹项目的发起人很多都是第一次创业，众筹项目在实践中事实上充当了创业模拟器的功能。这不是一个成熟的模式，所以在专业投资人和项目方看来，众筹项目所面对的一项挑战就是，好的团队和好的项目是缺少的。

大众创业者对众筹模式的理解是偏颇的，他们往往忘记了企业竞争的残酷性，将众筹模式描绘成一种情怀支撑的价值系统。实际上，众筹模式在社群社交阶段有自己的理想主义特征，但是在导入项目的过程中，需要一种足够的理性精神来完成项目的运作。创业最根本的依靠是团队和领投人具备相应的能力。哪怕运作一个极小的项目，失败其实对参与者都会产生伤害，这种伤害是需要防范的，至少需要在心理层面能够接受"创业本来就是成功率偏低的"这样一种观念，把参与一些微小的众筹行业项目当成一个学习的过程，这是一种心态准备。

和风险投资逻辑不一样，风险投资过滤了99%的商业项目，这也是投资界正在发生的事实。众筹模式则是不管有没有项目、有没有团队，都可以在众筹社群中先留下来，然后在社群中众筹碰撞，将项目落地。对于风险投资的要求来说，这些项目不算什么，不能够成为未来的大企业，比如社区中的包子店，不是什么先进的技术体系，团队也可以只有几个普通人，但它是有价值的。对于众筹项目而言，只要几个人感到有意义，开个包子店也可以成为众筹项目。

社群众筹项目的普适性在于平行于生活。对于很多普通创业者来说，更多的是创立一种立足社区的小事业。这是现实，未来也将是这样，独立的众筹组织很难孵化出具有顶级竞争能力和成长能力的企业。因为独立的众筹组织不具有原来大企业内聚集的各种人力资源，所以在项目上偏重于市场运作，而不是重资产投资类的科技项目。

对于独立社群能否孵化顶级项目，这确实是一个很有意思的问题。在目前的互联网众筹平台上，很多发起人在对项目没有进行认真研究的情况下，就去精心包装不成熟的项目，如进行视频宣传、路演推广等。在融资功能没有得到充分实现时，就开始转向在众筹平台上进行宣传，追求形式上进行的曝光度。

在众筹平台上追求曝光度，与众筹网站本身的特点存在直接的关系，绝大多数团队把众筹看成产品曝光的好时机。通常产品投入市场需要不菲的市场费用，而登陆众筹平台后，不仅能够进行推广和宣传，减少市场营销费用，甚至还能引起投资人、渠道商、媒体的注意。如果是实物类众筹，也许还能在众筹期“卖掉”部分产品，回笼资金。一位众筹项目发起人干脆直接表示，众筹是一件省时省力卖货的好事。

此外，由于众筹的特殊性，很多项目发起人将众筹平台当作验证市场可行性的“法宝”。当产品接近完工时，把产品放到众筹平台上去展示：如果市场反应良好，支持者踊跃，那么便可以快马加鞭进行量产；如果反响平平，则进行调整和进一步修改；即使在众筹平台筹资失败，比起量产后产品卖不出去导致资金链断裂，也要好得多。

众筹变成了检验市场的工具及曝光宣传的重要途径，其原始的资金筹措功能慢慢成了无关紧要的配角要素。就功能来讲，现在的产品众筹模式实际上就提供了一个产品试验场的功能。关于具体能否获得众筹参与者的金融支持，并且成为一个稳定发展的项目，其实众多的众筹发起人也没有把握。更多的众筹参与者将互联网众筹模式看成是营销系统的一部分。

如果从这个视角看，众筹模式现在只是企业运营系统的一部分，在市场中能够为小企业发挥融资功能的价值也很有限。其实从历史的角度来看，众筹模式的发展规律在当下没有被很好把握，当市场并没有认同众筹模式的时候，企图用众筹模式来代替创业流程的努力是注定会遇到挫折的。众筹组织的运营逻辑和公司不同，创办独立众筹组织的时候，需要尊重两种模式之间的不同。

一些互联网众筹网站说，这里“可以找到你的第一批死忠用户，他们不会在意你的项目不完美，也不会在意你的项目有瑕疵……他们不会对你抱以偏见，他们热衷于你的项目，给你鼓励、批评、建议”。其实，平台的创办者对于项目能够达到的目标都不是很清楚，这就很难使网络平台获得长足发展。对于商业市场，很多众筹平台的创办人没有理性分析用户的行为。实际上，网络时代的用户只会更挑剔，他们不能容忍众筹市场中粗制滥造的行为，除非众筹项目具有先锋性。

从美国社会的互联网众筹经验来看，美国人参与社会事业和公共服务的机会更多。从教会到居民社区，从童子军到资助自己支持的总统候选人，募资和捐款对任何普通民众来说都不陌生。而且，对艺术、创意产业有鉴赏能力并愿意付出经济代价的群体不是少数。众筹行为的基础是由喜爱和欣赏产生的认同感，这种众筹模式加强了对手工业和手工文化产品的支持，在现在的网络众筹平台上，说众筹平台支持了手艺人和工匠精神，在某种程度上也是正确的。从功能价值上来讲，这些手工业代表了历史和情感，留下的是人们对文化的念想。

但是，美国的高科技产业价值链和众筹模式之间的关联性其实不大，华尔街和硅谷投资人并不热衷于用众筹模式解决前沿的项目问题。先锋的科技项目可能在未来也不属于独立的众筹组织，比如一些众筹网站。这些具有未来前景的项目很可能会在大企业的内部众筹平台上实现孵化，而不是在众筹网站上完成。

文化型的项目更加适合众筹。感性世界的产品和故事有自己的一套逻辑，更加适合面向大众的众筹活动，这些活动本来就是用户生活的一部分。

在知识型的科技项目中，众筹模式并不是最具竞争能力的模式。在全世界，对知识产权的保护其实都是有缺陷的。一个硬件技术产品很难获得保护，一个在众筹平台上发布的革命性的技术项目产品，先期用户拆开来研究一下，就可能发现其中奥妙。尽管如今除了设计和专利以外，还配有软件和算法，但是这些代码也可能会成为后来者复制的对象。现在，一些企业试图利用通过众筹活动建立起来的社区来获得“知识产权保护”，这是一个可行的方案。这说明在人的社区中，致力于人本身的聚集，还是众筹模式的底层逻辑。

笔者认为，微信这样的工具成为线上的人际连接器，而众筹模式落地时则是一种线下的连接器，线上和线下的结合是未来的发展模式。企图用一个众筹网站创造未来的想法是不成熟的，因为一个网站的黏度不足以实现高质量用户的长期聚集。即使能够建立一种同愿者的社群，也会被拉到线下，只有基于深度碰撞的人际互动，才能够获得成果、形成团队。

产品型众筹网站无法整合整个价值链，这使得在平台上运行的众筹项目在向产品转化的过程中，会遇到很多意想不到的困难。众筹方面的价值投资就是最低要保证物有所值，最高要追求物超所值。但由于对风险的客观性认识不足或不善规避，无论是领投人还是跟投人，都有“赔本”的可能。商业世界遵循现实主义的丛林法则，这些赔本的用户很可能会将网站和产品众筹团队带入司法程序，对于创业者来说，对价值链和标准制造流程的把控也成为团队非常重要的能力。如果失去对制造流程的把握，就很难保证产品能够按时发货。项目众筹人具有制造业经验，或找到合适的支持，对于避免发货期延误至关重要。

未来，众筹网站在支持微小项目和小社群公益方面会用拥有自己的优势，毕竟线下的先锋科技的众筹项目需要牵扯大量的时间和人际互动成本，而对于小额众筹的支持简单直接，是有效率的方式。在纽约，人们去百老汇，只需要买一张票，但是要想在华尔街做一个投资人，就是另外的做事逻辑了。现在的数据统计也能印证一些预测。根据 Kickstarter 统计，截至 2014 年 9 月，科技和设计类别中，只有 37 个项目融资额达到或超过 100 万美元（占类别总项目比例小于 1%）。要获得 10 万美元融资也不容易，超过 10 万美元的项目也只有 13%。众筹网站更适合一些有吸引力的小微型项目。

在传统的金融领域，人们期待在股票证券的交易场之外，建立一种面向公众的新的资本融集系统。很多金融探索者和创业者想用众筹模式给新创办的企业或者已经成熟的项目进行社会化融资。以股权众筹为例，由于目前股权众筹尚处于初期，各种制度的不完善还会给投资增加难度。尽职调查、信息披露、财务审计等都有专业机构在做，但是在传统的模式下，这些领域都存在缺失，投资者如何在事前去考核项目、如何进行投后管理，这些都是有待解决的问题。因此，投资人和创业者面临着多方面的挑战。

股权众筹中包含的“所有权”是一件非常神圣和严肃的事情，而引入大众参与，无论是对创业者还是对投资人来讲都有很多不确定因素。对创业公司来说，一下子来了几百个股东进到自己的股东名册中，他可能需要花大量的时间应付股东，也没有那么多时间专心致志地把公司和产品做好，这是很大的挑战。

所以，在一定程度上，互联网成就了众筹模式，但是不能在每个应用领域都发挥自己的长处。对于项目来说，有盈利的，也有不盈利的，区别对待，能够让众筹行业发展得更好。

我们回到众筹模式的本来意义，在大众的理解中，众筹模式和捐助捐赠是有天然联系的，抱着这种做事的方式实际上无法完成共创的众筹构想。也许在今天，我们依然能够看到众筹模式在支持企业去盈利的探索还是不完整的，没有形成一种普适的和公司一样的制度体系，这是未来需要做的事情。在前文谈及的企业产融结合，其实对于众筹是有意义的，但是模式怎么走，还需要进一步探索。

有一点是值得担心的，就是众筹组织项目落实过程中的执行力问题。这个问题会一直困扰未来众筹组织：对于非营利组织而言，志愿者的效率是自发的；对于企业而言，议事规则的效率也会成为一个比较大的问题。再好的项目总要落实，这是营利性众筹的根本问题。

众筹不是去精英化的游戏

未来的众筹组织可能有不同类型：一种是有战略支撑的企业平台上的众

筹组织；另一种本来就是非企业的运营架构模式，是社交型社群组织而成的众筹组织。对于后者的组织治理，是一个新的管理问题，在管理教科书上很少能够找到与之匹配的治理之道。

治理是要谈结构的，没有结构图是无法进行治理的。所以，独立众筹组织的存在和发展就是一个很值得思考的问题。关于人类古今的组织形态的问题，在前文已经做了详细探讨，现在谈及众筹组织的内部治理结构的问题，能够从历史中找到的借鉴价值也就非常多了。

股份制公司是我们必须面对的一种组织形态。在逻辑上，众筹模式能够表现得比股份制公司更加优秀吗？事实上，二者之间没有替代性，只有协作性。认识到股份制公司和众筹模式之间的非竞争关系是非常有必要的。好公司才有资格做众筹模式，这是未来的趋势。

股份制公司是一种典型的精英化领导的组织形态，这是事实。企业内部的价值创造和分配机制，能够建立一种契约基础上的紧密关系。众筹组织作为一种非契约约束的社群组织形态，如何对群员进行治理，也是一个问题。

对于全球众筹组织而言，现在谈及非专业人士之间的连接关系为时尚早，众筹在本质上不是非专业人士的游戏。笔者之所以在前文中认为众筹模式对于普通人来说是一门学问，是因为这些普通人能够参与到一些众筹细节中去学习，让自己首先变成一个专业人士，毕竟开发自己身上蕴含的人力资源是最靠谱的事情。

专业人士本身就是资源拥有者，他们以资本拥有者的角色加入到创业项目中，所以能够在众筹项目中被折算成一种新形式的人力资本。众筹模式假设的社会资源形态是“人人都是专家”的理想社会形态，一个普通消费者很难被纳入到一种创造体系之中。

创造体系具有高门槛，是一定需要企业家领导的。众筹并不是一种单纯的投资行为，而是一种有资金、认知、时间盈余的精英社群成员彼此分工协作、互相提升价值的项目实操过程，最终的盈利点也是多元化的，彼此都拥有商业资源的人才能够碰撞出更多的商业价值。股权众筹需要有一个稳固的精英社群做支撑，是局部、小范围、熟人之间的合伙行为，无法通过互联网的无边界无限扩大。“精英化”和“专业化”依然是这个行业有序成长和发展的重要保障，因为投资的逻辑归根结底是“专业”。

互联网时代，人们期望这一“民主化技术”能够带来机会更加平等的社会形态。事实上，众筹组织能够创造出更加平等的社会形态，那就是对公益社会组织的普惠性支持。在国内，这种讨论其实很少。对于非专业人士，人们在社群众筹组织中去做环保、照顾老人之类的工作，这种社会互助的行为，正是众筹模式最成熟也最具有历史感的应用方向。

即使在公益众筹模式中，也涉及复杂的组织治理问题。如何维持一个非营利的众筹组织，是一项非常复杂的任务。众筹模式不是以理想主义的方式来实现的，在形态落地的时候，还是需要更好的领导力。

所以，笔者认为众筹模式架构上层还是精英化的。无论是非营利组织，还是营利性组织，众筹模式的应用都基于很强大的领导力。但是我们需要理解，领导力不是控制力，而是一种对组织的使命感和责任感。组织的领导者往往能够超越直接功利的层面，一直坚持组织的使命。彼得·德鲁克说：“管理就是界定企业的使命，并激励和组织人力资源去实现这一使命。界定使命是企业家的任务，而激励与组织人力资源是领导力的范畴，二者的结合就是管理。”这是众筹组织更加需要领导力的原因所在。

对于营利性众筹组织，即致力于创造商业价值的组织，很可能会是大企业和大资本治理之下的新平衡。不过，这种新的组织形态相当于在企业的外围建立一个人才池和资源池，相当于这些企业组织的育婴房。

但是，创业者的门槛会降低。政府直接出手支持创业行为的努力是低效的，但是创造公平环境是高效的。大企业在支持创业事业的时候是高效的，因为企业的内在价值体系要求做事必须有效率和成果显现。这些新的创业者在获得大企业的资源之后，能够被纳入到大的体系中，以股东身份加入到新的体系中，进入向上层流动的通道。一个理想的社会可能做不到人人富裕，但是上升的通道不能被堵塞，这是众筹模式的社会意义。但是，同时在经济体中，上升通道不是优势阶层给予的，而是经济体本身具有的能力。社会需要新的经济领导机构，来平衡越来越大的贫富差距。

约瑟夫 E. 斯蒂格利茨（Joseph E. Stiglitz）是 1979 年克拉克奖、2001 年诺贝尔经济学奖得主。他对于均富社会的期望提出了自己的看法："当你给予富人足够的金钱，那么其余所有人都能够获益，但这种理论是无效的。"

20 世纪 80 年代，里根和撒切尔时代有一个术语，叫作"涓滴经济学"（Trickle-down Economics），即认为政府不应该救助穷人，而应该让富人得到他们所需要的，通过经济增长使社会总财富增加，最终穷人也会受益。但现在在世界范围内，没人这么说了，因为这并没有发生，这是一个谎言。富人越来越富，而穷人越来越穷，贫富差距越来越大。现在在西方主要国家，从政府到民众都很担忧贫富差距，但没有人真正做些什么。

在现实社会经济体中，案例所证明的恰好是"涓滴经济学"的反面，聚集到上层群体的财富往往是以牺牲中下层群体为代价的。那么，如果按照"涓滴经济学"的要求，是不是就要剥夺一些财富阶层呢？事实也并非如此。财富创造是一个复杂的过程，需要以企业家精神为核心的创造体系，在新财富的创造过程中还需要精英的参与，而且是核心元素。"涓滴经济学"和现实的反差，证明政府扶植财阀、期望这些财阀来自动改进社会公平的努力失败了。正如一片森林，既要给大树成长的空间，也要给灌木留下生长空间，偏颇是不对的。

众筹模式带动新的资源进入交易体系，知识资源不一定就能够被大企业和大资本所把控。在知识时代，知识拥有者完全可以创立一种不同于成熟大企业的体系，而对于大企业和大资本来说，和新的知识拥有者进行合作，是最好的分享模式。"涓滴经济学"也许没有看到财富是动态的：那些站在财富之巅的首富如果失去了时代性，在短时间成为"首负"也是可能的。

在众筹模式中，知识领袖开始占据主导地位。知识领袖是能够引领资源的，新的企业家形态更多的是一种"智本家"形态。能够牵引资本的不是存量，而是谁拥有增量。所以说，未来众筹模式实际上还是需要领导者的，就如蜂巢分蜂一样，新的蜂王不是在旧的体系之下做出财富增量，而是在体系之外建立替代的体系。

就财富创造来说，谁拥有最大化的增量，谁就将拥有未来。如何整合资源形成增量？这里需要一种领导力。商业众筹领袖本身是一个企业家，他们在很大程度上是整合资本的行家。投资逻辑的内涵和外延说起来并不复杂，大体包括对行业趋势的判断、对企业未来成长性的判断、风险规避、对团队能力的综合判断等，但这些能力需要多年的实践和经验积累，这就是投资所谓的“精英逻辑”，其投资行为依然是理性和冷酷的。

未来，资本来源可能会去中心化，来源是多样性的，但是不等于在投资领域就要去精英化，无论是项目的前期评估与判断、投资法律框架的构建乃至投资全过程的控制与管控，依然需要专业人士来把控。无论是营利性的众筹组织还是非营利组织，都需要有对整体绩效负责的人。

现代组织存在的目的是向社会提供某种特定的服务，所以它必须在一定的社会环境中工作。它还必须雇用人员为其工作，因此，不可避免地会对社会产生一些影响。封闭性的大企业和大资本迟早还是要开放自己的边界，让自己和周围新的组织形成一种共生关系。大组织和小组织会形成一个有机的平台生态系统。但是，所有的企业人和众筹人都不要忘了，在总体上，组织还是需要一个“执剑人”的，众筹不是“去精英化”的游戏。

去平台化难以发展

众筹模式无论怎么变化都是一个交易场，在交易前的任何状态，都不是众筹模式运营的真实状态。众筹模式致力于资源聚集的社交形态只是一个初级阶段，难度其实在于投后管理。

基于社群的众筹组织形态需要一种整体的约束制度的设置。这类似于局域的股票交易所，进入交易场的人必须遵守一定的共同规则。对于任何失去约束的事业发展路径，都应该保持一种警戒心理。众筹模式不能够去平台化，这样是难以监管的。

当然，市场中的众筹模式发展也不要寄希望于政府的严格监管，政府在处理市场问题上需要创造一个环境。互联网众筹网站只做一个项目的投前管理，这是一个片段，而不是一个完整的价值服务体系。不能提供完整解决方案的众筹模式其实是没有生命力的。这就是为什么现在很多互联网众筹网站往往看起来很热闹但是不成事的主要原因。

在互联网企业 1.0 的时候，我们看到基础网站其实起到信息传达的作用，这些网站其实是新闻网站，是一个内容平台。它们只要能够很好地传达信息就可以了，不需要做串接价值系统的复杂任务；新闻网站的主要收益也简单明了，就是通过门户的广告来获利。如果以这种思维模式来做互联网众筹模式的网站，那是一定要碰壁的。

事实上，从美国发端的互联网众筹系统，到了中国马上就显出水土不服的症状。整体上来说，发达国家之所以发达，还是一种能够实现低成本的诚信系统起到支撑作用。一个市场的信任成本越高，交易成本也就越高，所以创立一个面向公众的众筹网站，首先就要解决一个平台诚信的问题。平台能够托起所有交易者的诚信系统，这是最重要的一件事。在中国和一些市场契约还没有写入骨子里的经济体，需要这样的一个平台起到支撑作用。

亚马逊、阿里巴巴和京东商城等电子商务平台已经建立了完整的诚信交易保障链，对于众筹模式来说，在这些平台上派生出的众筹项目应该具有更好的保障性。但是，其实这也很困难，众筹模式的内核文化应该是创造系统，而不是简单的营销系统。在国际上，众筹网站基本上都是围绕着两类产品在做文章：一类是科技产品；另一类是文化产品。这些基本上都不是市场上现成能够采购到的东西。

这些成熟的电子商务平台进军众筹，其实也只是一个基础，这些电子商务网站，虽然用户规模巨大，但只是商品渠道变革的一部分。创造体系在面对电子商务化的时候该怎么办？这是一个面向未来的探索过程。

众筹的发展未来是离不开互联网的，但是，基于互联网的创造体系建设是一个世界级的难题。只有突破了这一点，众筹模式才能够借助互联网创造新体系。

京东商城是中国一家以家电在线交易为主的电子商务平台。其过去接触的都是高度成熟的量产商品，这是和工业企业配套的体系，淘宝也是如此，是和巨量的小商品联系在一起的电商系统。京东众筹和淘宝众筹都已经上线，它们遇到的挑战都是颠覆原来的经营系统的，二者差异性巨大。

京东进入到众筹体系中，就需要在这个项目中改变自己的价值文化。京东的探索是从智能硬件开始的，从智能硬件这个陌生的前沿领域筛选项目的分寸极难拿捏，偏重创新则风险过高，偏重安全入选的则多半是平庸之作。交易链和创造链是两个不同的系统，如何在京东一个平台上兼容，这是一个大问题。

挂在京东平台上的众筹体系，是智能硬件的孵化器体系。在这之前，这些项目都是风险投资来做的。现在京东愿意在创造性众筹模式上做一些探索，也是很好的事情。

京东平台上有 6000 家供应商，平均账期 38.6 天，在平台上沉淀的应付货款就近 100 亿元人民币。京东对这些沉淀资金也进行了金融布局，让沉淀资金成为和余额宝一样的金融产品。而这些资金除了能够提供给供应商金融支持之外，也能够进行一些智能硬件的众筹。

京东的业务模式其实是闭环的。对于智能硬件的销售而言，这个平台拥有比较好的销售渠道；对于创新产品，本身也是一个很好的销售市场，能够支持众筹科技项目的第一轮市场启动。对于一般的互联网众筹平台网站而言，则难以形成京东这样的交易体量。

京东的互联网金融战略能够很好地和自己的价值链结合在一起，众筹模式也能够嵌入到自己的业务系统中。金融产品与京东的业务有机结合、相辅相成，BAT（即百度、阿里巴巴、腾讯三大巨头的首字母缩写）是学不来的。

现在的众筹组织都希望众筹模式在股权众筹方面能够发力，而股权投资本身是一种高风险的长期投资行为，作为项目的投资者，也应当由有着相当投资经验和风险承受能力的专业和准专业人士来担当，通过量入为出来构建恰当的投资组合。这不仅是对投资人自身的负责，也是对被投资项目的负责。

对于独立于众筹平台的企业自发的众筹体系，目前是不被看好的，未来也可能不会成为主流。金融众筹顺利发展，风控是成功的必要条件。未来场外的众筹体系需要纳入到场内的交易体系中。

在未来，不仅在中国，在其他一些发展中国家中，对众筹模式的监管都会趋于严格。对众筹模式，对小额产品型的众筹体系，监管上趋于开放；但是对超过一定金额的股权众筹行为，将予以更加严格的管制。

实际上，从整个金融市场来看，对于企业间的融资行为，路径其实是很多的，不一定使用众筹模式，原来的风险投资体系和股权投资体系还是有效的。众筹模式的价值还是在于能够整合价值链，而不仅仅是获得项目资金。对于众筹模式的管理，更多的是一种流程中的过程管理，而不是成为某一场资金的融资任务。

对于价值链而言，平台能够实现价值闭环，这也是众筹模式难以离开平台的主要原因。在平台上完成的众筹项目，能够保证提留项目参与者的信用记录，并且对整个项目流程中间碰到的问题进行监管。监管部门无法对企业间的所有项目进行跟踪监管，但是互联网众筹平台可以通过程序性的软件设计流程，形成政府和平台联合监管的体系。通过大数据应用对项目进行监管，这极大地提升了监管效能。

监管部门应要求众筹平台的核心功能充分展示创意或项目信息以及发起人资信等信息，具体的投资决策应在信息充分披露的情况下，由投资者自己做出。在资金流转问题上，为了保护投资者利益，如果实际筹资额达不到筹资目标，众筹中介不能将所筹资金交予筹资人，同时还有必要引入第三方托管，以确保资金使用透明和可控。此外，监管部门还应鼓励众筹平台加强自律，支持建立行业协会，要求众筹平台在信息披露、风险揭示、资金运作、发起人和投资人行为准则等方面制定行业规范。

就股权众筹来说，也需要专业的股权众筹平台，在本质上，这个平台类似微型的股权众筹交易所。一要规定普通投资者的资质；二要实行“领投＋跟投”模式，考虑到领投人对跟投人的投资决策有重要影响，并可能还负责管理所筹集的资金，因此，对领投人的投资知识和经验、行为记录、资信状况等应有更严格的要求。

其实，众筹不能搞“去平台化”，否则难以监管。人性的弱点会被释放，导致众筹与初衷渐行渐远，最后会毁掉众筹。因此，正确认识众筹，加强行业自律和法律监管，是众筹平台健康发展所必需的。

第七章
众筹时代的领导者

酋长时代

创造体系和市场消费体系的合一是众筹模式的价值所在，维系这样一个组织体系实际上是一项复杂的管理任务。它成为一个闭环的社交型经济体，连接生产和消费，人类进入了跨越工业时代以专业为界限的新的部落时代。在这些新的经济体系中，起到连接关系的不仅有互联网这样的硬件网络系统，其实组织中最重要的是需要有一个“酋长”。任何组织其实都需要一个“形而上”的人格体支撑，形成一种符号主义的存在。有限人数的小群体可以用制度去规范，但是对于数十万人甚至数百万人的社群部落，组织符号是不能缺少的体系。

对于众筹组织中的领袖，从市场的现实来看，那些拥有最多资源的公司组织其实完全可以转化成一种平台型的部落形态。比如，已经拥有产品型社群的企业，建立一种“万众创业”的体系，会具有更大的优势。本来这些大企业中就拥有比较成熟的企业家，这些企业家在用户和大众的眼中是创业英雄，具有比较高的名望。对于新的众筹组织而言，企业领导者的个人名望已经不仅仅是自己的名望，其实从资产的角度来说，也是企业组织的名望资产。

无论在哪个时代，都需要一种代表潮流和价值创造的英雄。当然，不同的时代赋予英雄的评价体系是不一样的。基于名望的无形资产，其内涵同样是"社会对你的评价"。众筹领袖知道自己的价值在哪里，他最可贵的资产就是他的名望，所以，维护企业和众筹组织的价值观体系，就是新酋长的责任了。

从企业家向部落酋长的转变，基于互联网电子商务普及的现实。以前企业家也是生活在网络中的，这个网络就是内部的信息网络，一个企业内部运作体系发展良好，得益于内部信息系统传达的有效性。但是，在互联网时代，基于连接的便利性和廉价性，顾客也第一次纳入到企业的信息系统中。企业未来的定义不仅仅是原来拥有的人和物质系统，也需要将用户全部囊括进来，形成一个"企业社群"。

彼得·德鲁克认为企业有两个功能：一个是创新；另一个是创造需求。如果再进一步思索，其实企业之所以要创新和创造需求，都是为了创造用户。而众筹模式就是创造一种将用户全部"圈"起来一起进行创造的游戏。企业家变成社群领袖，现在已经是企业经营中一个很普遍的要求了。

部落酋长在圈住用户的时候，实际上下一步就是为众筹组织引入创造性的人才，实现一种新的价值创造。对于社群而言，酋长的角色既要服务好杰出人才，也要服务好用户；既要做好企业经营，也要做好社群运营。这是一个和以往不同的运作体系，也是 21 世纪的管理新任务。

部落酋长还需要管理好部落即众筹中的事宜，将资源配置给合适的项目团队，让项目团队按照市场的逻辑自由发展；同时，还需要管理好社群的资源互动，从中孵化出好的项目，从而再将项目资源配置给众筹参与者。在运作项目的过程中，部落酋长需要起到一个总协调人的角色。

既然是人格经济，部落酋长会拼命维系自己的名望，依靠为部落即社群提供知识价值来维系部落的发展，这依赖于个人品牌的维系。在过去的企业中，产品是一个品牌，企业是一个品牌，而现在，部落酋长的个人品牌是高于产品和企业的。在总体上，社群部落总需要有一些沉淀下来的东西，拥有大量的用户。这些用户之所以能够留下来，不是出于产品本身，而是出于酋长不仅仅是一个营销者，而且是自己生活方式的代言人。酋长关心的不是一种简单的交易关系，而是与用户建立一种全面的生活方式之间的联系。这种关系的建立比交易关系要复杂得多，也重要得多。

笔者提出一个新的概念：价值观治理模式。对部落社群的治理，价值观处于核心地位。对于大众来说，他们是新的说教对象，无论社会如何发展，大众中间总有一部分是能够加以引导的，他们是社群价值观的接纳者，也能够长期捍卫社群的价值理念。事实上，这些用户社群都是自组织完成的。

在新的时代，社群部落酋长一定需要与最普通的用户之间建立一种对话能力。不要轻视那些普通的消费者，未来的领袖需要与他们建立全面的对话机制。一个企业组织最怕的事情就是失去了与这个时代的普通人对话的能力，这代表企业已经失去了时代性。

互联网社群化不是一个虚拟的组织形态，这些聚集的资源要导入到一个消费体系中，这是当下企业和社群领袖都在做的事情，团购行为、预售行为都可以纳入到这样的消费体系中。这是典型的、以交易为核心的体系，实际上缺少一种价值黏性。尽管这样的社群在未来会不断地涌现，而且大部分人口都可能是数个消费型社群的成员，但是实际上这样的社群缺少深度的价值观的连接，是一种缺少领导力的组织形态。

对于众筹模式而言，消费型社群在未来可能只是众筹模式金字塔的塔基部分，对于整个经济体而言，需要从无到有的知识创新体系，在这样的部落社群中，需要杰出的酋长角色。

知识型社群的治理模式，是未来需要探索的主要模式，当然，在世界各地，这种模式的探索案例也很多。新的领导者需要树立自己的名望系统，知识领袖不能继续躲在实验室或者幕后，这样的时代需要知识领袖走出来，发挥自己的影响力。

无论未来经济如何发展，对于消费市场而言，与一般消费者互动都是经营的一部分，中国的小米手机就是让用户参与产品运作的案例。但是经济学常识告诉我们，不能将这样的参与当成企业知识的源泉。创造没有那么简单，创造一方永远处于主导一方，对于原创型的创新，用户的意见往往是一个陷阱。

部落酋长真正的责任是将最好的创造资源聚集起来，实现市场价值的超越，这需要具备足够的知识领域的张力，具有引领未来的科技思想力；同时，这样的酋长能够给大众一个令人振奋的目标，这个目标一般是超越企业短视的现实，能给予全球知识精英一段伟大的精神旅程的伟大目标。对于知识精英来说，一般的经济刺激已经不能够深入到他们的灵魂深处，唯有壮丽的未来技术图景能够激励他们。领导知识精英，需要一种基于功利但又超越功利的领导方式。在具备了创造基础之后，才能够反手来整合消费者社群，运用一切互联网工具，运用资本金融手段，来实现创造价值链的完整，形成一条完整的“珍珠链”。

企业家在整个经济中的角色不会改变，向社群部落酋长角色的转变将是一次治理模式的变革，做事具有更强的社会功能，而不再满足于以往做好自己的事情。多元化的社会需要新的领导阶层，在酋长时代，情怀和内驱力是众筹这个部落的酋长的一体两面。部落酋长不仅要有企业家自发的内驱创新的力量，也要有为大众服务的情怀在里面。

在互联网普及之前，只有大型的企业集团才能够聚集几百家企业进行价值共创活动，像登月工程这样具有宏大愿景的目标，不是少数企业能够完成的，在其背后，需要强大的领导力和意愿。而在新的社群部落中，需要植入这种强大的领导力和意愿，这就是酋长在社群部落中的核心功能价值。

众筹领袖和社群治理机构

关于众筹组织的结构问题，需要一个坚强的、具有领导力的核心领导者，这是正确的。因为传统的企业家没有做好成为大众领袖的准备，才有了新的社群领袖的角色。成为大众领袖是组织运营的一部分，不是企业家或者社群领袖接受不接受的问题，这就是一种领导方式。领导一个企业和企业社群体系，越来越类似于经营一个党派；企业家向公众推广自己的价值的时候，越来越像一次总统竞选。

移动互联网时代的组织的转型，对大众领袖提出了新的要求：不仅要懂得领导艺术，更要外向，有激情，有担当。至少，众筹领袖需要将这作为自己工作的一部分，作为组织的一个连接节点，这些是无法在幕后影响公众的。就众筹领袖而言，需要完成从企业领袖到大众领袖的过渡，也就是说，他不仅仅是一个企业家的角色，还必须是一位社会活动家，这样，才能够成为众筹组织里的大众领袖。

众筹之所以叫众筹，其最主要的特征就是面向公众。众筹领袖的特征就是向大众沟通商业价值的可行性，这本质上是一个公共沟通协调人的角色。众筹领袖是一个新的社会连接器，也是一个符号。

众筹领袖的存在，在于保持一个组织的使命感；组织的存在，需要一种高于经济价值的存在意义。数万人的去中心化的组织需要一个人格化的符号来传达这种使命。工业社会将人编入到工业的大机器方阵中，标准化的符号是产品品牌，但是，互联网时代是凸显个人价值的时代，众筹社群中的参与者支持的对象也主要基于个人价值，而不仅仅是项目体系。

《世界是平的》的作者托马斯·弗里德曼（Thomas Friedman）描述了当代世界发生的重大变化。互联网如闪电般迅速的进步，使全世界的人们可以空前地彼此接近。竞争更加激烈，是否能让全球的资源为你所用，是你能否在这个平坦的世界上立足的标准。

弗里德曼认为，互联网改变了世界，世界变平了。在全球化 3.0 时代，个人取代国家和公司成为全球化的主体，只要你有足够的能力和想象力，世界上的所有资源都可以为你所用；世界变小了，从小型变成微型，“光缆把全世界都联结起来，在没有刻意计划下，班加洛成了波士顿的近郊”；竞争在加剧，几乎所有的生产乃至服务都可以外包，借助外包，企业与企业之间、人与人之间充满了竞争与合作，因为竞争与合作带来了整个世界的变化，促进了人类文明的发展和传播。

弗里德曼在他的书中描述了外包和众包的系统，也预测到了个体的才能如何加入到新的基于互联网的运作体系中。比如在中国威客网、猪八戒网上，个人技能就在网络平台上直接展示，实现了“P2P 技能服务”。这凸显了个人知识和技能价值。专业人士在互联网时代的地位凸显是一个趋势。整个经济架构都会围绕着知识人才实现重构，他们是世界公民，拥有突破传统边界的能力和协作网络。

弗里德曼没有说明互联网带来的消费者的网络聚集，以及这些众筹和众包模式背后如何进行管理的治理结构问题。互联网社群的聚集是最近几年的事情，而主要的发生地不在美国和欧洲，而在中国。互联网社交平台，如微信和 QQ 这样的即时通信工具已经具有社会连接器的功能，这能够实现大量的社群聚集。事实上，在中国，在移动电子商务领域，建立百万人社群是快速的事情，但是社群如何形成合理的治理结构，则只在非营利领域内有可以借鉴的例子，在企业界这是管理的新领域。

对于企业管理而言，已经有比较成熟的管理理论和管理体系，先锋企业不断进行探索，试图在企业内部实施变革，以适应这个全新的信息时代。公司组织这个工业时代最重要的组织创新也必须被超越，但是可能不是颠覆，而是一种组织进化。

对于工业时代来说，企业的核心是企业家。企业家是具有责任感和使命感的人，这种责任感和使命感能够激励人去完成组织的目标。没有崇高愿景的组织注定只是乌合之众，很难维系一种可持续的变革精神和创造力。

对于众筹领袖领导的社群而言，不是去颠覆公司体制。众筹组织没有能力去颠覆已经存在了几百年，而且现在还运转良好的公司体制。社群的价值可以将几百个甚至几千个公司连接在一起，形成一种完整的生态，打通公司之间的界限，让彼此的知识体系产生融合价值。而众筹领袖之所以能够成为一群人才和一群企业的领导者，这就需要树立一个高于企业价值的目标。这种目标或许是对更加美好的社会的追求，或者是对科技未来的图景描述。总之，作为众筹领袖，他的领导力就来自他的使命感。

对于众筹领袖而言，他们必须认识到，到目前为止，任何物质财富的创造体系还是离不开公司组织的；对于非物质财富的创造而言，则更加适合社群之间的实务运作。原因在于知识资产、创意资产不是独占性的，知识资产一旦被创造，就能够实现共享，社群能够将共创的知识拿回自己的企业组织中，实现商业价值。彼得·德鲁克在他的最后一本书《21 世纪的管理挑战》中提到，预测未来的最好方法是参与创造。众筹领袖最终能够找到这样的价值立足点，来实现众筹模式，成为经济体运行的一项基础的制度设置。推动共享和创造是众筹领袖的实务，为社群确立目标并且组成工作矩阵是众筹领袖的责任和使命。

对知识型社群的治理，本质上他们都是自组织的，对社群文化的认同非常较真。为了享受适合自己的社群文化，知识人才愿意付出、拥护、共创。一种与他们的价值观、使命感相吻合的文化才能让他们慕名而来，聚在一起，奋发进取，因而组织的核心职能将演变成文化与价值观的营造，众筹领袖则是这项事业的“造梦师”。

众筹领袖需要为大家的共同创造提供良好的文化氛围。对于来自不同领域的创造者而言，良好的文化氛围本身就是一种奖励。在此基础上，增进互动就是众筹领袖的新任务。众筹组织对新兴学科，如复杂网络社交的研究，都指出人和人之间互动机制的设计，对组织的有效性可能远大于对个体的激励。所以，一定要创造互动共创的氛围，让社群的人与人之间的联系更加紧密无间。创造是很难规划的，只有提供给人们各自独立时无法得到的资源和环境，有更多自发碰撞的机会，才能创造最大的价值。促进协同的机制设计，这是未来组织创新最重要的领域。

众筹模式具有多中心和扁平化的治理特征。这些治理模式和公司组织的治理结构是不同的，尽管很多做未来组织预测的学者认为，去中心化和自组织同样也适用于公司组织，其实在实践的过程中，这样的组织是一定会出问题的。有形资产的股权分配模式很复杂，涉及任何私产利益问题都不是小事。任何项目在众筹前和众筹后的本质是不同的，在这之后，必须导入到公司体制中。

就创新而言，众筹领袖的治理结构不会形成威客网络 P2P 智力互助的简单形式。虽然结构会更简洁，但是如果不能调用更多的人才群体，这样的创造体系不见得就比企业原来的架构更具行动能力和行动效率。

领袖的号召力、规模、社群开放性以及聚集的人才资源的质量取决于社群本身的质量。如何将庞大的社群组织起来，还要保持一种简单的结构关系，这是一个管理难题，因为复杂的结构都标准化、程序化了。如何将公司内的杰出人才从公司内部带到一个更加开放的新的知识共享的环境中，这是众筹领袖必须思考的问题。

众筹人三原则

科技发展赋予人们更多的能力，也可能赋予人们更大的破坏力。在各个国家，在人们使用互联网的过程中，网络科技提供了便利，其实也可能放大了丑恶。而众筹模式之所以能够在分布式的状态下协同成巨大的社群系统，这得益于信息技术的充分发展。

对于知识创造，众筹模式能够提供极大的好处，能够协同全球专业资源进行互动分享并实现价值创造；但是，对于网络诈骗和网络经济犯罪而言，其实也提供了同样的运作效率。在谈及众筹领袖的时候，也要防止那些具有破坏性的领导者对社会经济结构的破坏。互联网是一把双刃剑，知识和技术本身都是有利有弊的，关键是如何用好互联网众筹模式。

对于社会来说，互联网众筹具有很好的资源整合价值，能够聚集散落在各地、使用互联网的“自由分子”，这是一种自由人的联合状态，能够带来一些意外的知识融合和资本融合。这种意外正是在情理之中的，意外对于组织来说，可能本身就是一种机会，而在传统的企业中，这些意外都被排除掉了。众筹领袖能够帮助参与众筹的企业和个人实现将意外转化为机会。

但是，新众筹组织一旦被恶念者掌握，很可能会造成巨大的基于网络犯罪的行为。非法的经济行为和破坏社会的行为，也可能变成跨区域和跨国境的互联网犯罪行为。

中国企业家冯仑对于这样的组织化行为也提出过自己的警告。冯仑对基地组织的组织结构进行了细致的研究，对于震惊世界的“9・11”事件，他指出这种跨区域协同带来的可怕后果。策划“9・11”事件的花费是22万美元，而美国直接损失2000亿美元，间接损失4000亿美元。全球犯罪网络对社会的破坏力可见一斑。

对于全球的互联网犯罪网络，可能会出现“基地化”的情况，其总结的组织机构规律也和当下的互联网社群在模式上是一致的。所谓“基地化”，是用价值观、文化、情绪协调的自由分子运动，成本是分散承担的，收益是巨大的。这样的组织比较分散，没有层层管理，很多行动并不是领导者直接布置的，他们只是用价值观和宗教情绪统帅。在全球，众筹模式正在被用来进行筹集资源，进行游击战争。这种筹集资源的方式成本低廉而分散，传统的政府强力组织很难对它们进行系统性的破坏。因为这些极端组织本身就是一个协作网络，即使被破坏掉一部分，其他部分还会具有行动能力。主流社会只有清楚地认识这种极端组织的内部结构，才能够实施应对的方案。

现在，在企业内，有系统性的网络技术支持的企业都在简化自己的管理结构，让自己去适应这种变化。虚拟办公和社群化正在成为这些企业的管理模式。在这样的治理结构中，众筹领袖成为整个组织的一面旗帜。组织在众筹领袖的人格化品牌的基础上迅速重构，做出以前在企业内部无法完成的事务。

众筹领袖能够凭借互联网媒体，获得巨大的社会影响力，这种社会影响力能够带来巨大的利益。因此，众筹领袖必须要面对自己的利益问题。对此，笔者要说的是：众筹领袖需要成为一个良性的社会组织的领导者，而不应该向社会输送恶性的和病态的社会价值观，应上升到文化层面的价值观传播，需要对社会负责。

新的组织结构需要新的规则，这是组织发展的规律。现在人类社会的主要活动都是在公司组织的基础上被构建在一起的，那么，在组织进入众筹化时代后，就需要新的规则来限制组织的负面作用。

人类思想家的探索，能够为我们提供一些思想的“弹药”。如果谈及借鉴学习的思想先行者，笔者会选择阿西莫夫（Asimov），这些科幻作家正在为未来遥远的智能社会制定规则。科学技术的进步很可能引发一些人类不希望出现的问题。互联网下的众筹组织的领导者，需要思考自己的角色定位。

为了保护人类，早在1940年，科幻作家阿西莫夫就提出了“机器人三原则”：

第一条，机器人不得危害人类。此外，不可因为疏忽危险的存在而使人类受害。

第二条，机器人必须服从人类的命令，但命令违反第一条内容时，则不在此限。

第三条，在不违反第一条和第二条的情况下，机器人必须保护自己。

人工智能时代现在还远没有到来，但是这样的规则已经开始在全球人工智能技术领域成为最高规则，每一个技术研究者都必须遵守这样的技术规则。在众筹领域，无论对于小事业的众筹，还是国际性巨型事业的众筹行为，都需要制定一种顶级规则。对于拥有巨大资源的领袖来说，自律是最重要的规则。

受“机器人三原则”启发，笔者在这里写出“众筹发起人利益三原则”（简称众筹人三原则）：

第一条，众筹发起人代表一种信托责任，不得危害社群利益和公众利益。此外，不可使用欺骗手段来获取他人利益。

第二条，众筹发起人必须做到全流程透明，但经全员同意项目私密时，则不在此限。

第三条，在不违反第一条和第二条的情况下，众筹发起人在众筹委员会的公平投票原则下拿到自己的一份利益。

“众筹人三原则”对于全世界参与众筹的人，都给出了一个顶级的行动纲领。众筹模式和企业不同，它不是为自己获得利益的游戏，众筹模式是介于企业组织和非营利组织之间的“第三类组织”。众筹领袖是资源大整合时代的符号，是组织使命和文化价值观的坚守者。不掌控事业，也不一定是赚最多钱的人，但是，他的宏大的愿景可以引领这个时代。

比如，对于谷歌公司来说，他们奉行的价值观体系很简单，只要三个汉字就能够表达：不作恶。对于拥有巨大资源的公司和众筹组织，只要做到这三个字，其实也就够了。

众筹领袖的思想力和行动精神

凯恩斯说过一句话：“经济学家和政治哲学家的思想，不论正确与否，都要比人们通常所理解的力量大。”思想的力量是无穷的，思想很容易被创造，但是很难短时间被扑灭。一个组织的思想力决定了这个组织在社会中的地位，一个组织的思想力能够制造强势的组织文化，能够对竞争者产生强大的文化碾压效应。文化弱势的国家及其企业，无论怎么样做品牌，产品都无力进入贵族俱乐部，无力在竞品市场中卖出高价格。一切商业模式，最后都要回到这个最朴素的道理：让自己的产品卖出高价格。要达到这一点，需要什么的体系和工具？

众筹领导者能够领导企业组织，也能够引导大众。在企业内，影响力的发挥模式是综合的，领导者有很多的工具可以运用；但是，在跨出企业之门后，这些众筹领导者只能靠知识和思想力来影响大众，靠一种先行的行动精神去影响大众。从某种层面上来说，思想力也是众筹领导者对大众施加影响和实施治理的工具。据笔者的观察，没有思想力的众筹者无法成为众筹领袖，而无法获得公众信任的领导者在未来是没有力量的。

互联网是组织思想的媒体放大器，一个事业组织能够在互联网上投射的影响力，大体上都是靠一种思想的张力在起作用。

在大工业时代，规模和市场占有率是最重要的成功指数，也是所有大工业家们孜孜以求的价值目标。工业复制主义主导了人类的工业化进程，也许对于一个时代来说，这是满足稀缺的需要，人类在短缺年代的苦难中煎熬得太久了。

工业人在复制体系中创造的商业价值没有贬值。比如，在 20 世纪 80 年代，一台 21 英寸的显像管彩色电视的市场价格是 3000 元；而在今天，一台 50 英寸的液晶电视的市场价格还是 3000 元。如果用购买力来计算，产品性能大大进步了，但是价格却可能只有原来的 1/10，工业人的创造正在变得微利化和福利化。如何突破困局，才是众筹领导者（新资源的组合者）所能够发挥领导力的地方。起点大学执行主席、X 大奖创始人彼得·戴曼迪斯（Peter H. Diamandis）对此说了两句话："世界上最大的问题等于最大的商机。预测未来最好的方法是你创造一个未来。"

在互联网时代，折中主义的想法其实都是苟且之道，要么杰出，要么被杰出者整合，企业很难找到第三条道路，市场中没有安全的庇护所。众筹领导者的眼界和立意，以及在此基础上建立的大众影响力，说到底，都是基于知识核心建立起来的事业体系。当然，基于蛊惑式的思想体系也会有一定的市场，但是，这样在实践中无法实现落地的概念只能局限在一个狭窄封闭的领域，与互联网精神格格不入。

不得不说，"众筹创造体系"是一种精英体系。能够充当众筹领袖的人的起点不是一个普通人，而起点可能就是企业英雄和时代的标杆。成为被大众感知的英雄是需要聪明才智和卓越行动力的，毕竟，能够引领这个时代的人只是少数。

当代的众筹领袖和企业领袖需要成为未来社会图景的描述者，成为未来的代言人。现在大部分企业家其实并没有做好这样一个角色而大众需要这样一个角色。在互联网时代，一个政治领袖的时代过去了，但是无数个经济领袖、科技领袖、生活导师的时代来临了。每一个领袖都需要新的知识来拓展自己领域的疆界，每一个能够具备“知识极”的领域都能够出现一个领袖。互联网时代是群星灿烂的时代。

互联网具有极强的媒体特征，至今为止，人们能够感受到的互联网，在很大程度上依然是媒体的互联网，而不是“社会互联网”。事实上，现在很多众筹模式正是运用了互联网的媒体功能，来宣传自己的思想体系。

众筹领袖在领导社群的过程中，就是要将影视剧本式的领袖宣传变成可以一种可执行的拓展精神。众筹领袖的行动拓展精神是很重要的，其实在这个角色上，企业家和众筹领袖之间的角色是可以重叠的，因为公司体系和众筹体系本来就是一种相互辅助的关系。在未来，企业家向众筹领袖的转变可能是一种自然过渡的关系，对于企图建立生态链的企业而言，做众筹领袖也是很好的选择。对于众筹组织而言，未来主流企业家普遍关注并且真正将自己的企业价值运用众筹模式实现的时候，众筹模式的春天才会真正到来。

其实，对于众筹组织领袖而言，需要从先锋企业家那里获得行动的心灵能量和路线图，平庸的作为无法激起大众和资源拥有者的兴趣。对于埃隆·马斯克（Elon Musk）这样的世界级企业家和知识资源整合者而言，认识新的企业创造力特征是非常重要的事情。顶级的创造体系一定是全球资源众筹的结果。

埃隆·马斯克是那种特别胆大妄为的企业家，这个想要在火星上死去的人，举起了这个时代航天的旗帜，提出了比 NASA 更高的行动目标。当然，马斯克在提出概念的时候不是吹牛，而是一步步地整合全球最优的航天知识资源，跨界寻找最优秀的人才进入公司，一步步地将梦幻一般的想法变得有极高的可信度。

马斯克在清华大学演讲时，是 SpaceX 公司最困难的时期，但是支撑其梦想和行动的步伐始终没有停下。他说："人们过去不是不想去太空，而是认为去不了、不会成功，所以放弃。所以我创办了这家公司——SpaceX，让人们认识到，这件事是可以做到的。我们现在所做的一切，都是在火星上建造城市的关键性一步。"

马斯克已经获得了突破，完成了全球美、中、俄等大国都没有完成的历史性创举，完成了火箭发射后完整回收的技术工程。在此之前，SpaceX 每次发射费用为 6000 万美元，实现火箭回收技术后，发射价格有望降低至每次 600 万美元。其中，团队实验的火箭猎鹰 9 号的制造成本为 1600 万美元，燃油成本仅为 20 万美元。这完全改变了世界航天史。

在过去半个世纪的航天事业中，运载火箭与航天器分离后，其便会自行损毁而无法被重复使用，这使得人类进入太空的成本异常高昂。马斯克正在将这一成本降低至当前的 1/10，并最终达到民用航空的成本。

猎鹰 9 号的成功发射和回收，正是基于全球资源众筹的结果。马斯克知道自己并没有能力独立运用企业的资源去开创这项事业，他从一开始就在全球的主要航天机构中寻找最杰出的专家。当 NASA 喷气实验室的主任给他打电话请求他不要再挖走顶尖人才的时候，马斯克就知道自己的路走对了。正因为有顶级的人才资源，所以 SpaceX 在资本市场也能够获得可信度。马斯克的行事路线图对于致力于全球资源众筹的企业家来说，具有极高的借鉴价值。敢于解决巨大问题的梦想者，完全可以在全球众筹体系中取得突破。

对于那些影响历史、能够让世界不一样的企业领袖而言，他们必须树立自己的旗帜，成为时代的领导者，并在这个基础上开展全球众筹，将价值链和这个星球上最优的资源实现重合。对于苹果而言，iPhone 内的所有技术均由美国或者世界其他国家机构和科研机构资助研发而成，包括无线网络、互联网、GPS、触摸屏技术以及声控的私人助手 Siri 等。经济学家马祖卡托（Mazzucato）认为，苹果公司对上述技术的运用非常出色，但它的成功所依托的是公共部门多年来的投资成果。

尽管众筹组织有最后的总协调人，但还是需要发挥群体创造力的作用，而且这样的群体边界已经突破了传统的范围。一元思想和多元思想比较起来，多元思想的组织对于不确定的未来具有更好的适应性。

第八章 众筹重构个体商业和社会行为

每人都是微天使

对于众筹而言，虽然众筹的内核在于让优秀者更优秀，但是对于普通人而言，民众被组织成社群，在社群中还需要能够找到自己的位置。普通人可以通过自己的社群圈来代理销售最优质的产品，并且从中得益，而在以前，这样的机会都在商业的渠道霸权中。互联网众筹能够让普通人得益，这是众筹的固有功能，也是众筹领袖的社会责任。

众筹模式是一种适合社会各个阶层的资源集聚模式，所以对于精英阶层来说，众筹模式就是全世界最优专业资源的再组合；对于普通大众来说，则是一种仅用极少资源就能够参与的体系，每一个人都是消费者，在消费的过程中也可以获得企业在某一特定区域或者网络中的经营权。

在中国，基于移动互联网的普及，大部分使用智能手机的用户都被纳入到一种新的名为“微商”的体系中。微商即一种借助移动互联网完成交易的体系。移动商务的发展对于每一个人而言，在未来都能够获得一种商业机会，将自己最擅长的技能或者借助分布式技术制造的产品直接交付给用户。

每一个人都将成为移动商务时代的微天使，这种投资的行为，对于另外的个体和组织进行直接智力支持或者资金支持。对于微小事业来说，有专业人士的支持或者微小资金的支持就能够做成事情，这正是众筹模式的魅力所在。这些微小的众筹模式也能够形成一种生态链，普通人的生活和事业模式也将会改变。即使是一项小的事业，也能够实现社会化分工，而不再是企业之内的分工体系。

微商社群的聚集，基于互联网社交基础上的众筹行为；微小资源的汇聚，也能够成就一个小而美企业。微商社群模式则是一种复杂的微商商业模式的集合体。微商服务业和基于社群的社交型商业行为模糊了微商的边界，变现盈利模式是隐性的、多步骤实现的，变现的路径复杂。所以，对于微商的未来研究，基本都集中在这样的一个领域。

比如，现在线上线下结合微商（O2O）模式、社群品牌（如自媒体）运营模式、社交平台联合经销模式、微商直销等模式，基本都建立在社群之上，依靠社群资源的聚集来实现利润的创造。普通人可能成不了参天大树，但即使是小草，也能够汇聚成草原，是和大森林不一样的风景。

在中国，商业人士参与一场线下活动以后，就能够进入一个网络社群。这个网络社群在现在看来，向实际落地转化还有一截距离，但是这种“射钉枪模式”还是有一定的社交优势的。那些在活动中的人能够相互之间交流信息，能够固定下来，形成网络社交体系。这些网络交际圈的用途，即是个体在需要大众支持的时候，可以向自己的网络人脉圈发起众筹请求，寻找专业支持和其他资源支持。

作为一个全社会给予厚望的新经济形态，普通人参与的众筹模式其实包含一切电子商务形态。而众筹社交模式不仅是买卖货这样的商业模式，更多的价值还是建立连接，建立人际信任，从而实现优质资源的聚合，得到长期的变现。

大众众筹网站模式的运营逻辑是：通过信息服务内容实现媒体属性，用来做流量的入口，这些大众众筹网站其实运营的是一种社交体系，社群是关系属性，用来沉淀流量，并进行深入的人际互动，实现资源的联合；商业是资源属性和交易属性，用来变现流量价值。这没有超越电子商务的核心逻辑，但是电子商务还是以商品为核心的，而众筹模式则是以人的参与为核心的。

众筹模式对于大众创业者而言，支持的方式不在于力度，动辄动用巨额资金的项目，可能不会出现在大众众筹模式中。众筹的魅力在于众筹的广度，毕竟对于企业来说，用户真实预购和使用产品才是正途，其他的资金支持虽然重要，但是与用户的互动更加贴近商业的本质。

在众筹模式中，用户因为好的产品、内容、工具而聚合，然后通过社群来沉淀，因为参与式的互动、共同的价值观和兴趣形成社群而留存，最后有了深度联结的用户，用定制化完成社群生产和消费价值链闭合，用交易来满足需求，水到渠成。

对于微天使投资人来说，微小数额的资金和预购的支持就够了。对于一般创业者而言，用户初期的使用和回馈对于产品进化迭代是非常重要的，这是天使投资人不能提供的，天使投资人能够提供的是资金，而众筹模式能够提供一个市场。

对于大众众筹而言，重要的是用户。众筹经营需要“走心”，因为最支持你的永远是用户——众筹参与者。互联网的社会性、民主性和个体革命，鲜明地体现在众筹组织中。组织中的群体思维、去中心化、众包生产方式、生产消费融为一体等，无不是众筹参与感的表现形式。其实，在先锋性和开拓性的创业活动中，这样类型的活动是精英行为，但是市场是面向大众的，所以大众众筹市场也是精英有必要鞠躬的市场。

对于投资，大众多是陌生的，但是众筹模式能够给所有人一个实习投资的机会。对于普通人而言，很少有作为非雇员身份参与独立的投资项目，对于众筹多元性项目的选择，则能够提升整个社会对发自内心的商业价值的追求。

中国众筹模式的实践者张讯诚认为，众筹在一定程度上可以消除机会的不平等。100 多年前，面对机会的不平等，美国钢铁大王卡耐基（Carnegie）说："我们这个时代的最大问题，就是富人如何和穷人相处成兄弟。"现在，这也成为我们的难题。众筹组织能够在一定程度上解决这样的问题，将穷人组织起来，向他们提供资源，使他们有更好的机会把握未来。

众筹对这个时代的贡献，主要表现在层层递进的三个层面：价值发现、价值匹配和价值获取。

价值发现即明确价值创造的来源。这是对机会识别的延伸。大众力量推动商业已成为了一种趋势，商业民主化的结果是"草根"公众投资人将更多地介入个人或企业的创业过程，他们渴望成为该过程的参与者甚至主导者，而不再只是旁观者。而富有创造力的创业者的融资需求迫切，想绕开中间商的盘剥并更多地与大众接触，但又缺乏推广渠道。这时，众筹在创业者和大众之间搭建了桥梁，如众筹平台。这是最有意义的价值发现。

价值匹配即明确合作伙伴，实现价值创造。众筹平台将核实发起人的身份、调查完成项目的能力、制订推广计划、进行网站设计和维护等专业性和独特性较高的环节作为自己的核心业务开展，并提供差异化服务，把对构建竞争优势不太重要的其他业务外包给合作伙伴，与合作伙伴实现资源、要素和竞争力的优势互补，从而降低总成本、增加超额利润并提高企业的敏捷性和柔韧性，最终建立以众筹平台为中心的价值网络。

价值获取即制定竞争策略，占有创新价值。这是众筹模式的核心逻辑之一，也是众筹平台能够生存并获取竞争优势的关键。价值获取的途径主要有两方面：一是众筹平台要担当价值链中的核心角色；二是众筹平台要设计难以复制的商业模式并对此进行保密。

众筹的价值发现、价值匹配和价值获取过程，就是一个社交和交易的过程。创业者和大众之间的链接关系很像核裂变：一个原子撞击另外一个原子，变成两个原子，这两个原子再撞击另外两个原子，变成四个原子……呈现出一种乘方式的增长，这就是众筹的巨大爆发力的秘密所在。正是因为众筹具有这样的特点，才把参与者变成了微天使。

未来是专业人的未来

未来最强大的国家是拥有最多、最优质的专业人的国家，这是毋庸置疑的时代趋势，众筹模式正是知识时代最具生命力的组织形态，它强化了对先锋创业者的支持。那些略带疯狂和激情的创业者容易获得众筹组织的认可，也容易获得资本市场的认可。资本不仅仅只追求增值一个方向，对于掌握资本的人来说，对别人的支持也可以是出于自己的梦想。普通人有普通人的梦，先锋者有先锋者的梦，众筹模式能够支持各个层面的生活追求到事业追求。

未来的资本会强化对先锋者的支持力度，这是一个趋势。那些得益于创新的企业正在将自己的资本布局到面向未来的未知体系中。谷歌公司创始人、CEO 拉里 · 佩奇（Larry Page）曾经公开表态说，他死后的主要遗产不给传统慈善机构，而是要捐给“像特斯拉的马斯克这样有能力改变人类未来世界的人”。虽然能够改变世界的人很少，但是能够开拓知识疆界的人，首先就需要是一个专业人。众筹时代对于一个普通人来说，最重要的一点就是首先让自己变成一个专业人。对于发现知识新疆域的人来说，都可以获得众筹资本的青睐，前提是他们能够拿起众筹这个工具，去获得自己的支持者。

大众众筹模式中，能够起到耦合价值的都是专业人的结合，在前文我们已经深入探讨过。不过在前文中，我们在讨论的时候，多数都是在讨论拥有核心人才的众筹体系，对于一般专业人，其实众筹模式也在改变他们的生活和事业体系。一般专业人不一定属于创新体系的一部分，但是可能属于一种高端的专业服务业。围绕高端服务业的线下社区服务体系，将为专业人提供大量的机会，如私人医生。这些围绕着健康人群的健康医疗顾问式服务，将不仅仅属于财富阶层，随着众筹模式逐步获得认可，大众也可以通过众筹模式获得健康顾问和私人医生服务。

对于这些在社区获得专业和专家资格的人，如私人医生服务，能够建立一种对众筹人的健康状况的连续跟踪行为，并在跟踪服务的过程中获得一个人及其家庭成员健康生活方式的全部大数据。这些大数据使得私人医生能够熟悉社区中的健康状况，给予用户最好的健康服务和建议。随着医疗技术的发展，便携式的专业医疗器械能够进入家庭和社区，能够帮助用户建立一种成熟的医疗服务体系。

对于大部分专业人来讲，未来也并不都是坦途。互联网解构掉原来的组织体系以后，终身被雇用和稳定的职业人已经成为一种奢求。在这种情况下，唯有从组织体系中走出来，让自己能够成为一个服务节点，而不是组织中的一个节点。互联网的优势在于，每一个专业人的背后，其实都有大数据可以调用，所以专业人并不是孤立的。这不是个体企业，不是一种组织的蜕化，而是一种强大的网络专业资源基础上的价值投送体系的重构。

在工业时代走过来的人不习惯没有企业组织，自己在组织中觉得更加安全，这是一个时代在人们心理上留下的烙印。个体在走一条专业精细化的道路的时候，注定需要一种独行的状态，这是对专业知识的探索。对于众筹模式来说，即使众筹一件很小的事情，也需要自我起愿，并且自我实现。对于工业人来说，这依赖于组织的强大，因此找一个好工作是上一个时代的理想；而对于新的互联网组织而言，钻研一个好专业并且有所建树，才能够获得稳定的未来。

成为专业人是时代的要求。在所有的媒体都在鼓噪跨界的时候，实际上这都是对专业人说的，没有专业背景、没有精通一个专业的人根本就没有跨界的资格。

诺贝尔生理学和医学奖组委会秘书格兰·汉森（Goran K. Hansson）说："毕竟，个体才能做出发现，而不是组织。在组织和机构变得愈发重要和有权力的时代，从中分辨出真正具有创造力并改变了世界的个体也变得愈发重要。"其实，诺贝尔的奖金模式和众筹模式支持专业人的寻觅逻辑是一样的。对个体的价值追求，也是众筹模式的核心。

众筹模式的支持体系，不是去寻找组织资源的支持，而是通过互联网，直接找到组织中的专业人才。众筹组织寻找社会化组织方案，在整个互联网中寻找解决方案，而不仅仅在企业内部寻找解决方案。对于众筹人来说，如果项目不涉及高风险性的创新活动，那么，他们出于稳妥性的要求会寻找专业人的支持。对于大众创业来说，寻找确定性的知识人才和成果，往往能够提高成功率。

由于经济层面和社会层面对个体的要求是专业化，所以在众筹时代，人是需要终身学习的，这是时代的要求。未来众筹中的很多参与者都是为学习而来的，他们能够在参与众筹的过程中获得知识，满足对专业的历练。这是一种在实践中进行实践的方式方法。

对于大众来说，未来社会不是什么美妙的社会，科技成果的个性化应用具有门槛性。比如保持身体健康的生物技术应用，可能是一些财富阶层所拥有的，因为在应用这些技术的时候涉及高额费用。对于众筹模式来说，机会平等不代表能够带来结果的平等。对于未来，个体的富足依赖于对于自己知识领域的精深程度，对于众筹时代的个体，价值逻辑自然要求个体成为核心人才。从专业人士到核心人才的转变，是很多人一生的价值追求。

众筹模式造成的经济民主化是一种现实，但是对个体的才智挤压效应也是一种现实。对于大众来说，靠知识创新获胜，还是靠专业技能获胜，这是有分野的。但是在未来，无论哪一种众筹模式，受到尊重的人基本都是自己领域的核心人才，而且，未来一定会出现核心人才磁极化的情况。资源开始向核心人才聚集是一个趋势。

制造业是现代经济的核心，而不是鸡肋，不参与制造，就享受不到制造过程中创造的知识。对于大众专业人才而言，制造业是一个人才蓄水池。制造也不仅能够容纳高精尖的人才，也能够容纳技能型专才。这是制造业的魅力所在。

制造业的磁极指的是生产前的研发，在这里聚集着核心人才。核心人才在技术性很强的制造业中发挥着至关重要的作用，不仅决定了产品质量，也决定了制造行业的未来走向。制造业是实现工业化的水之源、木之本，是国家实力的支柱。打造制造强国，最大限度地发挥技术性核心人才的研发创新作用为第一要务。因此，姑且称之为“核心人才磁极化”。

以美国为例，制造业研发活动占全社会的71%，研发经费占66%，专利数量占90%。制造业不仅本身是实现科技创新的最重要领域，而且第一、第二产业的技术进步也必须以制造业的技术创新和运用为基础。

在这里，美国重返制造业的人才战略可以给予我们有益的启示。美国在遭遇金融危机之后，开始强力推动“制造业回归”，聚集国际一流人才、创意与设备，致力于打造最具竞争优势的高端制造业、智能制造业和先进制造业，来支撑美国的发展。

历史上，美国曾在世界制造业盟主宝座上雄踞了一个多世纪。不过到了20世纪70年代，作为“完成后工业化的标志”，美国放弃了一般制造业，转而追求高新技术产业和现代服务业。美国制造业企业连续多年竞相将生产转移到低成本国家，欧洲的发达国家也紧随其后而行之，其结果不仅在世界上造就了一个强大的跨国公司群体，而且还将改革开放中的中国推上了世界第一制造业大国的位置。然而，世界性的金融危机无情地摧毁了西方各国多年的经济繁荣。痛定思痛，以美国为首的西方世界开始反思，几乎一致认为是放弃制造业使发达国家失去了经济持续稳固发展的根基。

在金融危机爆发之后，美国政府强力推动“制造业回归”，先后出台了《购买美国货》《制造业促进法案》《五年出口倍增计划》《内保就业促进倡议》等一系列政策和法案。经过五年的努力，美国制造业已经展现出良好的发展势头，一大批美国跨国公司或将海外的生产基地迁回美国，或在国内开设新厂。美国制造业出现了自20世纪90年代以来首次持续性就业增长的势头，贸易出口额也有显著增长。在这种形势下，欧洲的多个发达国家也纷纷仿效美国，先后抛出自己的“再工业化”战略。

但是，美国的“制造业回归”并不是简单的传统制造业回归，而是向高生产效率和低经济成本的现代制造业的跃迁，集中了全球最高端的人才、创意与设备。毫无疑问，以顶尖人才支撑的未来美国现代制造业，将是拥有全球最具竞争优势的高端制造业、智能制造业和先进制造业。

对于现代产业生态来说，唯有制造业能够蓄积最大量的专业人才，而多样性的人才群体对于国家产业发展来说无疑是核心资源。有了资源才能够发挥众筹模式的威力，而没有出色的制造业，众筹模式也就没有用武之地。

对于中国和印度这样的大经济体来说，能否借助众筹模式鞭策国民向专业人转变是一个国家战略。未来是专业人的未来，唯独拥有最大量的专业人，国家发展战略和企业发展战略都以开发人力资源为管理核心任务，才能够实现对现实知识强国的超越。专业人的聚集是众筹模式普惠大众的方式，普惠不是自来的体系，而是大众自己努力的结果。

社群众包、众筹、众智

众筹模式和公司模式之间是什么样的关系，这是一个很有意思的问题，我们在前文中已经数次阐述这种关系。在这里，我们可以将众筹模式看成是公司的外挂系统，而且一个公司可以获取多个以众筹模式为基础的外挂系统。

人的专业能力是通过众筹项目来体现的，人的职业归属还是公司体制，在未来也是如此。人的专业能力以前也只体现在公司内部的价值贡献，而现在则体现在众筹项目组合中，并且在这种跨越公司的新的运营团队中贡献自己的专业能力。将专业人放在社群中去实现价值，无论从质还是量都应该超越传统的企业管理系统。这是企业的众智行为，也是众筹模式最主要的运作方式。

企业和众筹领袖需要思考如何实现社群共创，两个不同专业背景的专业人的紧密互动也许能够促进共创体系的形成。对于企业管理来说，让企业内的专业人和跨专业的企业人之间进行配对互动，成为未来众筹组织管理和企业管理的一项实务。

众筹模式改变了个体的商业行为，交流和互换智力资源不仅没有损失，还能够获得额外的创新型知识，这些创新型知识能够带给企业新的竞争能力。众智行为能够将专业人的智力资源看成一种资本体系，在众筹过程中，不再将专利这种静态的知识成果作为智力资本，而是将人看成知识之源。如何用好知识人才，这是众筹组织和企业共同需要面对的管理问题。

众筹组织形成的社群是一个“千斤重担人人挑”的组织形态，每个人在社群中都有自己的定位和作用。因此，在社群内，发起人是喊口令引导大家有效参与的指挥员，是穿针引线让群友之间串联成一串珍珠项链的引线。没有让大家都积极参与进来是发起人的失职。

构建一个具有共创功能的社群，需要有很强、很完整的思路和设计能力。对于大众社群而言，也需要注重参与者的专业质量。非专业人组成的社群因为没有固定的互动方向，实际上能够产生价值是有限的。至少在目前的全球众筹市场实践中，非专业人的社群在实践中充当了营销渠道的功能。更明晰的认识是，非专业社群的聚集也能够产生商务行为，不过这些应该归入电子商务范畴，而不是众筹模式的理想模式。

对于全球非专业人而言，利用众筹模式来组建营销网络也是一个不错的选择。毕竟不是所有的商业项目都是高精尖的，只要有市场，并且能够在市场中立足的项目均可以发展。在商业上，也不需要有清流思想，这对于众筹模式普惠大众是有助力的。

事实上，从现在的市场来看，企业，特别是大企业，正在使用众包模式来分包自己的价值链，将自己做不到最优秀的部分外包给一些个人和其他小企业群体。这种模式可以使大企业变成一个生态系统，在外部外挂了很多中小企业，形成一个关系紧密的合作社群。众包走了一条和众筹类似的道路，不过众包是将自己的优质资源和外部优质资源相结合，派生出新的运作方式；而大众众筹模式则是在自己没有或者拥有优质资源的情况下，通过社群和公众互动获得外部优质资源的援助，形成一个价值创造和回报体系。

在前文已经说过，在传统的合作体系中，大企业是排斥和个人之间进行合作的，传统的合作体系强调对等性，但是在互联网时代，这种合作模式被打破了。一个公司或机构把过去由员工执行的工作任务，以自由自愿的形式外包给非特定的（而且通常是大型的）大众网络的做法模式。众包的任务通常是由个人来承担，但如果涉及需要多人协作完成的任务，也有可能依靠开源的个体生产的形式出现。

在未来，优秀的专业人是无边界的，能够和个人进行合作，也可以通过承接大企业的外包项目来独立完成项目，也可以参与到大企业的众筹运作中。一切人为的边界其实对于专业人而言是阻挡不了的。

现在的创业公司已经大量使用众包模式来解决企业资源不足的问题。优秀的人才对于小企业的成长是关键资源，但是企业无法雇用他们，所以合作和分享智力资源是最好的合作方式。

首先，众包扩大了一个组织的边界。一个公司通过将研发任务众包，其专家队伍则包括它所有的众包合作伙伴。因此，企业将业务众包后，其组织边界不再局限于组织内部。众包模式促进了众筹社群的构建，并在项目可行性的前提下发挥出参与者的最大热情和聪明才智。众包形态下可以开源个体能量，集思广益，人人可以表达意见与想法，将智慧精华作为项目决策与运作的重要参考。

其次，众包充分利用了外部的资源。当公司内部资源有限、无计可施的时候，利用外部资源来解决问题无疑是高明之举。众包是企业对自身资源缺陷的弥补，可以从外部获取资源为其所用。众筹的核心是筹集钱背后的“人”，不仅仅是“人力资源”，还有“人力资本”“人脉资本”。很多知名品牌已经改变了原有的商业拓展模式，通过股权众筹这种方式来扩散品牌，快速抢占市场。不仅如此，融资方还能通过股权众筹的方式，吸取众多投资人的建议和观点，为公司的发展和规划提供必要的建议和良好的思维模式，促使融资方企业更好地发展。大量研究表明，企业众包的成本也大大低于组织内部从事相应活动的成本。

最后，众包是网络时代的产物。网络突破了地理和时间的限制，使沟通更便捷、成本更低，而各国、各地资源价格的不均等则是这些商业模式产生的最基本的推动力。互联网的出现为众包提供了最有效的渠道，为众包过程中实现项目目标架起了桥梁。

众筹组织和众包生态聚集了丰富的智力资源，成为社群众智，这是一种极具创造性的宝贵资源。在这方面有一种智力众筹的方式，它一方面是对人才价值的衡量，另一方面是对创业团队的激发，提供了一种“人才＋创业团队”的更加广泛的合作机制，让合作形式不再局限于雇佣制或合伙制。

智力众筹被称为众筹的第五种模式，目前已经进入了创业者的视野。如今，股权众筹已经不再新鲜，它求的是资金，是背后的资源；但智力众筹求的是智慧，是人才，是定向地、有针对性地解决问题，是外部合伙人，相比股权众筹，它的门槛更低、效率更高。智力众筹通过众筹的方式，以股权邀请人才解决实际问题，既能降低成本对接到行业专才，又能快速解决问题、推动项目。

工业时代以整齐划一的格式为工业之美，在这个基础上开出的工业之花都是一个颜色、一个格调。但是，后工业时代需要在工业基础上实现个体发展的差异化，这使得不同的商业价值组合成为这个时代的做事逻辑。

关于找合伙人，我们都知道要找一群基因不同、知识不同、经验可能不同的一伙人，但靠创业者自己的圈子常常“捉襟见肘”，有时简直称得上是“天方夜谭”。但通过智力众筹，可以对接到不同领域的高级人才，特别是在有专门的智筹平台提供服务的时候，接受智力众筹模式的人才聚集在一起，创业者可以根据需求直接发出邀请、直接解决问题。

传统的合伙制、雇佣制将人才束缚在一个团队、企业中，不能将剩余的时间、精力充分利用，帮助更多的创业团队。事实上，作为企业管理者，需要在公司治理层面鼓励这种行为，将自己的企业专才作为一个引子，能够吸纳更多的外部资源到企业的事业平台上。智力众筹让人才以外部合伙人的身份参与创业，起到过渡作用，帮助创业团队解决难题。如此一来，创业的人才流动起来，才能彻底激发创业活力。

智力众筹改变了创业规则，让创业更加高效，另一方面也是对人才工作模式的颠覆。智力众筹让所有人都能凭借专业技能加入创业团队，赚钱、赚股份，选择自己擅长的领域，挑选自己喜欢的合作伙伴，不用在职场中钻营，不用看老板脸色，这是对人才的最大释放。

实现人才的时间自由、职业自由、财富自由，是智力众筹的终极目标。通过智力众筹集合形成的社群众智，将发挥出不可估量的创新能量，助推经济的发展。

人人慈善的社会

对于社会经济来说，按照全球的经济发展水准，人们已经能够过上富足而非短缺的生活，但是，社会经济资源被少数人占有的现象是资本的规律，这维护了财富阶层创富的积极性，但对于落后阶层来说，也是不公平的。整个经济世界的难题就在于，治理者不能挫伤创富者的积极性，也不能对落后阶层不管不问，这种平衡游戏如何进行，是全世界政府的难题。现在，众筹模式能够将精英阶层引入到社会服务中，这是众筹模式最大的社会意义。

正如在前文已经叙述过，众筹模式最大的价值不仅在于经济意义，更重要的意义在于它将重构富人和穷人之间的关系。创造不是普通非专业人的擅长之处，但是对于社会意义来说，富人可以通过社会化组织模式，通过众筹实现对普通大众的领导，这是财富阶层在新时代的新角色。在之前，企业家只满足于做一个财富创造者就够了，但是在未来的社会中，企业家成为社会治理角色将是一个趋势。

在营利性组织中，每个人的价值都是以能够创造多少经济价值来衡量的；对于非营利组织而言，每个人创造价值的衡量标准是不一样的。例如，照顾一个社区的老人不需要用多少经济价值来衡量，也不需要职业精英人士来完成，普通非专业人士照样能够完成对于社区的服务。这样的众筹组织未来会在社区中出现，这些社区中的精英也愿意成为这一类众筹组织的领导者，因为这种组织的价值能够加强精英阶层的存在感和社会领导力。对于这些人来说，这是出色的新公共关系管理模式，社会价值是明显的，其实经济价值也是明显的，但是是潜伏的。大量公益众筹项目的落地将社会组织引导到一个全新的方向：社会组织众筹化。这种新的企业家模式目前被称为社会企业家的角色。

IndieGoGo 创立于2008年，是美国第二大众筹平台。在 IndieGoGo，柏安娜·迪吉马里诺（Breanna DiGiammarino）负责挑选出那些在教育与社会创新领域使用众筹模式筹款的最优项目，并将其广泛传播。

在加入 IndieGoGo 担任教育与社会创新总监之前，柏安娜曾是 Draper Richards Kaplan 基金会旗下社会风投基金的资深协理。她参与筹集了一只专门投资非营利初创企业的基金，金额达3000多万美元；她也曾在这家非营利战略咨询顾问公司 Bridgespan 担任助理咨询师。柏安娜毕业于弗吉尼亚大学与纽约大学瓦格纳学院的公共服务专业。Bridgespan 是2000年贝恩咨询公司创建的非营利性机构（NPO），主要业务是为 NPO 和慈善机构领导者提供组织发展策略研究和咨询服务。

IndieGoGo 发现核心议题是：部分社会企业家有着帮助社会改变且设计十分完善的项目计划，但在推进工作的过程中遇到了阻碍。而主要的发展障碍是：缺乏知名度，使得社会企业家难以筹集资金；而没有资金，反过来又使他们很难提升知名度。提到解决方法，社会企业家们正在以众筹模式解决融资难的问题，这种融资渠道前所未有的高效。

众筹资本市场的逻辑一旦进入了社会化组织领域，就意味着社会公益行为有了领导者和管理者。对于效率而言，企业治理模式是有效的，公益精英的存在能够形成磁极效应，实现公益资源的聚集。

知名度和融资壁垒对于社会企业家而言是相当常见的恶魔，两者形成了一个无尽的恶性循环：缺乏知名度让筹款变得困难；而没有资金，反过来又很难提升知名度。众筹正在改变这个问题。在 IndieGoGo 的平台上，任何人无论身在任何地方，都能够为任何一件事来筹集资金，这使得知名度与融资壁垒得以解决。而众筹的方式也使得社会企业家们的工作更加高效，比以往任何方式都更能对项目起到实际的影响。

对于众筹组织而言，不再是仅仅寻求资金的问题；对于普通参与者而言，他们可以是精英捐助的公益实践者。精英继续在自己专业领域完成财富创造，做他们自己擅长的事情，同时也能够领导一个公益众筹组织，这种公益能够透过阶层之别，实现社会和谐。

精英人士的公益众筹行为可以和自己的专业结合在一起，这是最具有社会价值的。公益同样也是以知识服务社会，实现良好的社会自治，并且这种公益和传统公益相比，更加贴近知识服务社会的公益本质。

在 ieCrowd 众筹网站的案例中，一种治理蚊虫的技术获得了资助。这种技术对于市场而言，市场价值不大，但是对于全球公益来说，却是一个很好的例子。

筹款人知道控制蚊虫的技术行之有效，他们需要在能产生最大效果的国家——乌干达进行测试。这是一个常有人死于疟疾的地区，每天每分钟都有人因蚊虫而引发疾病。为了筹集采取下一步行动的资金，ieCrowd 创建了“风筝筹款活动”，捐助者可以自行选择认领多少张防蚊贴布，然后把贴布送给乌干达人。ieCrowd 启动了 75000 美元的筹款活动，最终它向大众筹集了 50 多万美元，这使他们能够在乌干达的 3000 个家庭中实地测试这项“防蚊贴布”技术。

P2P 公益和 P2P 互联网金融一样，会成为未来社会的基础社会治理模式。P2P 公益使得参与者能够按照自己的专业能力获得社会资助，从而众筹到更多的资源来服务社会。捐助者可以自主选择支持对社会造成良好影响的某个特定组织或特定的人，这种慈善业“零售模式”的力量正在愈渐明晰。在这种模式下，机构可以清晰地阐明每一个单位的贡献值可以产生多大作用。捐助者也十分认同这种新增的透明指数。众筹使得这个模式比以往任何方式都更容易操作且更加有趣，捐助者甚至常常可以直接联系到他们所影响的受益人。这种 P2P 公益价值无论对于精英还是普通人，都有了一层特别的意义。这种利他价值能够提升生活体验，使人体验更好的幸福感。

公益众筹模式与互联网的结合，能够产生“微慈善”模式。网络“微慈善”的优势在于：随着手机终端的普及、在线支付技术的成熟，网络捐款只需动动手指，几近零成本。对个体的公益救助能够面向公众来筹款，会显出高效性，比如对于互助保险而言，这样的互助组织能够快速响应公益需求。

在公信力构建上，网络“微慈善”必须考虑依托一个有公信力的网络平台，推进公益组织业务信息的透明化和即时化，让公众方便、有效地获取公益项目执行进度的信息。同时，加强行政监管，提高治理效能，及时制止不诚信行为，严厉打击不法行为，为网络“微慈善”公信力托底。

第九章
众筹管理

产品依然是核心

众筹模式在企业盈利系统中，主要基础还是产品。在工业时代，产品是企业赖以和用户互动的基础，在互联网众筹时代，这个逻辑其实没有变化。一切企业众筹模式还是依靠产品说话，将产品作为免费媒介的想法是不值得称道的，企业的盈利系统主要还是靠产品获利。如果没有出色的产品支撑，社群也是虚幻的东西。

众筹产品是众筹模式带来的一种产品产生的新形式，即在一个开放式的环境中做产品。对于很多企业来说，这是一个全新的观念挑战。众筹社群和社交组织不具有天然管理产品知识链的能力，所以众筹组织在开发未来型产品方面不具备一个企业所有的优势。应该说，在互联网时代，制造业总有一天会成为资源聚集的核心地带，因为所有产品都是在制造业中制造出来的。

不过制造业本身也在变化，分布式的个性制造技术能够在狭小的空间里制造数量巨大的纳米级的产品，这些微型的高技术工厂，会成为众筹模式的主要应用场所。在众筹时代，用户参与产品的研发和制造，还是需要在线下进行细致、深入的互动。

在过去很多年里，各种“伪营销”的实践模式将大量制造业企业引导到了错误的方向，失去了产品知识链的支撑，很多企业最终走向了迷途，失去了产品中心，也逐步失去了和用户进行对话的资格。在互联网时代，营销仍然是企业的主要功能，营销界对待产品的观点就是如此，差别就在于产品导向，过去的产品观点是“站在生产的角度”，现在的产品观点是“站在消费者的角度”。在未来，营销还需要一个新的角度，这个角度就是“众筹人视角”。

从国际众筹网站得到的信息，往往好的众筹项目都是以好的产品为核心的，众筹团队表现出很强的产品能力。实际上，这些众筹领导者的真实身份就是一群产品经理，完成的工作就是将技术和创意直接以产品的形式呈现给消费者。众筹领袖不一定是好的产品经理，但是好的产品经理可以更好地胜任众筹领导者的角色。

众筹产品能够让用户和研发者一起完成创造，提供实验市场。在未来的众筹项目中，产品经理成为最重要的角色，是众筹模式的核心人才节点，几乎所有资源的连接都可以在产品经理的人格体基础上实现重构。一个传统的产品经理必须向众筹模式产品经理转变，善于利用全球专业资源开发产品是未来产品经理的工作内容。无论是对于公司中的企业家还是众筹组织中的领筹人，其实真正的角色就是一个好的产品经理。整个活动的中心在于开发产品和营销产品。

产品经理这个职业已经受到越来越多的企业重视，产品经理盛行于互联网企业，因而盛行于众筹领域也是一个必然。众筹时代的冲击力必然很快就会让众多人发现产品经理的重要性，众筹时代是一个“产品经理为王”的时代。

在众筹领域，产品经理之所以为王，一方面是因为他对众筹产品有自己独到的理解，能真正理解所做产品的核心价值，真正懂得参与者的需求。跟这样的产品经理合作，会让所有参与者感觉他在产品方面非常专业，他对产品的每一个细节、每一个功能的设计都是有原因、有意义的，更重要的是能够给人带来价值的。这样的产品经理，参与者会竭尽全力、想方设法去调动自己的所有资源，找资料、请教技术专家，一切目的就是为了实现产品的需求。另一方面，产品经理非常有经验，在专业领域浸淫多年。对于有些地方的设计，如果别人不太理解，他会用统计数据告诉他们，实际上这就是参与者真正需要的。这样的产品经理会令人信服，也有威信。

具体到众筹网站来说，一个成熟的众筹网站的产品经理应该具备以下能力：一是负责众筹网站布局、结构规划、细节策划及项目整体运作和推动；二是负责众筹网站功能策划、频道规划及网站业务流程策划，完成产品交互原型设计，保证最终体验质量；三是负责众筹网站用户的需求分析、网站各栏目内容，配合网站推广人员做好专题和活动的方案；四是与技术开发团队密切配合，把握产品开发进度，对所负责产品的开发进行过程指导和控制；五是及时掌握潜在的客户需求、竞争产品信息，研究产品发展趋势并快速推进设计、研发计划；六是关心互联网金融的产品、应用和技术，对用户体验有较好的理解。整个流程就是为了做好产品，因为只有产品才能够连接用户，并与用户一起实现价值的创造。

众筹组织和企业本身需要回归对产品制造过程的尊重，迎接一种“工匠”精神的回归，尊重对技术和技能的尊重。在经营上要回归经营之本，不能做浮华的商业游戏，那只会伤害众筹参与者的信任。在回归工匠精神的基础上，敢于活出不同，才是一种对价值的尊重。因为价值这种东西，最终还是需要以心灵层面的体验为准。所以，产品经理和产品运作过程是未来商业的核心所在，任何企业系统都不能够违背这样的规则。

以产品为核心重构商业体系是一种趋势，众筹模式其实能够鼎力支持制造业发展。传统制造业生产制造的周期相对较长，在未了解市场信息的前提下进行常态销售很容易落入产能不足和过剩的圈套。而以众筹方式进入市场，一方面可以将销售前置，更为重要的是在预售中可完成有效的市场调研工作，以数据手段做出产品销售预测数据，进行有计划的产能，有效解决制造业的库存不足或积压问题。而其更深远的意义在于，制造业使用众筹思维可免遭互联网洗牌。

当然，这些产品众筹项目也可以称作“预售”，因为用户是以某种简单的利益驱动而参与众筹的。更重要的是，用户能够在参与过程中学习、在消费中学习，这是很重要的价值。大众也许不具备深入研发技术体系的能力，但是在美学和感知领域，大众能够发挥自己的作用。在产品领域，未来的一种重要趋势，就是工业设计领域的崛起。在技术基础上实现产品的差异化和体验的情感化，这是众筹中能够与大众一起完成的。

美国哈佛大学商学院市场营销专家罗伯特·海斯（Robert Hayes）教授认为：“15 年前，各公司在价格上竞争，今天在质量上竞争，明天将在设计上竞争。”这说明对于未来经济来说，工业设计是如此重要。

工业设计是以工业产品为主要对象，综合运用科技成果和社会、经济、文化、美学等知识，对产品的功能、结构、形态及包装等进行整合优化的集成创新活动。作为面向工业生产的现代服务业，工业设计产业以功能设计、结构设计、形态及包装设计等为主要内容。与传统产业相比，工业设计产业具有知识技术密集、物质资源消耗少、成长潜力大、综合效益好等特征。作为典型的集成创新形式，与技术创新相比，工业设计具有投入小、周期短、回报高、风险小等优势。作为制造业价值链中最具增值潜力的重要环节，工业设计对于提升产品附加值、增强企业核心竞争力、促进产业结构升级等方面具有重要作用。

在未来，任何一位产品经理都必须具有出色的产品鉴赏能力，以艺术思维和情感思维来重新审视产品。对于一般工业公司来说，以前他们更多地运用技术思维。技术思维非常重要，但它提供的是产品基础。产品以什么样的方式组合起来，这样的话语权和判断权在一定程度上应回归用户，这是用户能够在产品中找到自身价值的因素。

传统制造业与众筹模式结合，是互联网时代产业融合大幕的重头戏，而这一切才刚刚开始，商业模式、商业版图、产业链环节、财富都将被彻底改造和重新分配。这是一个不变革就会死亡的年代，也是传统制造业最为艰难的转型期。我们能明显地感觉到，互联网的未来在于你多重，而不是多轻；重的意义在于占有产业链的更多环节，而不是更少环节。

总之，当制造业遇到众筹，一场制造业革命势在必行。传统制造业应该尝试用众筹的思维改造自身行业，借助众筹，真正生产出满足消费者需求的产品。

诚信和知识技能大数据系统

众筹模式未来是什么样子，其实基于社群只是一种半开放的系统。众筹模式如果真正走向开放，还需要建立一种基础商业设施，这种设施就是诚信大数据系统。其实，关于社群的价值，大体上涉及一个诚信基础的问题。对于合作来说，人与人之间的磨合是需要花费高额成本的。诚信大数据系统能够降低全社会的交易成本。在农业社会中，人们依靠熟人圈建立诚信系统；在工业社会中，人们通过金融系统建立信用系统，并在此基础上形成诚信系统；在信息社会，在互联网技术加速普及的情况下，建立全社会的诚信大数据系统技术条件已经具备。

诚信体系的建设是一项系统工程，它包含四个方面的内容：一是社会诚信制度，具体包括建立完善的信用法律体系、行政规章和行业自律规则等；二是信用管理和服务系统，包括各种社会主体单位内部的信用管理系统以及社会专业机构承担的资信调查、联合征信、信用评级、信用担保、信用管理咨询和商账催收等社会专业服务系统；三是社会信用活动，主要包括消费者信用活动、企业信用活动、银行信用活动和政府信用活动等；四是监督与惩戒机制。互联网能够将上述系统全部软件化和数据化，借助网络建立诚信大数据系统，执法部门和大数据平台能够借助网络建立数据系统，这是社会基础设施。

在未来的众筹体系中，人们参与到一个众筹项目中，不会害怕被欺诈，这是非常重要的。这些诚信系统和金融体系是相连的，良好的诚信记录能够帮助众筹参与者获得资源支持的资格。其实，如果在技术层面能够解决问题，就可借助技术直接解决问题。当一个人欺诈别人会付出高昂代价的时候，对于个人品牌的破坏，使得这样的人在组织体系中很难再获得信任了。

作为网络众筹平台和线下众筹平台创办者，由于自身的局限性，他们手中没有执法权，也没有办法对欺诈者进行惩罚，所以众筹平台的尽职调查，不管是对投资者还是对平台本身，都是特别值得关注的现实问题。既然不能执法，那么只有在进入平台之前，就将非诚信的项目方过滤掉，并且在运作过程中不断建立新的信任圈，扩大信任圈，逐步建立大数据系统，形成一个有保障的众筹和众包交易市场。

从众筹平台自身来看，尽职调查困境也是阻碍很多众筹平台自身发展的一个挑战。在美国，大多数股权众筹平台都有着非常低的项目通过率——1%~5%不等，这意味着股权众筹平台必须做大量的工作，才能让几百个申请者中通过寥寥几个。这在给他们带来巨大的工作量的同时，也会让人产生不安全的感觉。

声誉对于一个股权众筹网站的成功来说很关键，吸引投资者并使他们放下他们的顾虑是很重要的。平衡好一个健康的众筹发起公司和投资者人数的关系并不那么容易。如果没有足够多的投资者，股权众筹发起者就看不到成功的机会；而如果没有足够吸引人的项目，投资者就会把目光移到别处。如果股权众筹网站能把这两者平衡好，就会办得越来越成功。在当今情况下，股权众筹平台如何调整“尽职调查”的程度，将会成为它们成功的关键因素。

目前，众筹项目琳琅满目，且绝大多数属于初创期的中小微企业，对拟投资项目进行详细的尽职调查尤其重要。虽然投资风险不可避免，但是经过调查可以尽可能地避开投资陷阱。在国内，股权众筹领域做尽职调查的主要是众筹项目的领投人或领投机构。在接受领投人委托时，非诉律师的工作主要是对众筹的企业进行除财务以外的尽职调查，包括六项内容：一是对众筹方基本情况的调查核实；二是对众筹方相关附属性文件的调查；三是对众筹方管理人员和员工情况的调查；四是对众筹方经营状况的调查；五是对众筹方知识产权情况的调查；六是对众筹方法律纠纷情况的调查。

对于中国和印度这样的发展中国家，建立普及化的诚信系统是经济获得进一步发展的基础社会工程。市场经济本身就是诚信经济，信息技术能够在技术层面建立透明化的经济体系，透明化的诚信系统具有强大的约束能力，能够帮助这些国家建立完备的诚信系统，这对于国家的经济走出“中等收入陷阱”具有莫大的价值。经济发展到一定程度，经济体依赖于合作的质量，也依赖于诚信系统带来的成本优势。理想的诚信大数据系统使得两个陌生人能够无障碍地展开合作，而不用担心诚信因素。

众筹平台现在还处于一种战国时代，没有形成诚信基础设施的社会作用。其实，京东、阿里巴巴和亚马逊这样的电子商务平台具有成为诚信大数据系统整合者的条件。对于大数据系统来说，需要大企业之间形成一种数据的整合，数据的开放和自由流通是建立信用评估体系的基础。此外，提倡数据的开放和自由流通也是在社会诚信体中建立监督和惩戒机制的要求。只有实现整个信息流动过程的可视化，才能够使公正得以保障。

诚信大数据系统现在是分割的，这需要建立一种跨平台的数据调用机制，建立严密的计算法则和公正的评估体系。大数据是对现有信息数据的收集、加工，并应用技术进行数据的处理。大数据泛指数据量的巨大，但是如果想要让海量的数据发挥实际价值，还需要经过一系列的数据采集、整理、分析、运算等过程才能得以实现，一个精确的信用评估分数才能够产生。在此，这个计算的法则一定要禁得起质问和考究。

当然，对于任何平台来说，数据面向未来的核心资产。用户在平台上留下的所有活动数据，最终能够实现平台对平台个体用户的精确评估，不仅仅表现在个人诚信方面，而且在于对企业知识体系的精细把握，使得平台上能够出现“众筹+威客”的模式，个体和企业能够建立自己的知识结构和能力结构的展示数据，这使得合作者能够明白企业的擅长点。企业中的人才团队能够在这些平台上展示自己的能力，目的是能够参与更加具有前瞻性的众筹项目。对于众筹来说，联合才是未来。

对于任何企业来说，在领导众筹项目和众包项目的时候，都需要大数据的支撑。现代企业产品的知识涉及几个专业甚至几十个专业，开发出的产品需要来自不同领域的人才来协同完成。在这种情况下，企业需要知道众筹过程中，应找到什么样的人来完成项目。谁能够帮助自己，这看似简单的问题，却需要一个大数据系统的支持。对于企业管理者来说，需要将人才大数据管理体系植入企业管理体系中，这更加接近众筹的本质，毕竟众筹的实质就是筹人。

现在，在全球的企业中，企业管理者和创业者都不会将自己局限于狭窄的专业领域中，“跨界越轨”成为全球管理界经常挂在嘴边的词语，因而众筹模式首先就要在企业之外建立一种人才库体系。实际上，致力于人才的聚集，然后再进入创造体系，在实践中是可行的。全球人才数据库系统在一些平台企业中会逐步得到完善，在此基础上，致力于企业和跨界人才的对接才是最基础的工作。在未来，人力资源的工作不仅仅是为企业寻找合适的人才，也需要在全网布局跨界技术专家，才能够完成企业知识创新工程的项目众包和众筹任务。

当然，一切的起点还是需要建立诚信系统。理想的众筹模式，即使远在大洋彼岸的个体，也能够无顾忌地加入到中国的某个众筹项目中，为项目付出，并且能够拿回自己稳定的利益。这一切都需要一个稳定的诚信底座：平台能够提供每位合作者的项目合作信用记录。

众筹平台的改进基于扎扎实实的基础服务，还基于不断形成的数据库。大数据通过金融服务和消费，或者与交易不断互动，形成不断增加、不断强化的整个体系。

中心化和去中心化的平衡

“合伙人制 + 众筹制”和“合伙人制 + 众包制”这两个模式都是一种圈层的治理结构，和星系一样，在星系的中心，总有一个中心化的核心。中心化是宏观物质世界运动的一种规律。现在虽然有了互联网这样的工具，但中心化依然在主导着组织的形态，只不过在一些巨型的组织中，从一个中心变成多个相互连接的多中心系统而已。

对于组织治理而言，去中心化是一种理想主义，在实践有目标的项目的时候，是无法做到这一点的。对于众筹组织而言，去中心化治理模式是一种权宜之计，就是将原来散乱的资源放在一起，重新生长出新的、有价值的体系，一旦形成了具有价值的资源聚合，则众筹组织就需要将这样的散乱资源变成一个相对中心化的治理结构。历史证明这是有效率的，公司就是最好的执行目标完成项目的组织形态。

关于中心化组织的弊病，都是因为组织变得庞大之后，沟通模式的复杂化造成了管理效率的低下，在这些大组织中，也正在试行一些变革，就是将大组织拆分成小组织的形态，以保持管理的敏捷性。企业内小组之间连接，企业内工作小组和企业外工作小组连接，由于组织比较小，所以很容易衡量一个人在组织中的工作效能。

众筹组织来是一种去中心化和中心化的平衡管理系统，允许组织有适当的混乱是可以的，但也是需要有度的。其实，很多国家都在尝试这种组织的平衡治理之道，“天使投资 + 合伙人制 + 股权众筹”就是一种比较好的尝试方式。

众筹的管理模式实际上是一种待分化的状态，不一定按照统一的治理方式来限制，在历史上，合伙人制的出现也是一场革命，是现代公司治理理论的一场革命。《公司法》体现的现代公司治理理论，是同股同权同利，按股权来表决，决策是资本说了算的。但是，众筹模式超越了传统资本的边界，股权众筹，某种程度上讲众筹的不是钱，而是资源。众筹也改变了过去长期熟悉的治理理论。资本是单向的，资源是多角的，这决定了众筹组织治理模式的复杂性。

不过，在未来，对于组织而言，无论是中心化的组织，还是去中心化的组织，都需要在互联网基础上形成一种新的治理模式，建立扁平化的组织形态。扁平化组织结构是一种不需要现场监督、高度自治，而且每个人都有权为公司做出重大决定的管理方式。在这种情况下，需要确保每个人都能获取相同的信息，清晰地了解公司的市场目标和定位，然后在此基础之上，采取一致的方法解决问题和应对挑战。

在理论上，扁平化能够带来好处：可以使组织管理层数减少，控制幅度得到扩展；组织适应市场变化的速度大大提高；优秀人才能够更好地成长；有效地降低成本，减少组织运营成本。授权管理成为一种潮流趋势，注入文化因子。但是，有一点还是需要注意的，即扁平化和去中心化不一定能够提高组织效率。无论组织大小，都需要畅通的信息传递渠道，信息传递效率除了取决于渠道节点的多少之外，还取决于内部沟通的有效性。

不管什么样的组织，必须首先保证组织沟通的有效性。比尔·盖茨在其《未来时速》一书中写道："有时我认为，作为首席执行官，我最重要的职责就是倾听坏消息。如果你不采取适当的行动，你的下属最终会停止向你提供坏消息。这将是末日的开始。"企业持续的优异表现与良好的内部沟通有关。企业要想获得持续的成功，就必须在企业内形成一种开诚布公讨论的氛围，哪怕所讨论的是最为困难甚至令领导者难堪的问题。而在众筹组织中，需要天然具备无边界探讨的组织基因。

对众筹组织的治理和企业管理模式有很大的差异性，但是笔者认为，任何具有目标性的项目和事业，都必须导入到公司体制中。众筹模式在孵化项目的过程中可以保持一定的理想主义和敢干的精神特质，但是在做事的过程中，公司模式还是值得众筹组织继承和学习的。众筹组织的扁平化管理需要庞大的信息基础设施支持，对于中国来说，这样的基础设施是近乎免费的。

腾讯公司的“互联网+”战略已经为全社会的组织变革提供了信息技术基础。

组织扁平化不是去中心化的过程，而是中心化和去中心化的平衡。在实行组织扁平化之后，管理层级减少，随之而来的是管理幅度的增大和管理难度的增加。在这种情况下，成功与否主要取决于以下三个因素：

一是大组织决策权的分散。组织必须重新分配决策权，即重新划分权力边界。组织管理者要回答一个问题：应保留哪方面的决策权，哪方面的权力应该下放，下放到哪个层级？倘若这个问题得不到解决，就可能造成某些层组的管理人员乃至最高管理者权限过于集中，甚至会导致混乱。

二是小团队的自我管理能力。权力向下转移后，中下层级的管理者不仅会遇到更多的决策问题，而且需要其指导和监督的员工可能也会增加。此时，倘若这些中层管理者的管理能力没有相应提高，就有可能出现强力控制的倾向或者失控。这两种情况最终都会将企业引向无序。

三是基础专才之间的合作模式。在实行扁平化组织结构之后，企业会更多地依靠员工的自觉与能动性，一些企业会赋予普通员工特定的决定权。这一方面可以减轻中、下层管理者的压力，另一方面也有利于发挥员工的积极性和创造性。

众筹组织中的管理者必须面对的事实是：组织对个体的掌控能力变弱了，企业组织中以前存在核心领导者，但是领导者不一定总是正确的。单一的领导者会被组织内细分化和垂直化的新领导群体取代。内部激荡和竞争机制不会减少，因为资源是有限的。企业对人才掌控的减弱，让以前的“公司人”已演化为“网络人”。“网络人”的特点之一是流动性强。但是作为众筹组织而言，这些流动性强的专才不要走得太远，众筹组织在某种程度上也就是帮助解决这个问题。

众筹社群在理论上带来了去中心化的时代，但无论是理论上还是方法上，我们却都还没有准备好。其实，单纯强调去中心化是不合适的。如果只看中心化，那世界其实是很悲观的；如果只看去中心化，那世界则是过于乐观的。未来更可能是这两者叠加出来的一种形态。

众筹金融交易所崛起

全球性的众筹金融交易所模式崛起是一种趋势。这是对全球经济资源和社会资源的再交易的体系，让众筹模式能够有规则可循。对于当下规则缺乏的众筹市场来说，这是完全必要的制度设置，能够保护投资者的利益。无论是营利性组织，还是非营利组织，都要保护投资者或者捐助者的利益。

从中国和全球资本市场发展的历程和积累的经验教训看，保护中小投资者的利益，是资本市场发展的重要基石之一。越是市场需要快速发展的时期，越要突出强调对中小投资者的保护。而对于如何保护中小投资者，当前既有挑战，也有改进的机会。其实，保护中小投资者就是保护资本市场，而众筹模式主要就是将大众引入新的资本市场，完成资本投资和参与价值创造。所以对于中小投资者而言，需要一个或者多个场内交易的场所，以保证交易的公平和公正。

对于场外投资，如小额贷款和影子银行系统，这些资本运作的无序性使得金融运作得非常低效，对经济发展没有什么支撑价值。从场外资本市场的长远发展看，由于中小投资者在信息获取与风险识别等方面处于相对劣势，加上投资行为的非理性，“羊群效应”与跟风现象均很突出，因此在投资者结构中，中小投资者比重过大本身会影响市场定价效率和资源配置效率，增加市场的脆弱性。从成熟市场的发展经验看，大力培育机构投资者，通过机构投资者为中小投资者提供多样化的资产管理服务，提高机构投资者在公司治理中的作用，是有效保护中小投资者合法权益的重要举措。

股权交易可以广泛地募集外部的资金，为企业发展寻求更多的力量。股权交易平台就是提供股权交易的场所。目前，中国资本市场分为交易所市场（主板、中小板、创业板）和场外市场（中国中小企业股份转让系统，即新三板；区域性股权交易市场，俗称四板市场）。中国股权交易平台根据等级，分为全国性股权交易平台和地方性股权交易平台。全国性股权交易所包括上海证券交易所、深圳证券交易所和新三板；地方性股权交易平台为特定区域内的企业提供股权、债券的转让和融资服务的私募市场。

目前已经扩容的新三板不具备直接融资功能。上海和深圳证券交易所是先融资后挂牌，即已经有机构投资者认购后，方能上市；而新三板是先挂牌后融资，只要提供的资料符合要求就可以挂牌，挂牌后如果有机构看上了，可以再进行定向融资。所以，新三板基本上只是给企业提供了一个融资平台，但不保证能卖出去。并且新三板只有有限的做市商可以参与交易，交易量较低，因此如与主板和创业板相比，其股权流动性是一个重点。

众筹金融交易所旨在服务于中小企业和草根创业者。作为中国第一家众筹金融交易所，贵阳众筹金融交易所（以下简称“众筹所”）于2015年7月15日成立，其目标是“让世界没有难筹的梦想”。在众筹所看来，这个交易所就像一个飞机场，为每个行业修筑跑道，企业就像飞机，能从这里起飞。

众筹所的定位就是“新五板”的创新样板：在主板、创业板、中小板、新三板之后，众筹所将成为新五板交易市场。未来，在中国可能会有四五家众筹金融交易所，贵阳众筹金融交易所则率先在这一领域进行了探索。

具体来说，众筹所致力于建成一个国内高效率、高公信力的非标准化众筹金融资产和各类互联网金融资产的交易市场，服务于全国的众筹企业在众筹金融交易所发行、交易产品，开创众筹金融交易的新时代。

从体系架构上看，以众筹所为核心构建众筹金融生态体系。以众筹所为核心，将构建一个左边是一系列产业龙头企业进军的产业互联网众筹金融体系，右边是传统主流金融行业的现代金融的体系，上面主要是由各级政府来支持的体系，底部则面向市场、面向消费者、面向投资人这样一个众筹生态系统。

在众筹模式方面，众筹所将设产业领筹人和金融领筹人，用“大手拉小手”的模式进行产业的孵化。所有在这里发起的项目，必须经过领筹人的保荐，要用领筹人自己的产业资源支撑这些创业者的成功，降低他们失败的概率。

在业务范围方面，在法律法规允许的情况下，众筹所将建成一个混业金融的众筹平台，包括股权、债权、经营权、商品权等。

在风控方面，众筹所下设 F1、F2、F3 三个板块控制风险。其中，F3 风控等级最高，F2 次之，F1 最低。每个板块根据风控等级，设定筹集资金上限，对挂牌企业的资质要求也相应不同。

众筹所致力于打造“众创板”五板资本市场，计划 3 年内将突破挂牌上市发行众筹交易企业 3000 家、注册备案登记企业 10 万家、注册会员超千万人，100 条各行业企业及产品众筹跑道，众筹金融交易发行额达千亿元，所涉众筹企业市值达万亿元。并且，将打通传统金融与现代金融、众筹交易与“新三板”的通道，把众筹所打造成一个依托移动金融和大数据，立足贵州、辐射全国，服务国内外实体经济；建设成为国家级“创客”服务平台、中国最大众筹金融资产交易所和创业众筹金融示范基地。

业界人士认为，众筹的未来就是交易所，交易所的未来就是众筹金融交易所。虽然目前在法律和监管上遇到了一些问题，但该趋势还是一个浩浩荡荡的局面，谁也无法阻挡。对于中国而言，众筹交易所的成立能够盘活最大量的民间资本体系，用一种合理的利率和回报模式来服务中小企业，对于中国经济生态走出“中等收入陷阱”具有重要意义。

股权交易的具体操作方式为通过相关的交易平台依法进行的股权买卖，从而扩大资本或进行流通、转让。股权交易最为给力的无疑就是其融资的功能。它可以让原本深陷资金困局的企业不再仰望上市筹资这条精英的专属之路，也无须依赖于银行或民间借贷的狭窄渠道，转而通过金融市场上的股权自由交易。

当然，众筹交易所不是低质企业的乐园，在模型上来看，众筹交易所的理想模型是巨型孵化器体系。凯文·凯利在《失控》一书中用蜂群来描述组织的自组织形态：去中心化的组织形态可以形成一种更好的规则，看似失控的盲目飞行，个体的探索能够为群体带来好处，很多具有集体智慧性的创举会涌现出来。众筹交易所也能够提供蜂房一样的孵化器，不仅能孵化一般企业，而且能够孵化超级科技项目。引导创造者，对于众筹模式的发展非常重要。贵阳众筹交易所不必拘泥于国界，而应该着眼于全球创业资源的整合。

在全球，技术发展正在加剧不平等现象，这倒逼每一个人只有成为专业人才能够获得机会。实际上，这是理想主义，对于大部分人而言，无法通过学习成为专业人。众筹交易所能够让大众投资高价值企业，而且众筹金融的门槛相对是比较低的，这对于大众理财而言，具有独特的价值。互联网金融的理想是P2P，实际上，大众投资者的专业性很重要，但是，一种公平、公正的平台更重要。在众筹交易所中，有一批具有竞争力的企业作为投资对象，这是大众理财平稳发展的关键。

实际上，众筹模式也能够容纳高风险的巨型项目，而且这样项目背后的推动力量也可以是世界级的企业家。众筹模式的未来一定需要顶级企业家和众筹领袖的参与，其中的指标性和文化性意义已经不需要赘述。

2013 年 8 月，特斯拉汽车（Tesla Motors）和 SpaceX 的创始人兼 CEO 伊隆·马斯克（Elon Musk）公布了“超级高铁（Hyperloop）”计划。Jump Start Fund 创业公司的 CEO 德克·阿尔博恩（Dirk Ahlborn）立刻就被这个疯狂的想法所吸引，因此注册成立了一家名为 Hyperloop Transportation Technologies（简称 HTT）的子公司。公司采取众筹和众包的方式，聚集了所有可能的资金和创意。这种通过全方位众筹的模式推动未来型的科学工程，在全球企业界和众筹界是一种创举。

在伊隆·马斯克最初的构想中，超级高铁路线的起止点是洛杉矶和旧金山。两个城市相距 600 多公里，坐飞机也要一个小时，但是如果乘坐时速 1200 公里的超级高铁，全程只需半个小时。具有疯狂想象力的领导者是众筹模式的核心，众筹模式需要一种领袖，领袖可能是开始就存在的，也可能在组织中自然发展呈现出来的。

HTT 其实并不是一家严格意义上的正式公司。HTT 和真空泵技术公司欧瑞康莱宝、工程公司 AECOM、建筑结构公司 Hodgetts + Fung 签订了合作协议，三家公司将为 HTT 提供技术支持。值得一提的是，欧瑞康莱宝和 Aecom 公司也已经和波音及 SpaceX 建立了合作关系，而 SpaceX 也是由 Elon Musk 执掌的一家科技公司。目前，HTT 的整个研发团队由来自多家合作公司的 400 名科学家和工程师组成。

因为几乎所有的公司成员都是兼职员工，除了在业余时间里帮忙造超级高铁之外，他们同时还是波音、NASA、雅虎、Airbus、SpaceX 和 Salesforce 等公司或机构的工程师。全球优秀科技企业的杰出人才聚集以后，形成一个智力集团，为这个伟大的项目献计献策，他们能够得到的利益是期权，也能够和全球顶级专业人士一起工作学习。这是一次全球顶级智力众筹的实验，对于其他国家的高智力形态的创业行动具有借鉴价值。

众包模式在这些知识团队中被广泛应用。这种分布式的研发行为使用互联网工具进行知识整合，整个团队的成员根据个人特长和兴趣爱好进行分组，基本上覆盖了项目的所有方向，包括路线规划、乘客舱的设计以及造价分析等。团队成员之间主要通过电子邮件沟通协作，每周讨论一次各自的进展。虽然公司内没有明显的等级制度，但是团队内部自然而然地形成了项目负责人。当涉及重大决策时，CEO 德克 · 阿尔博恩是最后拍板的人。这种组织既做到了去中心化，也具有中心化的特征。

在智力众筹的过程中，项目没有门户之别，团队里的不少工作是由加州大学洛杉矶分校（University of California at LosAngeles，UCLA）的 25 个学生完成的。他们隶属于该校与 Jump Start Fund 公司联合发起的 SUPRASTUDIO 计划。这些学生能够在实践中通过和杰出人才合作，快速成为世界级的人才。这是众筹模式的人才培养机制实验，在这样的工作环境中，大量杰出人才会不断涌现出来。

合作团队做出了很多天才的设计方案。超级高铁的乘客舱是在接近真空的低压环境中运行的，这也就意味着，舱门必须非常重才能抵御内外两侧之间的气压差。研究团队想出了一种名为“泡泡策略（Bubble Strategy）”的解决方案。乘客舱内舱的外形相当酷，人们称之为“泡泡”。当乘客就座以后，舱门关闭，整个内舱还得被推进到装载线上，加装外壳，外壳的壳体有动力装置、空气压缩机等。这才是真正在管道中运输的实体。

现在，在全球，顶级的众筹项目还是由企业家完成的。对全球众筹交易所的定位，实际上就是为这些企业家找到发展的土壤，使他们的构想能够呈现在众筹平台上，大众能够在经过自己的理性判断之后，决定是否参与到这些激动人心的项目中。众筹不仅能够获得利益回报，也能够获得自身成长的机会。

现在，在中国，新三板（全国中小企业股份转让系统）目前是企业喜欢进入的资本市场。新三板的问题和众筹交易所的问题一样：缺少世界级的创业型企业和项目。未来新三板和众筹交易所如果要实现长足发展，需要有一批具有顶级竞争力的企业，这些企业具备足够大的市场容量，能够给参与者带来很好的回报，形成一批龙头企业。一个资本和股权交易市场不仅能够赚钱，而且能够鼓励人们投身于充满想象力事业中，投身于未来科学，改变人类生活。

新三板是一种股权众筹的结构，众筹交易所则需要建立一种众筹生态，交易结构是其中的一部分。所以，对于社会经济而言，众筹交易生态系统具有更加广泛的社会意义。

第十章 众筹中心在中国

平台国家

众筹模式在中国、美国和印度这样的大经济体中得到普遍应用，有一个前提条件，就是需要一个统一的大市场。如今，一种新兴的“平台国家”经济单位正在逐渐取代“国家”的作用。国家的界限被打破，如果经济体需要一个众筹的领筹者的话，那么这就需要一个大陆规模的经济体来做众筹领袖。所以，“平台国家”可以是一个国家，也可以是由多个国家组成的联盟。对于国家间藩篱被打破的期待，早在10年之前，美国作家托马斯·弗里德曼就夸张地宣称“世界是平的”。

19世纪和20世纪大多时候，代表欧洲的德国、英国、法国以及亚洲的多数国家日本、泰国、马来西亚、新加坡自身都相对规模较小，难以成为充分发展的生态级的经济单位。在过去，规模化经济创造了全球化，但是均衡的全球经济并未出现。世界并不是平的，发展也不是平衡的，而是“平台国家”形成的经济生态圈的繁荣。

中日之间的国力竞合在未来10年将会出现显化，“东亚双雄”将展开全面的国力竞赛。现实是中国的普遍科技应用水平还稍落后于日本，但是中国作为平台国家，能够建立全面的产业优势，成为巨大的消费市场。日本最终会加入以中国为平台的经济生态圈中，这是东亚的发展大趋势。

在过去的100年中，按照社会综合发展指标的全面综合参考，在亚洲国家中，只有日本跻身真正的发达国家，这是一种历史性的机遇造成的。因为日本在20世纪的上半叶就发掘了自己的人力资源优势，依靠知识和资本积累实现了国家腾飞。中国拥有日本10倍的人口，一旦人才资源被开发出来，将是一种非常强大的知识力量。毫无疑问，在未来的平台国家的竞争中，日本暂时性的存量经济优势和科技优势将被中国的增量优势所超越。平台国家所拥有的雄厚科技型国力，将是一般国家难以望其项背的。

美国是世界上最大的经济体。大家都认为美国经济霸权中的决定性因素是它卓越的生产力水平。其实在人均经济水平来看，美国并不是世界最富裕的国家。但是，美国是一个统一的大市场，拥有健全的产业门类和消费市场。采用平价购买力（PPP）衡量美国的人均GDP，只比德国高两成左右，这是一个很高但还不足以领先的数字。在目前的汇率水平下，这一差距正在缩小。美国之所以能够成为领导国家，恰恰是规模因素和出色的经济发展水平共同作用的结果。

美国是现代历史上第一个具有大陆规模的经济体，也是历史上第一个“平台国家”，具有巨大的体量。环顾全球，未来还有机会成为“平台国家”的国家或者地区可能只有中国、印度和平台国家联盟——统一的欧洲联盟（见图10－1）。当然，在本书中我们只探讨经济层面和众筹模式对中国的影响。

中国的人口规模是美国的4倍，经济发展已经达到人均8000美元的中等收入水准，因而已经到达经济起飞的关键期。中国是一个拥有统一语言的统一大市场，一个统一的中文互联网体系。这与具有同样人口规模的印度不一样，印度虽然官方语言是英语，作为官方语言，英语在印度是被当作“普通话”来使用的。87%的印度学校用英语授课，高等学府几乎全部采用英语教学，在印度中央政府机构中英语的使用率为70%，印度语仅为7%，全国文

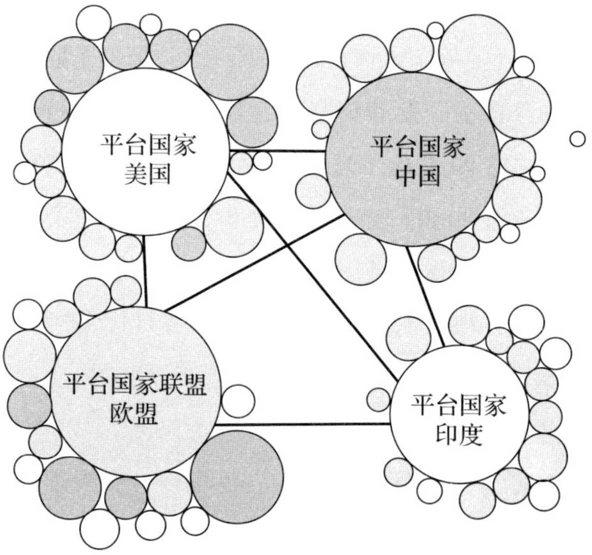

图 10－1 未来全球由平台国家主导的产业互联网及国际众筹体系示意图

官考试也使用英语。据英国文化协会一项新的调查，印度约有2亿人可以使用英语交流，是世界上掌握英语人数第二多的国家，仅次于美国，而精通英文的人则有5000万人。但是，印度还有八九亿人使用的语言系统是不统一的，而语言这种人的“操作系统”不统一，对于市场而言，是非常不利的。语言本身是一个人群的分割系统。但是规模在那里，未来的印度将是一个巨大的经济体，这是毋庸置疑的。所以，印度可能拥有很多世界级竞争力的产业，但是无法短时间成为平台国家。

世界正在分化成许多个“平台国家网络”，彼此紧密关联，而非限于国家范围。小经济体有意愿同这些“平台国家”建立联系，因为小经济体自己无法实现在现代经济中取得最有效运作所需要的生产规模，可以参与平台经济的分工，形成更加强大的经济生态体。所以，国际级的众筹行为会在这些“平台国家”和周边小经济体中不断发生。与这个趋势隔绝会让小经济体无法

从国际劳动力分工中受益，对它们的经济增长产生负面结果。

统一的服务平台对于众筹组织来说是非常有必要的，“平台国家”所倡导的地区一体化的组织实际上就是一种国际级的众筹体系。中国的“一带一路”建设应被视为全球整体趋势中的一个重要部分。中国有成为众筹“平台国家”的优势，但即便如此，想要成功还是需要和周边经济体充分融合。这样的经济关系形成了习近平主席所说的“建立以合作共赢为核心的新型国际关系”。习近平主席提出的“一带一路”倡议是中国最近推出的重要政策。但是，“一带一路”的战略意义不应被看作是短期的或特定的政策，在全球经济大趋势下，它的意义尤为清晰和重要。

国际级众筹的内核和企业级内核的众筹行为是一致的，企业级众筹平台主要的目的就是建立一个资源共享和共创的交易场。“信任”是共享经济产业发展的加速器。只有通过建立健全的游戏规则，明确供应者、消费者和平台各自应当承担的责任，才能促进整个产业的持续发展。

中国的基础经济环境在整个 21 世纪 20 年代前其实都处于一个调整期。中国 30 余年的发展已经为经济腾飞奠定了基础，在未来，只有能够在全球组织资源的国家才能够整合世界顶级资源。中国需要成为一个科技中心和经济中心，而不是满足于做“世界工厂”或者“世界车间”。被动接受全球产业布局的时代开始发生反转，中国企业需要在全球进行布局，将自己的优势产业扩展到全球市场，同时，也将国际优势产业引入中国，建立一个具有深度一体化的国际合作形态。

跨境众筹

当今时代是一个跨界的时代，所以在市场人的眼中，本来就不应该再受国界的限制。一个国家是在国内组织资源还是在全世界组织资源，决定了其发展质量。

众筹模式其实伴随了人类的整个发展进程，互利合作成为人类的基本生存方式。所以，开放精神应该是先进国家最根本的立国精神，只有无边界的拓展和接纳，才能够享受到全世界各种文明所创造的优秀成果。越开放，越自信；越封闭，越自卑。国家如此，企业也是如此。

众筹模式分成很多层次，民众可以用众筹来完成针头线脑的小事，创办一个企业，也可以聚集巨量的资本，开创一项有梦想的事业；在国家层面上，众筹模式完全可以被用来改变家国大计，进行国家级甚至国际级众筹活动。无论哪个层面的众筹，都在世界范围内组织资源，突破国家限制，互通有无，共同创造。这就是跨境众筹的意义所在。

世界银行最新发布的《发展中国家众筹发展潜力报告》显示，众筹模式已在全球45个国家成为数十亿美元的产业。各国之间的跨境众筹越来越密切，众筹在全球层面壮大规模是大势所趋，预计到2025年，全球发展中国家范围内的众筹规模将达到960亿美元，其中中国众筹规模将达到460亿～500亿美元。中国，被认为是未来10年众筹的主力战场。

跨境众筹模式的意义在于与目标国家建立更加细腻、深入的经济合作关系。在经济领域适用最朴实的竞争原则：进攻是最好的防守。深度参与国际分工和资源整合体系，跨境众筹是比单纯的外贸行为更有深度的经济合作模式。跨境众筹是适应全球金融互联网化的最新发展趋势，是国民经济和金融互联网化的重要组成部分。

在跨境众筹的大会上，笔者关于跨境众筹和国家战略的契合谈了自己的看法：

“一带一路”为跨境众筹的运用提供了广阔的空间。“一带一路”沿线国家有60多个，人口占全球人口近六成，经济总量占三成。广义上说，还有众多国家致力于推动“一带一路”交流合作。“一带一路”连接起东亚经济圈与欧洲经济圈，与其他经济体、经济圈互联互通，形成泛“一带一路”的巨大联合体、命运共同体。中国基础设施的生产能力和建设能力过剩，而印度、巴基斯坦等发展中国家却是基础设施需要大量建设的国家。道路和公共服务设施的建设能够带动这些国家的发展，能够扩大市场容量。只有这些国家经济发展了，才能够让中国企业获得更大的市场空间，共享时代的朝阳已经升起，越共享越繁荣是这个时代的主导特征。

“一带一路”是很好的众筹模式，把全世界的资源进行大的整合、优化和组合。“一带一路”战略涉及44亿人的区域人口、21万亿美元的经济规模、8.1万公里的欧亚铁路，这确实是个“大盘子”，是实现中国成为“平台国家”目标的重要战略工程。

笔者认为，跨境众筹将成为中国企业的未来之路。“一带一路”战略机遇下的跨境众筹，将推进中国的开放到一个全新的水平。

中国国内经济需要突破原来的经济发展模式，调整经济结构，实现产业升级，推进创新创业。“一带一路”能够为中国的优势产业产能找到合适的应用市场；而沿线国家则不需要再投入资源来进行产业的重复建设。

跨境众筹能够依托于不同层次的资本市场，来完成以前不可能完成的事情。在国家“一带一路”战略提出的大背景下，众筹已从民间互联网草根模式进入国家顶层设计，这为更多的互联网众筹人员提供了信心和强有力的保障。

“一带一路”是国家战略和国际战略。笔者认为：企业需要思考在这样的战略之下去做自己的事情，这样的战略最终会体现在跨境国家的企业合作水平上。在“一带一路”的大背景之下，中国企业需要在“一带一路”战略沿线进行商业布局，中国政府所倡导并建立的亚投行，是国家之间的跨境众筹；中国企业需要走出去，和国外的不同企业家建立跨境众筹的系统，建立具体的面向用户的商业平台，这是时代给予中国企业家的机遇。

以前，中国出售的都是标准质量的产品，这些产品体系绝大部分附加价值都比较低。而跨境股权众筹等模式能够突破单纯的产品性的商业行为，能够与本地企业形成紧密的合作关系，能够将所在国的优势项目带到中国，中国商品在海外也不会显得太单薄无援，对于建立深入的增值服务体系有很大的助益。中国企业完全可以通过跨境众筹的模式来重新布局自己的运营模式。

跨境众筹的另外一个战略意义就是中国企业能够直接面对国外的个人用户。在以往的外贸体系中，中国的外贸利润全部跑到渠道商手中了；如今，中国企业可以在互联网上建立跨境互联网微品牌。虽然整个跨境贸易生态链不太成熟，但可以使用众筹的方式进行解决。例如，去俄罗斯买面包，去加拿大买啤酒，去美国硅谷买高科技产品，我们在这当中会发现物流和支付是一个问题。按照中国电商的发展，今天下完单，付完款，三天之内就要到货，这在国内可实现，但在国外可能就实现不了。国际个人交易只能采取预售的方式，即预售型众筹。就是全世界的人过来买，把钱交来之后，再进行发货。产品众筹中，跨境众筹对物流、支付的要求没有电商的要求那么高，但同时它对产品本身的品牌、质量、价值要求更高。所以，跨境众筹能够直接打通中外市场，让商家和用户实现直接在线交易。

跨境众筹对于当下的企业来说，是能够实现的短期目标，通过网络构建跨国的关系社区，能够让中国的产品品牌更加深入人心。

跨境众筹是当前“一带一路”大环境下，跨境电商、跨境贸易更好的解决方案。跨境电商是目前最容易落地的项目体系。只要抓到一个点，就可以深度介入国际用户的生活，能够提供一种点对点的服务，实现交易链的精细管理。这其实是中国贸易体系的一种变革方向。

跨境众筹六大系统

在“一带一路”国际战略下实施跨境众筹，必须清楚地了解众筹规则，严格按照众筹系统来操作。既有突破精神，也要坚守众筹模式的底线，诚信经营，按照互联网时代的规律来做事。中国的“互联网 +”战略能够加的产业众多，其中也包括跨境众筹领域的资源整合。

跨境众筹从微观经济上看，即中国人需要到达这些国家，甚至生活在这些国家，与自己所在国家的人交朋友，而不仅仅是一宗买卖的关系。中国企业需要在国际生根，而不仅仅是提供商品的角色，这是中国企业服务系统跨境本土化的问题。

在跨境众筹的过程中，由于接触深入，其实创新的模式还在不断出现，众筹在中国正在显现出万花筒一般的特征。众筹主要是一种人和资源的组织方式。所谓跨境众筹，也要在所在国复制这种操作模式，实际上是由金融的方法结合自媒体传播，加上移动互联网技术的组合。众筹将是资源的优化和整合，在当地就能够组织社群。

跨境众筹不仅仅体现在商品交易上，在服务交易中也会产生非常大的影响。从国家层面上，中国可以帮助很多跨境国家建立信息基础设施，这是网络通道。中国的商品和服务就能够以一种创新的方式在跨境服务过程中体现出来。

中国人在跨境众筹的过程中需要过语言关，但是对于中国周边国家的汉语教育却产生了一些机会。中国企业可以通过汉语言公益教学活动组织当地的网络社群，实现进一步商业渗透。毕竟，汉语也将成为“一带一路”国家重要的“平台语言”。

陈学军是全时企业 SaaS 远程办公平台的创始人。中国有 1.7 万家企业，每个月有 600 万人通过全时的全 SaaS 远程会议平台开会，甚至有很多企业已经习惯了这样的远程工作方式。陈学军认为，远程工作已经成为主流，这对于跨境众筹和商业模式来说，是一个很大的变革。

陈学军认为，远程技术能够推动远程教育的发展，实现国内教育资源的公平分配，也能够将国际资源有效地纳入到新的经济体系中。他认为，有些人觉得跨境的服务很难，实际上全时已经走出去很远了。

陈学军说：“现在，大家可以发现，在互联网上学外语已经成为一种热潮。我们最大的成功是远程教英语，老师基本都来自菲律宾，现在菲律宾差不多有超过 20 万人是中国的远程英语老师。目前，通过全时的平台，每天在互联网上有超过4万次远程视频教学。”

陈学军认为，这是一种系统性的平台众筹和众包模式的应用。他说：“有非常多的人渴望得到好的教育，但是教师资源太少了。而当菲律宾9000万人都有机会加入中国英语老师队伍的时候，中国的英语教育问题就被解决了。我觉得这件事很有意义，因为一堂课只需要花20元。菲律宾人不用到中国来，通过互联网就可以教中国人英语。我们也在做K12的教育，现在有越来越多的学生加入了老师的队伍。”

陈学军认为，在跨境服务的问题上，很多人都低估了发展潜力。远程的跨境医疗诊断、模块化的远程产品维护服务等，均能够在跨境众筹和众包中找到新的发展机会。互联网已经改变了时空，远方已经不远，国界也不是分割市场的边界。如何走出去，还需要更大的变革勇气。

成功的跨境众筹有一个完善的系统，也就是说，不管是什么项目需要做众筹，都不能只看重其中的某一块。实际上，无论在国内的众筹行为，还是跨境众筹，都需要遵循一些做事原则。要做好众筹，必须全面把握以下六大系统：

一是战略系统。做商业计划书，顶层设计，行业分析。其中需要运用互联网金融思维，进行创新模式设计。开放平等协作共享是互联网金融的精髓，是传统金融行业与互联网精神相结合的产物。开放注重信息对称；注重自由平等；协作注重优势互补；共享注重资源共享。只有信息对称、自由平等、优势互补与资源共享，才能促使企业有效地提供金融服务。

二是运营系统。项目如何运作，如何分配工作以及保证拿到结果。其中包括怎样选择合适的众筹平台，让用户满意的众筹项目规划，以及众筹预备方案设计等。

三是风控系统。法律规避，危机公关。其中涉及互联网金融相关法律法规，众筹必须避开的法律风险，传媒及危机公关管控。在跨境众筹的过程中，需要当地的律师能够参与到众筹体系中，这涉及跨境众筹的本土化的问题。

四是创意系统。放大优势：产品或服务如何植入创意元素，设计让产品增值的营销故事，自媒体领袖个人品牌设计与传播，有高度参与感的创新头脑风暴等。工业设计的重要性现在在整个商业产品的整个价值体系中占据主导地位，依用户而设计是互联网商业的必然要求。创意领袖应该能够参与到跨境众筹的产品系统中。

五是传播系统。众筹需要建立线上与线下的传播体系，基于互联网的传播体系能够建立和用户进行互动的系统，无论是在国内还是在国外，都可以建立一种用户社群，这对于中国对外深度拓展用户、建立忠诚用户有很大的帮助。中国企业必须建立跨境的品牌信息传播系统。

六是路演系统。项目都是要向股东和用户展示的，这就需要建立完善的展示系统。好的众筹项目能够接受众筹用户的选择。中国众筹平台在全球都在建立这种项目的路演系统，这能够促进跨境众筹行业的发展。

这六大系统的全球布局，对于中国企业家和创业者来说，就是跨境众筹所要建立的软硬件设施，能够带来中国外贸的深度变革。

跨境众筹要做到“心通”

互联互通很重要，是实施“一带一路”战略合作共赢的前提和基础。国与国之间的互联互通需要两个前提：一个是“心通”；另一个是硬件方面的准备。“心通”与硬件两者相比，前者更为重要。也就是说，跨境众筹只有先做到“心通”，才能实现愉快地合作，并最终实现双赢、多赢。

“心通”是一种文化融合，而文化融合是打造“软实力”的一种有效手段。文化融合的实质就是“心灵之路”，即在政策沟通、道路联通、贸易畅通、货币流通之外的不可或缺的“民心相通”。例如，我国发起、建立的丝路基金更侧重发挥一种文化传播的功能，提升丝路建设的软实力。当我们通过丝路基金投入到其他国家的研究、教育机构建设中时，这种潜移默化的传播效应更容易积聚信任、拉近距离。

所谓“善为事者，必善为人；善为人者，必善制心”。“一带一路”战略的顺利推进，需要处理好建设过程中纷繁芜杂的各种关系，最终实现打造命运共同体的远大理想。在此过程中，中国除了要积极提供区域公共产品，主动承担国际责任，务实推进沿线经济互利共赢发展，还应注意做事方式，多做换位思考。

实现“心通”要和风细雨，不要狂风暴雨。有些人做事性子急、讲效率，不怕吃苦受累，在国内建设中，正是这种品质创造了诸如深圳速度、浦东奇迹等，让世界为之惊叹。但“一带一路”合作涉及多方，政府体制、办事效率、社会文化存在较大差异，若以在国内猛打猛拼的方式去做国际合作，效果未必好。若节奏过快，合作伙伴觉得是被拖着走，于和谐不利。中国具有承担更多国际义务和更大国际责任的实力，但也应遵循经济规律和国际惯例，注意与合作伙伴步调一致，不要仓促行事，一心求快。比如，在机制设计和具体操作上应尽量淡化单边色彩，重视调动合作伙伴的积极性和主动性，设置统一的原则和条件，等等。

至于硬件方面的准备，主要着力点之一就是包括公路、铁路、港口和机场等在内的硬件基础设施。“硬件”联通在对接沿线各国发展战略的同时，也为实现区域联动发展和共同繁荣注入新活力。当然，人员交流也是互联互通所不可或缺的。

国际企业的互通和结缘

在“心通”之下实施跨境众筹，通过国际企业的互通和结缘，所谓“海内存知己，天涯若比邻”，中国古代文人对人与人之间的距离描绘得很恰当。世界上最遥远的距离并不是北极到南极的距离，而是心与心的距离。做到心心相通，就可以实现情投、智投、缘投。

中国人讲究情投意合。中国人讲人情，并且特别重视人情，真正的中国传统人情是真情实意的感情。跨境众筹必须情投意合，就是要体现中国人的真情实意，在满足他国愿望、帮助他国实现梦想的前提下，实现自己的“中国梦”。这是一种延续千年的普世情怀，体现了中国传统文化“天下大同”“四海一家”的精神。

中国人讲究集众人之智，成众人之事。跨境众筹需要筹智，在全球筹智的策略之下，一批最顶尖的专业人才可以聚集在项目之下组成“梦之队”。比如采用众筹理念和模式，在国际合作中找到一批志同道合的人，会遇到许多个同自己一样有远见卓识的合作者。富有真知灼见的人在一起会发生什么样的“化学反应”呢？大家一起谋方向，谋目标，集思广益，必是众“智”成城。

事实上，情投、智投、缘投之下的跨境众筹，可谓“一路众筹，一路温暖”，国际企业的互通和结缘已经取得了可观的成果。

目前，中国在“一带一路”沿线国家共有 70 多个在建的经济产业合作区项目，年产值超过 200 亿美元，为当地创造 20 万个就业机会。中国提出，按照优势互补、互利共赢的原则，促进沿线国家加强在新一代信息技术、生物、新能源、新材料等新兴产业领域的深入合作，推动建立创业投资合作机制。这一倡导和建议得到了许多国家的认可，并且成效显现。

以马来西亚为例。马来西亚是“一带一路”中轴线的一个节点，再加上其文化也较接近中国文化，所以马来西亚将比西方国家更容易推动众筹的理念。由此，中国跨境众筹想要迅速扩展，离不开马来西亚市场的协同。在众筹领域，马来西亚与中国可以通过众筹平台开展深入合作。例如，寻找马来西亚项目让中国人投资，而马来西亚人也可以到中国投资。中国地大物博，可以投资和孵化的项目众多。中国首家 O2O 跨境众筹平台——欣生活众筹网，致力于推动全球范围内各地域的“名优特”产品等生活投资领域的众筹创业，目前已经全球化，在深圳、北京、温哥华、纽约、迪拜等 30 多个城市皆设有基地，对本地市场进行深入挖掘，将在全球开设 101

个众筹孵化基地，真正走通“跨境众筹”这条大道。该平台将在马来西亚吉隆坡建设基地，并到马来西亚进行路演，向马来西亚人提供更多有关众筹的知识和技术。

值得一提的是，国内方面，“一带一路”规划针对各省份也有清晰的定位。国家发改委、外交部、商务部联合发布的《推动共建丝绸之路经济带和21世纪海上丝绸之路的愿景与行动》中，对各省份在“一带一路”规划中的定位予以明确。其中，新疆被定位为“丝绸之路经济带核心区”，福建则被定位为“21世纪海上丝绸之路核心区”。对其他省市的定位也有设定，具体来说，广西的定位是“21世纪海上丝绸之路与丝绸之路经济带有机衔接的重要门户”；云南的定位是“面向南亚、东南亚的辐射中心”；对沿海诸市的定位是“‘一带一路’特别是21世纪海上丝绸之路建设的排头兵和主力军”；对陕西、甘肃、宁夏、青海四地的定位是“形成面向中亚、南亚、西亚国家的通道、商贸物流枢纽、重要产业和人文交流基地”；对内蒙古、黑龙江、吉林、辽宁、北京的定位是“建设向北开放的重要窗口”。除了上述这些定位明确的省份，“一带一路的愿景与行动”对其他区域的功能定位也有表述。譬如，推进西藏与尼泊尔等国家边境贸易和旅游文化合作，发挥海外侨胞以及香港、澳门特别行政区独特优势作用，积极参与和助力“一带一路”建设。也为台湾地区参与“一带一路”建设做出妥善安排。“一带一路”对各省各地区的清晰定位，为国内企业提供了广阔的“走出去”的前景，必将有助于国际企业的广泛合作，实现中国企业与国际企业的对接。

在整个世界经济需要新的驱动能和发展活力时，我国提出的“一带一路”战略构想，不仅符合所有沿线国家和相关国家的战略利益，也是出于中国发展的现实需要。

跨境众筹是众筹皇冠上的宝石

如果众筹模式是经济发展模式中的一顶新皇冠，那么跨境众筹就是这顶皇冠上的一颗美丽的宝石。跨境众筹使得企业家和众筹领袖在思考问题的时候，自然就会想着跨越国界，在全球组织资源，来实现产品价值的创造。在这样的条件下，创立的任何企业都是全球性的企业，而不是一个区域性的企业。人们思考问题的落脚点不是国内的某一个区域，而是全球。

中国电子商务和网络公司走向全球的过程，就是中国企业进行跨境发展的新的征程。以前的商品贸易，我们可以称之为“外贸1.0”时代，而随着中国电子商务平台全球化，中国外贸能够借助平台实现与用户的直接沟通和交易，这就是“外贸2.0”时代。几百万人甚至几千万人之间建立直接的关系型商务体系，这是整个外贸体系的细化和升级。

一开始，这些个人和企业之间建立的关系属于浅显化的社交关系，深入沟通和互动之后，就能够逐步提高合作的层次，进行跨国协作网络的建设。跨境众筹是双向的以及相通的，简单地说，跨境众筹是将全世界的资源进行最好的组合、升级以及优化，让人、财、物产生良好的裂变效果，这股威力将是无可限量的。

中外跨境众筹能够给中国新生代企业家带来更广阔的视野。这些企业家不再紧盯着国内的竞争对手，而是准备在全球舞台上，跟踪最新的技术创新和设计创新。跨境众筹使得深圳这样的城市能够成为全球智能硬件制造和设计的核心，硅谷和深圳之间已经形成了一种深度的互动关系。硅谷创业团队拿到投资以后立即买机票飞往深圳不是一个笑话，而是国际分工的新现象，这是新的现实。

中国的创客团队能够将中国设计和制造的智能硬件推向国际众筹平台，在一开始就站在了欧美发达国家之中，而不是市场之外。在国外，如Kickstarter、IndieGoGo、Pozible这全球三大众筹平台，成为众多智能硬件创业者推广自家产品的第一选择。中国创客也喜欢在这些平台上展示自己的产品，而这些产品能够被主流的欧美用户认可并接受，这对于中国制造来说，是一个很大的进步。这些原创的中国产品越来越多地走出国门，将有利于中国创新发展。

Pozible 创始人陈钢（Rick Chen）认为，很多中国中小创业者正在苦苦寻找一条国际化的路线，尽管产品富有创新性和实用性却没有渠道。这么多年来，这些富有创造力的年轻人需要一个全球舞台来施展自己的创造才华。

陈钢建议，这些企业要走出去，国际众筹平台是一个很好的选择。他说："首先，国际舞台对于众筹的接受度比起中国本土的接受度要好很多，西方发达国家对众筹的认知度以及购买能力都与产品匹配上了。此外，国际市场增长速度也很快。最后，在国际市场能够避免国内激烈竞争。"他举了一个例子，在一些国家只见过一个品牌的充电宝，市场竞争根本不像中国的市场那样激烈。

陈钢说了自己的观感："由于众筹概念在欧美被广泛接受，受众对创新型产品的接受度很高，购买力也跟得上。国际众筹平台能给智能硬件创业者提供更多帮助，有庞大的用户群。以 Pozible 为例，在国外深耕这几年，积累了很多国外用户，并以欧美国家用户居多，最多的是澳大利亚、美国、英国、新加坡、加拿大等，Pozible 在国际众筹平台上有推广资源的优势。支付渠道、PR 渠道以及其他推广资源已经可以很好地整合在一起，平台方、项目方和创业者能够利用整合资源的优势把自己的产品推出去。通过国际众筹平台成熟的用户群和高度整合的推广资源，"Made in China"的智能硬件或许能很快获得国际市场的认可。"

不仅中国的中小企业在按照国际主流的众筹模式往外走，国际上的一些创客和高新技术公司也在京东众筹这样的平台上展示自己的产品和创意科技。这使得中国人能够不出国门就能够与国外最具创意的团队进行直接沟通，直接参与他们的众筹项目。这在之前是不可想象的。

跨境众筹能够提升世界的开放度，也许未来世界对于那些致力于全球市场的企业家来说，真的在变得平坦。中国人站在世界创新中心，制造顶级商品，整合全球最优资源的日子临近了。跨境众筹正在给中国人慢慢展开一个巨大的机会。

本书众筹名单

徐斌、冷跃进、高伟、肖惠来、李浩、徐茂权、邱旭瑜、邱海虹、黄媚媚、王合成、罗文英、于飞、赵志刚、黄建明、王秋风、贾小平、郑娜、计言、计艳、郑军、张华、窦洪斌、邱寻、游励红、彭少辉、张增伏、段世威、刘伟忠、杨超、缪常红、谢立拓、张勇、李强、杨华、曾金雄、马绿化、谭瑞文、周帅邑、彭红军、刘勇、劳福茂、袁金培、万月生、张佳成、王启文、张孝敏、崔彪、杨飞、肖圣忠、严凡高、戴国兵、刘奎、李德印、李玉东、张传金、孙炜、周俐杉、向应征、刘玉洁、王秋良、陈菲、邱阳平、龚玉祥、周晓林、李健宇、李庆、任恩邦、石龙华、陈偲婧、何学峰、林和峰、裴维彩、俞佩君、郑雅真、余治贤、傅强、曾莉莉、刘琳、葛建峰、傅红梅、曾琪、陈自建、林宣旭、林秀惠、童涛、傅小花、缪英子、张炜、于惠诚、王芳、彭兵丰、海燕、高志强、张延军、于长江、刘思恺、朱端成、梁明冬、王奎云、冷俊峰、朱鲁霞、胡卫民、孙烈虎、魏鑫、郝二军、徐敏、杜泽慧、赵勇、温盛舒、刘建军、杨怀宇、陈昌明、张辉、谭洪.、张淑梅、赵维波、饶婷婷、胡凤、赖敏东、陈孟桃、邱少峰、郭涛、陈利军、张建松、彭冠锟、胡剑波、谭远勤、李伟、晏建文、任跃平、胡美华、朱柏燕、肖居翠、陈志涛、何高德、邱金华、孙婉应、冯仁荣、张会会、罗灿、文宣国、涂娟、林菊英、邹明浪、苏毅强、杨小翠、黄朝科、林钢、曹冰、黄锡泉、李新喜、韩琳箐、刘丽燕、杨刚金、张佳成、刘宇涛、于浩、马德胜、万远均、钟亚建、谭真徕、谭真勇、曹滢心、杜军、王团、韩宇、王艳君、李志勇、陈伟、蔡路、曹评、彭悦庭、金奇、杨婷、刘功礼、谭钦文、刘全生、吴江隆、廖学文、徐竟、张德模、季益民、王春雷、裴洋、李永生、赵云飞、张思思、张林、陈志兰、王耀、崔志崇、黄欢颜、温志雨、韦正军、袁曙、符蝶、吴晓、谭彬、李晓冬、尹春福、张博、董宁、高红斌、程俐平、陈双红、杨勇、龙肇华、杨学濮、彭勃、董德波、李俊、杜德新、赵锦波、颜勇、卢祖银、高伟、谢小海、文力、黎绍华、罗运强、朱明芳、包晓峰、郑 娜、矫玉显、陈柳安、黄建明、王秋风、贾小平、贡文娟、王安栋、于 飞、董增仁、赵志刚、杜亚珍、彭传禄、程忠、滑旭、孙庆利、滕月、铁山、张静、杜波、吴海铖、符家恺、魏亚斌、钟寿峰、邹明峰、杨林、李强、杨华、张勇、蔡晶、刘孟波、李文、郑鹏强、王红、海洋、刘必茂、刘桂英、潘玉书、望得铖、刘淑娟、吴英华、郑任畅、任春荣、柳卿、徐霞、王舒、运菲、朱玮毓、骆小亮、陈明、刘燕、黄媚媚、陈永杰、金秀伟、孙雨铎、章毅、谭武、周俐杉、吕辉、王志雄、宫明军、钱磊、李娜、张丽萍、王彩虹、邓晓峰、苏珊、李建、于景峰、张书源、秦绪昌、郑晓燕、曾金雄、申白、邹锐、朱文军、张增伏、张军林、王启文、崔红茹、谭耀文、邱伟连、郑志勇、张海龙、覃雨乔、廖利和、赵义祥、冯有之、谢敬清、彭悦庭、包税、谭世学、陈迪克、王芳、周也、曾爱群、龙丽琼、董峰、赖柄焱、李美君、李美丽、于志辉 、董峰、黄翼忠、陈韵如、李志勇、陈志强（Ken Chin）、陈叡萳（Ace Tang）、陈学萩（Veronica Tang）、黄芝媛、刘幼敏、刘桂生、潘建豪、盖思宏、刘昶、马绿化、赵莹、李郎、梁明、王建、王凤玲、刘宏伟、高洁、叶郗童、肖怀辉、曹建萍、梁栋华、陈雪萩、刘泽、赵勇、吴洁、朱立军、吴掌珠、吴桂福、肖继孝、陈志涛、胡学税、张春辉、吴劲愉、余承峰、吴美堂、崔如霞、陈可意、秦之华、陈利社、谷丽雅、杨庆龙、郑利合、王艦英、高雷、张建兴、汪亚林、王妍、林开颜、颜靖、潘加萍、高振国、贾民、刘海滨、蔡绪旺、尹北京、孙中标、李海华、刘雅婷、孟霖